W0357487

Individu et communauté

Eschyle ♦ Spinoza ♦ Wharton

Français – Philosophie

Programme 2024-2025

France Farago
Marie Bermon
Justine Brisson
Gilbert Guislain
Christine Lamotte

DUNOD

Mise en page : Belle Page

NOUS NOUS ENGAGEONS EN FAVEUR DE L'ENVIRONNEMENT :

PAPIER CERTIFIÉ

Nos livres sont imprimés sur des papiers certifiés pour réduire notre impact sur l'environnement.

Le format de nos ouvrages est pensé afin d'optimiser l'utilisation du papier.

Depuis plus de 30 ans, nous imprimons 70% de nos livres en France et 25% en Europe et nous mettons tout en œuvre pour augmenter cet engagement auprès des imprimeurs français.

Nous limitons l'utilisation du plastique sur nos ouvrages (film sur les couvertures et les livres).

© Dunod, 2024

Dunod Éditeur
11, rue Paul Bert, 92240 Malakoff
www.dunod.com

ISBN : 978-2-10-086777-6

Sommaire

PARTIE 2

BARUCH SPINOZA,
TRAITÉ THÉOLOGICO-POLITIQUE

PARTIE 3

EDITH WHARTON,
LE TEMPS DE L'INNOCENCE

1PARTIE 4

COMPARAISON DES ŒUVRES

PARTIE 5

PRÉPARER LE CONCOURS

PARTIE 6

RÉSUMÉS ET SUJET DE DISSERTATION

Introduction au thème

Penser l'individu, c'est penser une réalité constituant une unité particulière (*to kath'hekaston*) existant séparément de toute autre, distincte de toute autre et qui ne peut être divisée sans disparaître en tant que telle[1]. Loin de se limiter à sa portée actuelle, le terme « individu », dans le langage de la métaphysique antique et classique, désigne n'importe quel être pris dans sa singularité. Il équivaut aux termes notamment de « sujet » et de « substance[2] », réalité conçue comme substrat des « accidents ». Lorsque l'individu est de nature rationnelle, comme l'est l'être humain, on l'a appelé « personne » à la suite de Boèce[3] (480-524 apr. J.-C.). Dans l'humanité, cette singularité s'exprime par le nom propre. Toutefois, **cet être singulier n'est pas originaire. Le multiple le précède** : il faut deux parents pour engendrer un enfant. **Il n'y a donc pas vraiment d'individu isolé car la relation le précède et l'accompagne toute sa vie**.

Quand nous essayons de définir l'être humain, nous ne pouvons pas le réduire à l'individu, à la communauté, à la société ou à l'espèce biologique à laquelle il appartient. Ces catégories sont inséparables. Elles s'engendrent même les unes les autres. **Il n'y a pas de communauté ou de société sans individus, ceux-ci étant toutefois tributaires de la société qu'ils forment et dont ils subissent le poids des déterminations qu'elles leur imposent et par lesquelles elles les forment aussi**[4]. Réfléchir sur la relation entre individu et communauté invite donc à penser l'existence sociale des hommes. Ce sont les interactions entre individus qui produisent communautés et sociétés, qui, en tant que touts permettent l'émergence de la culture. À leur tour, elles rétroagissent sur les individus pour les constituer comme individus *humains.* Au sein même de notre autonomie, nous avons une relation de dépendance à notre culture, à notre langage, aux communautés qui nous ont formés et, plus largement à la société à laquelle on appartient. L'individu peut donc être pensé soit comme élément d'une collectivité, d'un ensemble, d'une communauté soit comme être humain par opposition à la collectivité. **L'individu peut être fidèle, docile, soumis ou rebelle à sa communauté d'origine**. Il peut aussi revendiquer le primat de son individualité sur les modèles ou les opinions qu'elle impose. Cela s'appelle faire preuve de personnalité lorsque ce n'est pas systématique auquel cas ce serait de l'asocialité. Ne jamais se soucier des codes minimaux de sociabilité serait de l'incivilité. L'individualisme serait, lui, plutôt la revendication d'une indépendance personnelle par rapport aux structures sociales

....

1. Le terme « individu » vient du latin *individuum*, qui signifie « chose indivisible ».
2. Ou encore « hypostase » (littéralement : ce qui se tient sous » : c'est-à-dire sous les accidents ou attributs, ou encore sous les phénomènes lorsqu'il s'agit de Dieu).
3. Ainsi a-t-on conçu Dieu comme une « Personne », d'où les représentations théistes de Dieu à forte coloration anthropomorphique que la pensée de Spinoza notamment congédie mais aussi évidemment les exégèses théologiques contemporaines (cf notamment Paul Tillich (1886-1965) et John Shelby Spong (1931-2021).
4. Par le langage, la culture, les interdits liés à la nécessité de la coexistence, les prescriptions, le bien, le mal, la politesse, etc.

trop contraignantes, de nature notamment holistique comme c'était le cas dans les sociétés primitives et, au XXe siècle dans les sociétés totalitaires.

Aussi bien comme sentiment que comme doctrine, l'individualisme n'existe pas avant l'époque moderne. C'est, dit Tocqueville, « une expression récente qu'une idée nouvelle a fait naître. Nos pères ne connaissaient que l'égoïsme[1] ». Pour un Grec, il était inconcevable de penser l'individu préexistant à la Cité : c'est elle qui formait les citoyens et non l'inverse. L'humanité, pensait-on, ne saurait exister hors de ces unions naturelles que sont la famille et la cité dont les institutions lui préexistent. L'autarcie, disait Aristote, est le propre des bêtes et des dieux.

C'est cette conception du caractère naturel de la communauté politique que remettent en cause les doctrines modernes du contrat social dont celle de Spinoza. Les théoriciens du contrat social (notamment Grotius, Pufendorf, Hobbes, Spinoza, Locke, Rousseau) fondent la société politique sur un pacte passé entre des individus originairement indépendants (du moins dans l'expérience de pensée en quoi consistent ces doctrines), définis comme des unités de force physique, des foyers de besoins vitaux et d'intérêts propres et des sujets naturels de droits. Le souci de leur conservation – le fameux *conatus* de Spinoza ou « effort pour persévérer dans son être » –, la défense de leurs biens les poussent à transférer leur puissance et leur droit naturel à la forme juridique de la communauté. Par ce transfert de puissance, les hommes sortent de l'état de nature pour entrer dans un état civil dont l'efficience provient du cumul de leur puissance assumé par un pouvoir garantissant la paix et la sécurité en échange de l'obéissance. Il s'agit bien sûr d'une fiction qui ne prétend pas vraiment rendre compte d'une réalité événementielle, historique. Mais cela rend intelligible la structuration des sociétés, tout en justifiant et légitimant les obligations que requièrent le lien social, l'association des compétences pour la survie collective, la réciprocité que requiert la vie en commun. Chez Spinoza notamment, le chaos de passions qui caractérise l'homme à l'état de nature – c'est-à-dire hors de toute institution – ne peut vraiment s'unifier que sous la pression du droit qui « civilise » la multitude pensée comme juxtaposition d'individus non traditionnellement ou rationnellement coordonnés mais passionnellement exposés à la confrontation et au conflit. Mais le contractualisme qui voit dans l'association des hommes un artifice salvateur n'est-il pas aveugle à l'archéologie des sociétés modernes, aux antiques communautés ? Et les communautés actuelles qui se sont plus ou moins affranchies des communautés du passé ne sont-elles pas l'étoffe de la société ? N'est-on pas obligé de cerner ces deux concepts de communauté et de société qui souvent se chevauchent et même sont pris l'un pour l'autre si l'on veut tenter de penser la relation qu'entretient l'individu avec elles ?

....

1. *De la démocratie en Amérique* (1840) II, 2, ch. II, Gallimard, 1961, p. 143. C'est le cas de Spinoza qui ne parle que de l'individu et de ses passions, jamais de l'individualisme.

1 Communauté et société

1.1 Définitions

En français, le mot « communauté » est apparu au XIIIe siècle, forgé probablement d'après l'adjectif « communal ». L'ancien français parlait, lui, de « communité », « participation en commun », emprunté du latin *communitas* (communauté).

L'Académie française indique que l'on parle de communauté familiale, de communauté villageoise ou, plus largement, de communauté nationale ou internationale. On utilise aussi ce terme pour évoquer ceux qui ont en commun une langue ou une religion. Ces extensions sont légitimes, mais l'Académie française note que l'on peut s'interroger sur l'étrange prolifération du mot communauté aujourd'hui, qui est de plus en plus souvent utilisé pour désigner tout agglomérat de personnes, quand bien même nombre de ces personnes ne souhaitent pas être définies par leur appartenance à tel ou tel groupe.

La société peut se définir comme un ensemble d'êtres humains vivant en groupe organisé, caractérisé par ses institutions, ses lois, ses règles. Mais cela peut aussi se définir comme tout groupe, plus restreint que la société globale à laquelle il appartient, formé de personnes qui se réunissent pour une activité ou des intérêts communs[1].

Quoi qu'il en soit, si la notion de « société » (du latin *societas*, de *socius* : compagnon, associé, allié) est relativement simple à définir, celle de « communauté » se révèle plus complexe. « Dans notre langue, dit Kant, le mot communauté (*Gemeinsschaft*) est ambigu et peut signifier tout aussi bien *communio* que *commercium*[2]. » « L'étymologie, tant gréco-latine qu'allemande, permet de prendre la mesure de cette complexité. En allemand, la *gemeinsschaft* n'est pas seulement l'ensemble d'un pays ainsi que la vie publique, mais aussi *communio* – au sens religieux et mystique – et, par ailleurs, le jugement juste d'un arbitre ou d'un médiateur ; le lien qu'elle établit entre les personnes renvoie en ancien haut allemand à une communauté de penser et de parler (*meinan*). Du fait de cette extension sémantique, la communauté est une catégorie qui joue un rôle charnière dans l'histoire de la philosophie… C'est autour d'elle que s'articulent les grands textes métaphysiques et politiques de la pensée occidentale et en elle que se noue la conversion de la métaphysique et de la théologie en politique, donc le problème même de la modernité[3]. » Spinoza est, à cet égard, un témoin de premier ordre.

Chez Platon, la communauté désigne la cohésion parfaite de la cité *(koïnonia politikè)* ; elle repose sur la réciprocité des droits et des devoirs et sur la solidarité de citoyens libres et égaux devant la loi. Chez Aristote, elle désigne toute forme d'association humaine, qu'elle soit naturelle comme était pour lui la cité ou contractuelle lorsqu'il s'agit des

....

1. On utilise aussi le terme de « société » pour désigner la compagnie de quelqu'un, d'un groupe comme dans l'expression « rechercher la société des femmes » par exemple.

2. *Critique de la raison pure,* B 260 *sq*.

3. *Grand Dictionnaire de la Philosophie*, Larousse sous la direction de Michel Blay, 2003, p. 154.

affaires privées, étant entendu toutefois que « toutes les communautés sont des parties de la communauté civile[1] ».

1.2 La distinction entre communauté et société chez Ferdinand Tönnies

« L'opposition de la *communauté* et de la *société* est une opposition essentiellement allemande[2]. » C'est ainsi que le fondateur de la sociologie allemande Ferdinand Tönnies (1855-1936) distingue la communauté et la société. Né dans un milieu rural du Schleswicg-Holstein, il a assisté à la fin d'un monde, au délitement des structures sociales traditionnelles lié à l'émergence de la société industrielle, avec la formation des « masses », du prolétariat des villes. Pour lui, **la distinction entre communauté et société est l'expression de deux types de rapports sociaux**.

À la suite du *Léviathan* de Hobbes, Tönnies qualifie la société de « fiction » et considère l'individu comme une invention. « Les volontés humaines, écrit-il au début de son livre *Communauté et société*, se trouvent entre elles dans des rapports multiples. Chacun de ces rapports est une action réciproque… L'association peut être comprise soit comme une vie réelle et organique, c'est alors l'essence de la communauté ; soit comme une représentation virtuelle et mécanique, c'est alors le concept de société. » Tönnies oppose les communautés de sang, de lieu, d'esprit, réglées par la coutume, la religion, la concorde, et les formes de société structurées par l'échange, le commerce, le capitalisme, le public, l'état, qui sont réglées par le contrat, la convention, la réflexion, issues du droit naturel rationnel dont Pufendorf (1632-1694) est, en Allemagne, un représentant majeur, tout comme Grotius (1583-1645) l'est en Hollande. « Est communauté tout ce qui, dans les créations de la pensée ou de la représentation sociale, est naturel ou spontané ; société, tout ce qui est l'effet de l'art. »

Tandis que la communauté relie l'homme à son passé, au lieu d'où il vient, la société vise l'avenir. Elle représente l'ouverture, le possible. En fait, ces deux catégories sociologiques coexistent : « Je ne connais pas un état culturel dans lequel des éléments de communauté et des éléments de société ne soient pas présents en même temps. »

Tragiquement, la notion de « communauté du peuple » fut détournée par le nazisme. Tönnies, qui mourut en 1936, a regardé d'un œil critique et avec méfiance la récupération de l'idée de communauté par des groupements politiques et des mouvements de jeunesse allemands qui allaient s'y agglomérer. Lui qui était de tendance socialiste a alerté sur les dangers inhérents à l'idée de communauté quand celle-ci devient synonyme de repli sur soi et de fermeture. Elle peut se transformer en absolu et se clore sur elle-même, se fermer hermétiquement aux « intrus ». Tönnies ne put assister qu'aux prémisses de la catastrophe que ce processus mis en œuvre par Hitler en Allemagne

1. *Éthique à Nicomaque*, 1160a 8-9.
2. Joseph Leif, *La sociologie de Tönnies*, PUF, 1946, p. 4.

précipita sur l'Europe. Il le fit en tremblant… Il eut le temps de voir que, si la communauté peut être rassurante par les repères indiscutés dont elle est porteuse et que ses membres intériorisent, il y a une face sombre de la communauté, des mécanismes implacables – jusqu'au fanatisme – qui s'exercent parfois sur eux pour en maintenir la cohésion[1]. Le culte de la communauté la dénature et affaiblit la société dans sa dimension critique, interdisant la pratique libératrice de la distance bien réglée qu'elle permet d'établir entre les individus, ce qui correspond à une vertu. La communauté engendre l'ambivalence lorsqu'elle est mise au service d'une cause aliénante.

Les communautés évoluent, se transforment. Si certaines disparaissent, d'autres apparaissent. En 1887, avec clairvoyance, Tönnies prédit l'émancipation des femmes, leur sortie de la communauté et leur intégration dans la société.

2 L'individu

2.1 L'accès à la subjectivité vivante

En fait, comme le dit Gurvitch, l'individu retrouve le social dans les profondeurs de son moi : « **L'individu est immanent à la société et la société est immanente à l'individu.** » Il y a intériorisation du rapport social. Non seulement la partie est dans le tout mais le tout est dans la partie. La conscience du « nous » se dilate au fur et à mesure que l'individu élargit le cercle de ses appartenances : partant de la famille, il accède à la conscience de sa dimension sociale, au peuple et à la nation où la contingence l'a fait naître, à l'humanité enfin. Plus on s'éloigne de la sphère intime qui caractérise les petites communautés notamment familiales, plus les contacts s'avèrent indirects et abstraits pour se diluer dans la sphère anonyme du « on ». C'est là que se pose la question du processus d'individuation personnelle car, si la conscience comme réflexivité est toujours susceptible d'être menacée de l'intérieur par les pulsions, l'agressivité, les passions mortifères, elle peut l'être aussi de l'extérieur par les contraintes qu'on peut ou veut lui faire subir, les empêchements qui lui font obstacle ou par lesquels on l'entrave mais aussi et surtout, plus insidieusement par le processus de banalisation qu'opèrent l'opinion commune, les diverses instances collectives qui prétendent parler au nom de tous. Comment devenir sujet dans ce brouhaha impersonnel ?

« Être sujet », c'est avoir la capacité de dire « je ». Notre conscience nous permet de nous dédoubler dans un rapport réflexif à soi-même, dans une entreprise de connaissance et de compréhension de soi-même comme le fait, entre autres mais de façon exemplaire, Montaigne dans ses *Essais* ou, plus près de nous, le philosophe danois Sören Kierkegaard. Personne ne peut dire « je » à ma place. C'est un site qui m'est

1. Le désastre allemand peut s'expliquer par le fait de son accession tardive au statut de nation unifiée. Le Saint Empire Romain Germanique, dissout en 1806 par Napoléon était une sorte de mosaïque de petites principautés unies sous la couronne impériale, sans avoir jamais été un État-nation en tant que tel, ni un pays avant 1871. Ces principautés étaient plus proches de communautés féodales que d'états au sens moderne du mot.

exclusif. Chacun dit « je » pour lui-même, à l'exclusion de tout autre. On voit que l'individualité n'est pas seulement faite par la différence qui nous distingue d'autrui, mais aussi fondamentalement par cette capacité de se mettre au centre de son monde, ce qui permet de se sauvegarder, de se protéger, de survivre, de vivre, d'exercer ce que Spinoza appelle notre *conatus*, notre effort pour persévérer dans notre être et, si possible, accroître notre puissance. Cette fonction permettant de nous vouer à nous-mêmes dans notre recherche de nous-mêmes est aussi paradoxalement ce qui nous permet de voir les autres comme semblables, de nous vouer à autrui. Car la nature nous a heureusement dotés de la possibilité de nous identifier à autrui. Nous avons donc en nous un principe d'ouverture, d'altruisme et d'inclusion qui contrebalance le principe égocentrique/égoïste dont Spinoza voit bien qu'il est premier. S'il ne l'était pas, il n'y aurait pas besoin d'avoir le commandement d'aimer son prochain comme soi-même[1]. La vie éthique, dit Kierkegaard, trouve son principe dans la passion d'exister comme amour et affirmation de soi. Cet acte est originaire, il est l'acte de vouloir devenir soi[2]. Le choix originel de soi est un amour de soi, il est vraiment le premier amour dit-il, ce qui n'est sans doute pas vraiment exact car comment s'aimer si on n'a pas déjà été aimé ? La chose se joue déjà au berceau ! Le commandement d'aimer autrui s'adresse à un tu, à un humain qui tente d'advenir et qui doit en retour manifester sa faculté d'aimer, en tout cas de respecter lorsqu'autrui n'est pas un « prochain » mais un inconnu de passage ou un lointain.

Ces deux aspects caractérisent la vie subjective. C'est pourquoi l'individu peut témoigner des aspects les plus admirables de l'être humain – conscience, capacité d'ouverture, altruisme, dévouement – mais aussi les aspects les plus menaçants, les plus inquiétants, avec cette capacité de tout rapporter à un moi immature, non suffisamment élaboré, crispé sur ses passions identitaires, l'« identité » servant de substitut à la personnalité, au moi profond, lequel n'advient qu'à celui qui s'est cherché lui-même en vérité. Spinoza montre à quel point cela est difficile autant que rare… Cela a toujours été difficile mais, dans la modernité, c'est peut-être plus difficile qu'il n'y paraît car l'individu a tendance à se fondre dans la masse. L'individualisme généralisé juxtapose aujourd'hui des individus qui paradoxalement ont tendance à s'homogénéiser ! En tout cas, les médias parlent plus à la multitude qu'ils ne donnent la parole à des individualités vraiment personnalisées, réellement singulières. Il faut choisir les médias qui le font si on veut les entendre car si depuis le XXe siècle, le souci de la masse a envahi l'espace public – de

....

1. « Que si le moi est haïssable, aimer son prochain comme soi-même devient une atroce ironie » écrivait Valéry (*Tel Quel I*, Gallimard, 1974, p. 44. D'ailleurs, si l'on regarde bien la formule, on voit qu'il y a antériorité du modèle sur la copie. Ainsi saint Thomas peut-il écrire : « Le modèle l'emportant sur la copie, il s'ensuit que l'homme doit, en vertu de la charité, s'aimer lui-même plus que le prochain » *(Somme Théologique,* IIa IIae, question 26, art. 4). Le peuple a retenu la leçon qui est capable de dire « Charité bien ordonnée commence par soi-même », même si cela peut venir justifier l'égoïsme le plus trivial tant il est vrai que les hommes aiment abriter leur perversion sous des références prises à contresens et donc faussement justificatrices.

2. **« Deviens qui tu es » dit Nietzsche après Pindare et Saint Augustin**. « On est d'abord en proie à l'être, non comme substance mais comme événement par quoi l'on tente d'advenir. On est enraciné dans l'être, et ces racines sont à retrouver périodiquement » écrit Daniel Sibony (*Les trois monothéismes*, Éditions du Seuil, p. 370). Edith Wharton donne d'ailleurs délibérément le nom de Saint Augustin à la localité où la famille de May déjeune l'hiver.

façon totalement pervertie dans les totalitarismes notamment[1] –, la multiplication des moyens de communication, l'anonymat des réseaux sociaux, les communautés fictives qu'ils génèrent font que l'émergence d'individualités singulières pensantes et responsables se trouve plus compromise que jamais, poussant par ailleurs paradoxalement les individus rebelles à la modernité – sans renoncer à ce qu'elle apporte –, à se replier sur ce qui reste de communautés héritées sans se rendre compte qu'une tradition se vivifie par sa relecture intelligente non par sa répétition mécanique et indigente : on retisse des liens fantasmés... sur ces fameux réseaux sociaux !

2.2 L'individu, son unicité et son ouverture

Si l'individualité personnelle est irréductible à ses conditionnements empiriques, elle l'est aussi à son *apparence* physique. Dans le roman d'Edith Wharton, l'une des personnalités les plus libres est la vieille Catherine Mingott, obèse à tel point que le banc de l'église n'est pas assez large pour l'accueillir au moment du mariage d'Archer et de May. Mais elle a tant de caractère qu'elle transcende totalement son apparence et impose l'authenticité de son moi à quiconque l'aborde. C'est Lévinas qui a le mieux parlé de cette présence totalement inobjectivable qu'est le visage d'un être. Il est l'épiphanie d'une réalité que je ne dois pas pétrifier, chosifier. Il y a dans le roman de Wharton de ces moments où l'autre se révèle dans l'échange d'un regard, C'est à cet autre, *vivant*, à qui je suis voué. Je suis un pour l'autre. Mais cet autre, par son ouverture même me constitue comme sujet : « C'est seulement en abordant autrui que j'assiste à moi-même[2] » (*Totalité et infini*, p. 153). **La subjectivité vivante est ouverture à l'autre**. Elle ne consiste pas à reposer en soi, mais au contraire, à se déprendre de soi et à craindre pour l'autre. N'est-ce pas ce que fait Ellen Olenska dans le roman de Wharton lorsqu'elle incite Archer à épouser May puis, à la fin, lorsqu'elle décide de partir pour ne causer de tort à personne, et n'est-ce pas ce que fait May lorsqu'elle dit préférer délier le lien de ses fiançailles si celui-ci se noue au détriment d'une autre ? **Ainsi, la présence d'autrui est-elle ce qui met en question les prérogatives du moi**, immédiatement placé dans une relation de débordement. **Autrui fracture la clôture du moi**. C'est cette relation qui est la source de l'exigence éthique. Lévinas a fait l'expérience du totalitarisme et il a découvert que face à la Totalité carcérale, qui enclôt, il reste encore l'Infini qui s'ouvre dans la rencontre d'autrui. Ainsi la métaphysique est-elle essentiellement une éthique, ce que n'aurait pas contredit Spinoza ! En assumant la responsabilité pour le faible, on obéit à une injonction intérieure au moi mais qui le dépasse infiniment dans un sentiment de commune dépendance ontologique. On retrouve cette intuition dans *Les Suppliantes* d'Eschyle. Ce sentiment cependant fait défaut quand l'individu se clôt sur lui-même, tentation et peut-être tendance qui guette spontanément l'homme, voué par condition à la solitude. La *séparation* est en

....

1. Dans un système totalitaire ou holiste, on s'efforce au maximum de restreindre ou d'anéantir le caractère potentiellement critique de l'autonomie individuelle.

2. *Cf.* les scènes où Archer et Ellen se disent à quel point l'autre l'a modelé, révélé à lui-même (notamment p. 226-227).

effet « l'acte même de l'individuation ». Ainsi, solitude et séparation sont les conditions même de l'expérience centrale du « face à face », de **la rencontre avec autrui qui, pour Lévinas, est d'ordre métaphysique : « Autrui est métaphysique »** (*Totalité et Infini*, p. 59). L'essentiel d'autrui est invisible, face cachée du phénomène qui se donne à lire dans le regard, nous signifiant la faille irréductible entre le visible et l'invisible, qui constitue l'autre comme elle me constitue. L'invisibilité d'autrui est aussi forte que celle de Dieu car, lorsque nous déclarons voir autrui en demeurant à la surface de son visage, ce que nous voyons, ce n'est qu'une figure objectivée mais non pas lui. **Voir l'autre, ce serait, par la visibilité passagère de son regard, reconnaître son invisibilité, sa transcendance inexpugnable, à l'image même de celle de Dieu**. Ainsi, la conscience morale est-elle la conscience dans sa modalité la plus fondamentale. « La dimension du divin s'ouvre à partir du visage humain » (*op. cit.*, p. 50). C'est ce qu'avaient bien compris les Grecs avec leur coutume d'accueil du suppliant et de l'étranger[1].

3 Qu'est-ce qu'une communauté politique ?

Une communauté politique se caractérise par le fait que les citoyens reconnaissent l'autorité d'une même loi et non pas le pouvoir personnel d'un individu, d'une famille ou d'une caste. La source de l'autorité est dans la loi, principe impersonnel. Dans un État[2] de droit, c'est parce qu'il reconnaît l'autorité de ce principe que le citoyen est libre. S'il est contraint d'obéir aux ordres du magistrat ou du fonctionnaire, c'est dans la mesure où ils exercent des fonctions explicitement définies par la législation. Il n'est pas soumis à leur personne empirique mais à leur fonction juridico-administrative. Il en résulte, dans une démocratie du moins, que tous les citoyens sont égaux devant la loi, celle-ci s'imposant également à tous. C'est ce principe que veut mettre en évidence Spinoza lorsqu'il analyse ce qu'il appelle la « République des Hébreux », remontant dans l'Antiquité moyen-orientale. C'est ce principe qu'il veut continuer à voir appliquer dans les Provinces Unies, rejetant l'idée d'un changement de régime en faveur de la monarchie.

La deuxième caractéristique d'une communauté politique moderne digne de ce nom selon Spinoza est que son unité ne tient pas à l'unicité ou même à la domination exclusive d'une tradition. Différentes traditions y coexistent qui entretiennent entre elles des relations, souvent polémiques, conflictuelles, qu'elles ont nouées au long d'une histoire

1. Convaincus que Zeus était présent en chaque convive, en chaque suppliant, les Grecs célébraient l'arrivée du voyageur par une libation au maître de l'Olympe. Mais si le dieu était toujours présent dans tout étranger, il pouvait aussi arriver que cet étranger soit le dieu lui-même ! Il était donc très imprudent de maltraiter ne serait-ce qu'un misérable vagabond. Cf. aussi l'importance du regard et du visage chez Wharton.
2. L'État est une communauté d'hommes, fixée sur un territoire propre et possédant une organisation d'où résulte, pour le groupe envisagé dans ses rapports avec ses membres, une puissance suprême d'action, de commandement et de coercition » Carré de Malberg dans *Contribution à la théorie générale de l'État (1921)*.
Toutefois, avant cet aspect moderne de l'organisation politique qu'est l'État, il a existé d'autres espèces d'organisation commune des hommes que lui : tribus, cités, villes franches, empires, régimes féodaux, seigneuries, etc. L'État moderne en constitue le dépassement par la subtilité de la structure institutionnelle et l'étendue des fonctions dont l'histoire l'a peu à peu investi : ordre et justice, sécurité intérieure et extérieure, éducation et santé, aménagement du territoire, compensation régulatrice des aléas de la vie économique, etc.

commune. Ces relations ont pu être violentes et meurtrières comme ce fut le cas lors des guerres de religion. Mais **le refus de la violence comme méthode de résolution des conflits caractérise précisément la communauté politique**. La discussion dans les conseils ou, à l'époque contemporaine, **la discussion publique permet de parvenir à des décisions communes**, permettant ainsi de déjouer la menace de voir se fracturer le cadre institutionnel qui protège l'unité de la multitude. Le citoyen s'intègre à la communauté en reprenant à son compte son histoire et ses valeurs traditionnelles notamment aujourd'hui celles qui ont permis à ces traditions multiples de coexister en pacifiant leurs relations, et finalement de se fondre dans une culture commune, riche de sa diversité. Spinoza saluait déjà la tolérance dont la Hollande était capable en dépit des querelles doctrinales entre les diverses sectes nées du conflit des interprétations de l'Écriture. La prétention à détenir seul la vérité est tout simplement insensée et on ne saurait en faire la source d'un pouvoir légitime.

4 Communautarisme/libéralisme

La notion de communauté a pris une figure contemporaine particulière à travers un courant contemporain de pensée essentiellement anglo-saxon[1] : le communautarisme. Pour la plupart des communautariens, la communauté précède l'individu non seulement en fait mais aussi en droit. Étant impossible, selon eux, de s'arracher à son histoire et à sa culture, la morale y est conçue comme le fruit d'un consensus autour de valeurs traditionnelles héritées de l'histoire. La recherche du bien commun est dès lors une exigence politique tout aussi impérieuse que la défense du droit à la liberté individuelle[2]. En outre, ce bien se définissant à l'aune du mode de vie de la communauté, **l'État ne peut, dans une logique communautarienne, garder une quelconque neutralité vis-à-vis des choix de vie culturels de ses citoyens. Il doit être fidèle à la tradition qui le porte** et la légitimité des institutions ne doit être fondée que sur elle. C'est sur ce point que les communautariens s'opposent le plus radicalement aux philosophes libéraux pour qui l'état, tirant sa légitimité d'un contrat fût-il tacite, ne doit en aucun cas imposer ou promouvoir une conception morale ou religieuse particulière.

Cette conception du vivre-ensemble soutient que :

- le schème individualiste, atomiste, du libéralisme politique donne une vision partielle de la société moderne, car l'identité des individus et les fins qu'ils poursuivent se constituent au sein de communautés, qu'elles soient d'appartenance, d'apprentissage ou d'allégeance ;
- qu'il y a une priorité du bien commun sur la justice due à l'individu, priorité au sens d'un primat politique et d'une antériorité logique.

Les libéraux pensent, eux, qu'il y a priorité du juste sur le bien, c'est-à-dire que les droits individuels ne peuvent pas être sacrifiés au nom d'un bien holistique. C'est ainsi que

....

1. Les auteurs principaux qui le représentent sont : A. MacIntyre, M. Sandel, Charles Taylor et Michael Walzer.
2. *Cf.* Taylor, *La liberté des modernes,* trad. P. de Lara, PUF, 1997, p. 223-283.

Rawls fait de la justice « la première vertu des institutions sociales ». **La société étant une « aventure coopérative visant à l'avantage mutuel », il faut se la représenter comme une totalité ayant sa spécificité mais aussi comme un système d'interrelations entre les individus.** C'est dans cette mesure que la justice peut être tenue pour la vertu des institutions visant l'optimisation de la part de chacun car il ne faut pas compter sur la nature qui, elle, se soucie peu d'équité : « La répartition naturelle, écrit Rawls, n'est ni injuste ni juste ; il n'est pas non plus injuste que certains naissent dans certaines positions sociales particulières. Il s'agit seulement de faits naturels. Ce qui est juste ou injuste par contre, c'est la façon dont les institutions traitent ces faits, de répartir les hommes entre des classes sociales plus ou moins fermées et privilégiées. Les sociétés aristocratiques ou de castes sont injustes parce qu'elles font de ces contingences le moyen des partenaires qui coopèrent en son sein. La structure de base de ces sociétés fait sien l'arbitraire qui se trouve dans la nature[1]. »

Pour Walzer qui adopte, lui, le point de vue communautarien, l'individu, dans la mesure où il vient au monde, **ne saurait être principe. Il vit au sein d'un monde qui lui préexiste, dont il est l'héritier**. Il n'est pas l'auteur des institutions au sein desquelles il vit et ne détermine pas entièrement ses contraintes ni les obligations qu'il doit assumer. Aussi l'individu doit-il toujours être posé comme « un-individu-en-société » et non comme un individu en soi, comme un atome social.

Walzer ne répudie pas pour autant le libéralisme puisqu'il se présente lui-même comme un « communautariste libéral » ou un « libéral communautariste ». Son communautarisme méthodologique lui permet de répudier l'abstraction et le formalisme inhérents à la théorie libérale en la délestant de tout le poids de l'histoire et de toute la densité – « l'épaisseur » dit-il – des héritages communautaires que son cours a déposés au cœur et aux flancs des civilisations. **Walzer articule et combine donc une approche résolument particulariste avec le maintien d'une perspective tout à la fois universaliste, critique et démocratique**.

Pour prévenir toute domination d'un groupe sur un autre, il insiste sur l'irréductible pluralité des communautés humaines : « Je tiens, écrit-il, à assurer la reconnaissance des différences et simultanément à décrire et à défendre une certaine forme d'universalisme[2]. » Pour lui, une approche résolument pluraliste n'exclut pas le recours à des principes communs. Il distingue deux types d'universalisme :

- celui des grands monothéismes qui ne reconnaissant qu'un seul Dieu, une seule foi, une seule Loi, une seule conception de la vie bonne, juste, justifiée. Cet universalisme de surplomb n'admet qu'une histoire universelle orientée vers un point ultime de libération et de réconciliation ;
- l'universalisme qu'il défend et qu'il appelle « universalisme réitératif » est tiré d'une lecture alternative de l'histoire d'Israël : il n'y a pas qu'un seul exode, une seule rédemption divine, un seul moment de libération pour l'humanité. C'est chaque

1. *Théorie de la Justice*, p. 133.
2. *Sphères de justice*, Éditions du Seuil, 1998, p. 45.

peuple, au sein de sa propre culture qui doit atteindre sa rédemption, c'est-à-dire l'arrachement aux servitudes liées à l'origine animale de l'homme. On ne peut pas élaborer un corps étroit et universel de principes en faisant abstraction de tout ancrage historique ou géographique particulier. **Toutes les sociétés sont particulières mais en même temps, parce que tous leurs membres sont des humains, ils peuvent se reconnaître les uns les autres, apprendre les uns des autres, parfois défendre les mêmes causes, poursuivre les mêmes objectifs**. Notre situation morale est caractérisée par la tension de toute société humaine entre son universalité liée à son humanité et sa particularité attachée à son statut positif de société. Parmi les valeurs qui sont les nôtres, il est possible de favoriser celles qui nous rapprochent des autres. L'accord d'ailleurs se fait le plus souvent autour d'injonctions négatives : ne pas tuer, ne pas opprimer, tyranniser, violenter etc....

C'est cette tension des cultures vers l'universel au sein de leur particularité même qui garantit à une communauté de ne pas se replier sur elle-même, de ne pas se clore en étouffant ses membres dans son repli. Les cultures doivent s'ouvrir les unes aux autres, sûres de leur patrimoine dès lors que celui-ci serait enseigné réflexivement. Elles découvriraient alors ce qui, au cœur même de leur dissemblance, signale une similitude. Il faut un autre pour être soi sans tomber dans la tautologie et le rabâchage stérile de ce qui risque de ne devenir qu'un folklore. Ce danger est inhérent à toutes les modes culturelles qui viennent remplir le vide de celles qui ont déserté la scène des intelligentsias pour cause de désuétude... Comment vivre dans la complexité ? Les esprits faibles choisiront toujours les solutions de facilité : le retour à l'ordre moral musclé, rempart renfermant les communautés sur elles-mêmes. Les individus singuliers auront alors du mal à y éclore...

Walzer ne répudie pas le libéralisme : il est notre héritage indépassable et fait partie de nos convictions partagées. Nous ne pouvons retourner en arrière et cela n'est pas souhaitable. Rousseau le disait déjà. Le libéralisme implique la liberté de quitter le groupe d'appartenance initiale, de dépouiller l'identité originaire. Cela est fondamental : c'est ce qui fait que l'homme n'est pas une chose ou un animal produit mécaniquement par son milieu : il y a un élément de transcendance en lui dont témoigne sa liberté. Des sociétés justes font forcément des vies compliquées.

5 Kierkegaard, penseur de l'individu

5.1 Les différents niveaux de l'individuation

Kierkegaard (1813-1855), philosophe danois, qui avait pressenti l'avènement des foules, des masses et de la banalisation extrême qui pendait comme une épée de Damoclès sur l'Europe en train de muer, comprit sa tâche comme la nécessité de rendre attentif à la catégorie de l'Individu. « À l'individu ce petit livre est dédié [1]. » Telle est

....

1. OCXIII, p. 8.

la dédicace de ses *Discours édifiants à divers points de vue* où la catégorie de l'Individu prend pour la première fois[1] toute sa place et sa signification radicalement morale, car si « l'Individu » peut désigner tout homme, dans un sens éminent, il ne s'applique qu'à celui qui aspire au plus haut degré de l'idéal moral et spirituel[2]. L'Individu de la dédicace est évidemment son lecteur[3].

« Cher ! Accepte cette dédicace [...]. Je ne sais qui tu es, où tu es, quel est ton nom. Pourtant, tu es mon espoir, ma joie, mon orgueil et, dans mon ignorance à ton sujet, mon honneur [...]. Il s'agit là d'une conception soigneusement méditée, et bien méditée, de "la Vie", de "la Vérité", du "Chemin"[4] » (*Jean,* 14,16). L'anonymat du lecteur inconnu peut être une bonne introduction à l'élucidation de ce que Kierkegaard entend par l'Individu (*Enkelte*). N'est-il pas venu à la rencontre d'une pensée, mû par un désir d'être éclairé, de mieux se comprendre en se mettant à l'écoute de la réflexion d'un autre ? Celui qui se plonge dans la lecture n'est-il pas, au cœur du silence qui s'installe autour de lui, confronté à un colloque avec lui-même par interposition d'un tiers qui introduit la distance nécessaire à l'établissement d'un rapport plus réfléchi à soi-même[5] ?

L'homme étant voué au devenir, et le « devenir soi-même » étant problématique – tout en étant pourtant l'enjeu de toute existence et de toute l'existence de chacun –, Kierkegaard emploie des termes distincts pour désigner l'homme individuel aux différents niveaux de son développement spirituel.

- Le terme d'« individu » (*Individ*), spécimen de l'espèce, lui sert à désigner le niveau le plus bas, le plus proche de l'immédiateté, état le plus éloigné de l'esprit qui est le dur privilège de l'homme. En ce sens « L'individu est lui-même et l'espèce » (*Concept d'angoisse* OCVII, p. 131) Il doit lutter pour gagner son indépendance relative par rapport à l'espèce.

- Au-dessus de l'« individu » est l'« individualité » (*Individualitet*) qui correspond approximativement à la « personnalité » et se distingue par son profil inassimilable à la moyenne, au commun des hommes.

- Au sommet, il y a l'« Individu » (*Enkelte)*, statut du moi auquel l'homme ne peut parvenir que par un rapport existentiel à la force qui l'a posé dans l'être, au socle ontologique du réel que la tradition appelle « Dieu ». À ce niveau, l'individu est, de toute façon, beaucoup plus que l'espèce. **Kierkegaard a, dans ses *Papiers*, exprimé une compréhension cohérente du rapport individu-société, adossée à la connaissance de la réalité fondamentale de l'homme car, si chaque individu**

....

1. Plus précisément dans *Un discours de circonstance* qui fait partie du recueil. Nous sommes alors en 1843.
2. OCXIII, p. XIV.
3. En 1848, Kierkegaard a écrit un long développement sur cette dédicace dans *Point de vue explicatif de mon œuvre* qui ne fut publié qu'après sa mort, en 1859.
4. OCXVI, p. 81.
5. N'est-ce pas ce que recherche Archer Newland, l'un des rares personnages du roman d'Edith Wharton qui s'adonne à la lecture, se procure des livres, fréquente des amis pour qui la réflexion et la culture ne sont pas des vains mots ?

est unique, il n'est pas isolé et Kierkegaard a milité avec passion pour une communauté digne de ce nom[1].

Or, Kierkegaard voyait bien que la conception moderne de l'homme rejoignait l'ancien paganisme pour lequel « être homme, c'était appartenir à titre d'exemplaire à une espèce douée de raison ». L'Antiquité pensait que « l'espèce est supérieure à l'individu ». Kierkegaard pense exactement le contraire mais **ce qu'il appelle Individu** (enkelte) **n'est autre que l'homme né à sa dimension spirituelle qui n'a strictement rien à voir avec l'individualisme contemporain**. C'était la catégorie sous laquelle il s'était compris d'emblée lui-même, d'abord au sens d'« exception », ressentant de façon vive son altérité par rapport à la norme ordinaire, puis au sens distributif de « chacun », ce que tous et chacun en particulier peuvent et doivent devenir. De très bonne heure, il avait compris que, loin d'être un simple concept formel, l'individualité était le principe suprême de l'existence, traduisant le fait que tout individu particulier est entièrement différent qualitativement de tous les autres, qu'il renferme en quelque sorte de façon singulière toute la création et que, par suite, il a autant de valeur que la création dans sa totalité dont il est la fin véritable.

Il écrit ainsi dans son journal en 1839 : « Il faut que l'individualité soit donnée pour qu'il y ait du sens dans la création. »

LES STADES SUR LE CHEMIN DE LA VIE : DES SCHÈMES EXISTENTIELS

Si les existences dans leur réalité propre sont rigoureusement singulières, uniques, elles peuvent cependant être regroupées sous des schèmes dessinant de façon typique les grandes attitudes possibles de l'homme face à sa condition vouée à la recherche de soi-même. Chacune est une manière d'être en contact, en rapport avec le monde, avec soi et avec autrui. Kierkegaard établit une hiérarchie entre elles, affirmant que le passage de l'une à l'autre se fait par sauts discontinus, c'est-à-dire par une décision radicale de la volonté libre. Ce ne sont cependant pas des stades successifs qui élimineraient les précédents. Le but est d'en faire une synthèse harmonieuse en éliminant ce que les précédents pouvaient receler de négatif, dès lors qu'ils s'étaient enclos sur eux-mêmes.

Le stade esthétique

Le stade esthétique (*aïsthesis*, « sensation » en grec) est une façon d'exister qui se réduit à l'immédiateté de l'instant et des sens, vouée à l'aventure perpétuelle qui permet au mieux de se fuir, soi-même et les autres : une vie d'errance, sans ancrage. Si Faust et Don Juan lui servent de figures exemplaires de ce mode de vie, aujourd'hui nous irions chercher chez les personnages que Houellebecq met en scène les paradigmes de cette vie sans âme, prédatrice, consommatrice, tragiquement insignifiante. Cela correspond à « la servitude qui veut s'enclore » ; c'est le fait que la liberté, déjà asservie, veut s'enfermer dans sa servitude, faire de son errance son

1. Il a critiqué la fonctionnarisation des pasteurs dans l'Eglise danoise qu'il trouvait embourgeoisée…

absolu. Mais la tragédie vécue par Don Juan ou par Faust[1] n'a rien à voir avec le tragique existentiel : elle ne relève que du tragique esthétique, de cette mélancolie où sombrent ceux qui persévèrent obstinément dans les impasses dont ils savent qu'elles ne mènent à rien mais qu'ils préfèrent à la confrontation franche à la condition humaine. Celui qui en reste au stade esthétique ne deviendra jamais un individu concret : s'il réussit à transformer le monde, lui-même demeurera inchangé. Car dans la vie liée à l'immédiateté, l'individu, au lieu de se rapporter d'une façon absolue au télos (au but) absolu, absolutise ses buts relatifs. Aussi dans l'existence faut-il commencer par retirer sa puissance à l'immédiateté, renoncement qui ne va pas sans souffrance. Ce renoncement, permettant de se détourner provisoirement de l'extériorité, permet d'approfondir la subjectivité individuelle pour se transformer et se réaliser. Celui qui n'accomplit pas cette démarche – l'homme du stade esthétique – est en réalité « le plus malheureux », jamais présent à lui-même, toujours absent dans le passé ou dans l'avenir, dans le ressouvenir ou l'espérance.

Le stade éthique : le choix de soi-même

On peut sortir du désespoir par la décision, laquelle consiste à se choisir héroïquement, résolument. L'homme du stade esthétique refusait d'évaluer sa conduite, se situant en deçà de la distinction du Bien et du Mal. L'homme éthique, lui, pose l'alternative : ou bien… ou bien. Ou refuser de choisir et se plonger dans l'indifférence ou vouloir accéder à la conscience évaluante, poser la différence entre le Bien et le Mal et pouvoir dès lors s'orienter dans la vie, muni d'un repère, de normes universalisables pour évaluer les actes posés, tout en continuant à s'approfondir comme sujet singulier dans une vie ordonnée. Si l'homme de l'éthique est extérieurement indiscernable de l'homme ordinaire, soumis à la convention sociale (comme lui, il travaille, élève une famille), son intériorité garde toujours ses distances avec le théâtre mondain mais personne ne s'en aperçoit parce que précisément l'intériorité est invisible. On peut atteindre les sommets de la vie intérieure dit Kierkegaard, sans que nul ne s'en aperçoive. Ainsi le paradoxe de la vie morale ordinaire consiste en ce que l'ordinaire apparent cache l'extraordinaire invisible, que le plus commun soit aussi le plus singulier.

Dans le choix de soi-même, bien loin de choisir quoi que ce soit de fini, c'est moi comme absolu dans ma valeur éternelle que j'élis, et ce soi comme absolu est déterminé comme liberté. Cet acte de saisie de soi-même comme liberté est l'essence propre de l'éthique qui n'est pas définie comme énoncé de normes matérielles ou de commandements formels mais comme ce par quoi je peux advenir, en m'arrachant à l'immédiateté mortifère. « La personnalité même la plus riche n'est rien avant de s'être choisie, tandis que celle que l'on pourrait dire la plus pauvre est tout quand elle s'est choisie ; car la grandeur humaine ne consiste pas à être ceci ou cela, mais soi-même ; et tout homme le peut quand il le veut » (*L'Alternative*, Bouquins, p. 515).

1. Il faut noter l'allusion au *Faust* qui se joue sur la scène lorsqu'il est question du « petit ténor Faust-Capoul » (p. 23) nommé simplement par son nom, Capoul, (p. 24). La légende de Faust est à la mode à l'époque. Elle a notamment inspiré plusieurs opéras dont le *Faust* de Gounod donné à l'Académie de New York en 1871 et d'autres ouvrages musicaux majeurs : *La Damnation de Faust* d'Hector Berlioz (1846), *Scènes de Faust* de Robert Schumann (1844-1853), *Ouverture de Faust* de Richard Wagner (1855), *Faust-Symphonie* de Franz Liszt (1857), etc.

Kierkegaard énonce sa conviction que le choix éthique de soi-même n'est pas en contradiction avec la passion esthétique de la diversité concrète, car l'esthétique peut se laisser ordonner par l'éthique qui, loin d'être un rigorisme étranger au monde, peut être le meilleur chemin vers l'existence heureuse qui consiste dans l'équilibre de ces deux ordres : « Je ne suis pas un rigoriste en morale, ni un enthousiaste de la liberté formelle et abstraite ; une fois le choix posé, toute l'esthétique reparaît et, tu le verras, c'est alors seulement que la vie devient belle, c'est par cette voie seulement que l'homme peut réussir à sauver son âme et à gagner le monde entier, à user du monde sans en abuser. »

Cependant, avec l'éthique, l'homme n'atteint pas le but suprême (télos) de sa vie. La sphère de l'éthique demeure à l'intérieur de l'enseignement et de la loi, elle ne fait que frapper à la porte du sérieux, lequel ne se rencontre absolument que dans la sphère du religieux, qui se situe par-delà le bien et le mal déterminés par les conventions humaines. Et de fait, dans l'Évangile, ce que Kierkegaard appelle la suspension téléologique de l'éthique n'est pas chose exceptionnelle, mais la forme même de l'action morale réelle. Ce qui est exigé, c'est un acte qui dépasse le commandement de la loi, là où la volonté se fait amour.

Le stade religieux ou le rapport absolu à l'absolu

Pour Kierkegaard, c'est le christianisme qui a le mieux interpellé l'homme pour qu'il advienne à lui-même en vérité. Alors que le stade éthique (moment kantien) définit l'existence comme régulée par la généralité de la loi, le stade religieux permet à la singularité de naître dans sa plus grande profondeur. Loin d'être un simple prolongement de la vie morale, le religieux diffère radicalement de l'éthique qui, par nature, est toujours dicible, conceptualisable même comme en témoigne la pensée de Kant. Pour Kierkegaard, la religiosité est une structure transcendantale de la conscience humaine caractérisée par son ouverture à l'altérité radicale. La philosophie ne peut pas en rendre compte car elle est un mode de la conscience qui relève d'un ordre irréductible à la raison formelle. C'est parce que nous ne pouvons pas « saisir Dieu objectivement » (l'Être n'est pas une chose empirique) mais que nous pouvons le ressentir subjectivement que nous parlons de croyance ou de confiance, de foi à son propos. C'est en tout cas cette passion pour l'infini qui est, pour Kierkegaard la vérité de l'existence finie.

C'est parce que le stade religieux est rapport absolu avec l'absolu qu'il peut impliquer, dans des circonstances exceptionnelles la suspension téléologique de l'éthique, c'est-à-dire la transgression des règles morales ordinaires.

Si on applique aux personnages de Wharton les catégories kierkegaardiennes, on peut dire qu'Archer a connu le stade esthétique avec sa première maîtresse, qu'il est dans le stade éthique avec son épouse, mais que sa relation à Ellen relève du stade religieux car c'est l'être profond de deux êtres qui communient dans un amour qui – certes contraint par la situation mais aussi assumé par leur liberté – est par dessus toutes les catégories de la vie rangée et domestiquée par l'institution. Certes, la vie accomplie dit Kierkegaard est celle qui parvient à faire, dans l'incarnation, la synthèse de ces trois aspects de la vie. Wharton montre ici que cela n'est pas donné à tout le monde.

5.2 Se faire individu est le devoir le plus saint

Pour Kierkegaard, se faire individu est donc la plus haute quête de l'homme, son devoir le plus saint. Il sait bien que Socrate, certes, était déjà sur la voie de l'exhortation à l'individualité, et qu'il l'a payé de sa vie, mais il pense que l'approfondissement de l'intériorité éthico-religieuse a été la tâche prescrite de façon élective par le christianisme[1]. Celui-ci met en effet en demeure l'homme de se réveiller du sommeil de l'immédiateté, de s'édifier afin de devenir soi-même. C'est dans le secret que s'opère l'individuation seconde, la naissance nouvelle c'est-à-dire **la naissance à soi-même en esprit et en vérité, au niveau de l'inconditionné qui relativise toutes les conditions déterminées par la mécanique sociale.** À ce niveau, le plus humble des hommes, le plus « ignorant » est *absolument* l'égal de celui qui se croit savant. L'humble a vite fait d'apprendre les limites de la finitude du fait qu'il est confronté à la dureté du réel. Il a donc souvent plus de chance d'accéder à son individualité que celui qui est formaté par les modèles convenus du social[2]. **Arriver à être soi-même, totalement affranchi des aliénations, est le socle même de tout bonheur possible. Cela n'est pas spectaculaire car cela s'accomplit dans le secret du for intérieur, loin de l'intrusion des regards.** Pour lui, le christianisme n'a d'autre but que cette seconde naissance par quoi l'individu sort de l'impersonnalité de l'espèce pour accéder à l'individualité spirituelle, en charge d'y faire naître les autres autant qu'il est possible[3]. **Si l'on veut que la vie devienne une existence vraie, véritable, chacun doit accéder, se hisser à l'Individualité personnelle, en esprit et en vérité, loin des modèles imposés par l'anonymat collectif de l'opinion, de la mode, du goût du moment, etc.** Pourtant, si tous sont égaux devant la tâche à accomplir, chacun étant singulier, nul n'a vraiment la même qu'un autre. Voilà pourquoi Kierkegaard ne voulait pas faire école. Il ne voulait que poser le problème, indiquer le chemin, souligner les impasses où s'engouffrent les multitudes. Il illustrait l'effroi que lui causait l'immensité du gâchis humain par l'image d'une maîtresse de maison, affligée de voir jeter au ruisseau la nourriture saine et nourrissante. Cette image n'était pour lui que le pâle reflet de l'effroi et du sentiment de mélancolie de celui qui, étant parvenu lui-même à l'individualité, voit en tout homme particulier quelque chose d'absolument aussi important, d'une valeur infinie, un Individu – et qui voit les hommes gaspillés par millions d'exemplaires.

Aussi Kierkegaard affirmait-il que la foule demeure le plus grand des mensonges.

....

1. Spinoza pense aussi que le christianisme s'adresse à la personne singulière, a une dimension privée et ne devrait pas être instrumentalisé politiquement (*Traité théologico-politique*, p. 318-319 et 322).
2. Ce qu'illustre parfaitement le roman d'Edith Wharton.
3. Il a été un critique acerbe des pratiques religieuses de la bourgeoisie danoise et de l'Église, comparant les pasteurs à des fonctionnaires, lesquels étaient effectivement payés par l'État. La fréquentation de l'Église par Mrs Welland et sa fille dans le roman de Wharton illustre bien ce qui est l'objet de sa vindicte. Son anticléricalisme n'aurait pas déplu non plus à Spinoza.

5.3 La foule et la massification déresponsabilisantes

Une foule, ce n'est jamais une articulation d'individualités identifiables car fortement personnalisées. C'est toujours un entassement d'unités qui font nombre et qui se caractérisent par le fait qu'elles sont interchangeables. Il ne faut pas voir là le cri indigné d'un penseur bourgeois apeuré par la montée en puissance des « masses populaires ». Kierkegaard, lui-même issu du peuple en aimait la simplicité de cœur, le sain bon sens, la disponibilité au sein même de son affairement. Sa réserve, pour ne pas dire sa répugnance, allait aux manipulateurs de foules. « La foule est cet être tout-puissant, mais absolument dénué de repentir, qu'on appelle : personne[1]. » La massification entraîne la déresponsabilisation. Dès lors les pires monstruosités peuvent avoir lieu comme l'a montré le XXe siècle. Pour lui, nul ne méprise autant la condition de l'homme que celui qui se met à la tête des foules car celles-ci ne sont que des phénomènes physiques, soumises à la nécessité, c'est-à-dire le contraire même d'une communauté vivante, faite d'individus personnalisés. Ce ne sont que des abstractions d'humanité qui se soldent finalement par une soustraction, voire un anéantissement. La foule protéiforme est insaisissable. Ce n'est donc pas son rapport au social qui fait l'Individu, mais son rapport à l'éternité qui seule, dans l'intimité de la conscience, peut l'avertir de ses dérives. Irréductible à une simple unité organique, l'Individu (Enkelte) est l'homme conscient du sérieux de l'existence. La « foule » est, elle, purement numérique et « que le nombre soit un nombre de nobles, de millionnaires, de grands dignitaires, etc… dès qu'ils agissent par le nombre, ils deviennent foule, la foule[2] » Spinoza montre à quel point de saines institutions sont nécessaires pour gouverner la multitude.

L'homme ne devient l'« Individu » que par un rapport existentiel à ce qui le fonde et qui le singularise absolument. On peut dire que, **pour Kierkegaard, « l'existence humaine » se situe entre ces deux pôles : celui de « l'animal » où l'« individu » n'est qu'un exemplaire, un spécimen de l'espèce et celui de l'« esprit » qui personnalise l'homme, le faisant advenir à l'humanité véritable, en en faisant l'« Individu », créature à nulle autre semblable, alors que tout, dans la vie sociale, tend à modeler les hommes selon des schémas stéréotypés, les condamnant à n'être que des « moi » empruntés**. La société relèverait alors plutôt de la mécanique, de la fonctionnalité rationnellement organisée que du vivant et seul celui qui advient à soi-même par le travail intérieur que cela requiert peut voir la grâce et l'harmonie supplanter cette parodie de vie où l'homme ne se fait que moyen du tout[3]. Redevenant fin de toutes choses, ayant déposé ses masques, dépouillé de toute défense mortifère, il plonge alors à travers sa propre transparence, dans la puissance qui l'a posé. Irréductible à la seule harmonie naturelle de l'âme et du corps, cette harmonie est la santé du moi qui ne peut s'établir que dans la conscience de sa dépendance ontologique et dans la conscience

1. *Point de vue explicatif de mon œuvre*, OCXVI, p. 86.
2. *Point de vue explicatif de mon œuvre*, OCXVI.
3. Il ne s'agit pas de contester la nécessité pour chacun de collaborer au bon fonctionnement du tout mais de rappeler que nos existences débordent infiniment ce devoir nécessaire.

que les lois qui gouvernent le réel précèdent l'autonomie humaine[1], ce qui implique de renoncer au fantasme moderne de l'autoréférence et de l'autonomie totale. Ce n'est que dans cette reconnaissance que pour Kierkegaard, l'individu est vraiment plus que l'espèce, sa tâche et son devoir étant d'aider ses semblables à se trouver eux-mêmes, à devenir vivants pour animer les communautés qu'il forme avec les autres et la société dans laquelle il s'inscrit. Sans mépris pour la loi qui régit la multitude en la sauvant de l'anomie c'est-à-dire du chaos et de l'insensé qui caractérise la vie immergée dans l'immédiateté, Kierkegaard a souligné que la plus haute forme de la vie s'accomplit dans la vérité intrinsèque de l'être[2].

Conclusion

Tout être humain, avant de pouvoir accéder à l'autonomie est toujours déjà pris dans l'hétéronomie d'une communauté, d'une structure sociale héritée de l'histoire. Il est pris aussi dans une hétéronomie plus profonde encore comme le rappelle Spinoza : celle de la Substance ou « Dieu » dont nous ne sommes que des modes. Cela devrait rappeler à chacun qu'il n'est pas son propre créateur, que l'autoréférence de l'hyper-individualisme contemporain est un fantasme qui, loin d'être libérateur est, en fin de compte terriblement appauvrissant et destructeur. Nous avons reçu la vie, nous avons reçu la culture du milieu qui nous porte. Il n'y a pas lieu de se révolter là contre, bien au contraire. Nous sommes des héritiers et ce dont nous avons hérité est une richesse que nous devons déchiffrer, legs d'hommes et de femmes qui ont tenté de se comprendre, de regarder le monde, de vivre de façon sensée. La gratitude doit donc avoir droit de cité dans notre rapport à la communauté. La révolte n'est légitime que lorsque la communauté ou la société dont nous sommes membre est aliénante parce que promouvant de fausses valeurs comme ce fut le cas par exemple sous le nazisme. La nécessité de se distancier s'impose lorsque la communauté empêche d'advenir à soi-même et contraint de répliquer à l'identique dans la soumission liberticide des modèles qui falsifient le rapport vrai à soi-même et aux autres comme le montre Edith Wharton. Faire vivre la tradition, ce n'est pas la momifier dans le rabâchage de formules ou de pratiques incomprises, mais c'est la vivifier par l'intelligence, et c'est un devoir de le faire sous peine de déshérence et, finalement comme l'a bien vu Kierkegaard, de désespoir. Or, la société actuelle ne fait plus communauté autour des valeur existentielles partagées. La dimension politique, saine dans les démocraties, ne suffit pas. L'homme ne saurait se réduire au citoyen et les réponses aux questions existentielles ne sauraient se dire dans le langage de la citoyenneté, le problème de la coexistence s'enracinant en amont dans le problème pur de l'existence qui est fondamentalement inadéquation originelle

....

1. Ce que ne cesse de rappeler Spinoza.

2. La ville de Copenhague ne s'y est pas trompée, elle dont les communautés religieuses avaient été la cible de la critique d'un homme trop épris d'absolu pour composer avec l'ambiguïté et la médiocrité de ce qui prétend instituer le rapport de l'homme au mystère. Le jour de ses funérailles, l'église était comble. Aucun membre du clergé n'était présent, à l'exception de son frère et du doyen diocésain chargé du rite de l'inhumation. Toute l'assemblée suivit le convoi au cimetière de l'Assistance à Nörrebro. Et il arriva que, de la foule qui y était dense, communauté encombrant les alentours, un sentiment d'intense communion émergea du silence.

de l'homme avec soi-même, donné à lui-même comme une tâche à accomplir. Pour qu'il puisse se comprendre, il lui faut un monde investi de significations. Cela s'appelle la culture et Spinoza voyait bien que, si la philosophie est la discipline réflexive la plus exigeante, il ne convenait pas de priver le peuple de la dimension théologique qui parle de la condition humaine dans sa relation au socle ontologique de façon figurative et narrative, pleine de sens elle aussi. Les communautés aujourd'hui ont un travail herméneutique à faire pour en perpétuer la transmission sans craindre le conflit des interprétations dont Spinoza parle dans son *Traité théologico-politique* car l'histoire a exaucé ses vœux ; aujourd'hui, le pouvoir temporel garantit la liberté de pensée, de conscience et de religion à laquelle les institutions ecclésiastiques se sont naguère trop souvent opposées…

Or, les mutations sociales contemporaines, nées de la révolte des individus qui, durant notamment la seconde moitié du XXe siècle, ont rejeté des équilibres traditionnels jugés trop contraignants, ne vont guère dans ce sens. La communauté – quelle qu'en soit l'extension, allant du couple conjugal à la société globale – contraignait les individus à reproduire des *patterns*, des modèles de comportement réputés canoniques. La description du vieux New York aristocratique et bourgeois par Wharton n'est qu'un échantillon d'un phénomène social beaucoup plus global. Mais n'avons-nous pas basculé dans l'autre extrême ? « Cette correction d'un état antérieur a mené… vers le contre-phénomène, tout aussi critiquable, déplore Christophe André. Des messages puissants, émanant du marketing et de la publicité, ont été construits pour que l'ego soit flatté en permanence et que le culte du Moi devienne un réflexe… Et on finit par croire à tout cela. »

« On peut se demander aujourd'hui, écrit de son côté David Le Breton, si la pratique obsessionnelle ou addictive des écrans portables, notamment des fameux téléphones, ne constitue pas une entrave à la communication authentique des individus. Société spectrale où, même devant les autres ou dans les rues, les yeux sont souvent baissés sur l'écran comme ailleurs dans les cafés, les restaurants, les salles d'attente, les transports en commun, les trains… Partout cette absence de visages, de regards autour de soi. Beaucoup parlent seuls dans la rue ou dans des espaces communs, sans crainte de déranger les autres. Mais la connexion, sous ses formes multiples, n'est pas le contact, qui implique justement une commune présence, et une sensorialité partagée.

Certes, dans un contexte social où les valeurs de l'ultralibéralisme s'imposent même dans la vie quotidienne, cette connexion est efficace, fonctionnelle, rapide, fondée sur une disponibilité sans repos, mais elle est insuffisante en elle-même à établir l'échange d'une signification porteuse de valeur. Ce sont des communications sans visage, sans présence, qui prolifèrent comme une enveloppe rassurante mais en tenant l'autre à distance et en disqualifiant la valeur de la parole… Chacun devient une monade (une unité), centré sur lui-même et son éventuelle communauté d'intérêt. La chose publique disparaît. Nous sommes de moins en moins ensemble, mais de plus en plus côte à côte, dans la fragmentation, les yeux rivés sur nos écrans sans plus nous regarder. Cette souveraineté de l'hyper-individu contemporain rend l'autre négligeable… » (*Le Monde,* 9 avril 2024). Mais cet hyper-individu est tout le contraire de l'individu dont Kierkegaard souhaitait l'avènement pour qui a le courage de s'édifier soi-même dans une interaction enrichissante avec les autres, prédécesseurs par les œuvres qu'ils nous ont laissées en héritage ou contemporains par le labeur de l'esprit dont heureusement certains dotent la communauté. Ces fruits des créations humaines ont toujours été le socle des Renaissances qui savent articuler harmonieusement les individus qui reprennent vie au souffle de l'esprit et les communautés heureuses de les accueillir parce qu'elles sentent qu'ils les affranchissent par des liens qui, au lieu d'étouffer, libèrent.

Rédaction France Farago

BIBLIOGRAPHIE

Catherine Audard, Raymond Boudon, Jean-Pierre Dupy *et al.*, *Individus et justice sociale autour de John Rawls*, Éditions du Seuil, 1988.

Jean-Pierre Coutard, *De la singularité,* L'Harmattan, 2010.

Nathan Devers, *Penser contre soi-même,* Albin Michel, 2024.

Louis Dumont, *Essais sur l'individualisme. Vue perspective anthropologique sur l'idéologie moderne*, Éditions du Seuil, 1983.

Norbert Elias, *La société des individus*, Fayard, 1991.

France Farago, *Sören Kierkegaard : l'individu,* Michel Houdiard Éditeur, 2008.

Didier Fassin (dir.), *La société qui vient,* Éditions du Seuil, 2022.

François Flahaut, « *Be Yourself !* » *: au-delà de la conception occidentale de l'individu*, Mille et une nuits, 2006.

Jacques Guigou, *La cité des ego*, L'Harmattan, 2008.

Christophe Guilly, *No Society, la fin de la classe moyenne occidentale*, Flammarion, 2018.

Jean-Noël Kapferer, *Rumeurs, le plus vieux media du monde*, Éditions du Seuil, 1990.

Hadi Rizk, *Individus et multiplicités. Essai sur les ensembles pratiques dans la Critique de la raison dialectique*, Kimé, 2014.

Cal Schmitt, *La valeur de l'État et la signification de l'individu,* Droz, 2003.

Georg Simmel, « Le croisement des cercles sociaux – 1908 », dans *Sociologie, Études sur les formes de la socialisation*, PUF, 1999, p. 407-452.

Barbara Stiegler, *Savoir s'adapter, nouvel impératif politique*, Folio, 2019.

Ferdinand Tönnies, *Communauté et société,* PUF, 1944.

PARTIE 1
ESCHYLE, *LES SUPPLIANTES* ET *LES SEPT CONTRE THÈBES*

SOMMAIRE

Rédaction Christine Lamotte

CHAPITRE 1

La Grèce au ve siècle av. J.-C.

SOMMAIRE

Dans la longue histoire de la civilisation grecque, le ve siècle occupe une place toute particulière. La Grèce est à cette époque composée de cités indépendantes les unes des autres, dont les plus célèbres sont Athènes, Sparte, Corinthe et Thèbes. Ces cités n'ont pas toutes le même régime politique. Il existe en effet trois types de régime : la tyrannie, la monarchie et la démocratie. Chaque cité a sa monnaie, son emblème, son dieu protecteur et ses propres lois.

Malgré ces différences, des éléments puissants unissent les Grecs. Ils revendiquent en effet tous une origine et une histoire commune. La langue et l'écriture grecques sont identiques dans l'ensemble des cités et surtout la religion les réunit : ils rendent un même culte aux très nombreux dieux de la mythologie siégeant sur le mont Olympe.

Athènes est alors la première des cités grecques. Son apogée et son hégémonie par rapport aux autres cités durent une cinquantaine d'années entre deux épisodes guerriers : Les guerres Médiques et la guerre du Péloponnèse.

1 D'une guerre à l'autre

1.1 Les guerres médiques

Les guerres médiques marquent traditionnellement le passage de l'époque archaïque à l'époque classique. Elles ont opposé les Grecs aux Perses au début du ve siècle av. J.-C. Elles sont déclenchées par la révolte des cités grecques d'Asie mineure contre la domination perse, et c'est l'intervention d'Athènes en leur faveur qui entraînera des représailles. Les deux expéditions des souverains Darius Ier et Xerxès Ier constituent les principaux épisodes militaires de ce conflit ; elles se concluent par les victoires spectaculaires des cités grecques européennes conduites par Athènes et Sparte malgré le déséquilibre des forces en présence, à **Marathon en 490 av. J.-C.** et à **Salamine en 480 av. J.-C.** Les guerres médiques apparaissent comme le point de départ de l'hégémonie athénienne en mer Égée, mais aussi comme la prise de conscience d'une certaine communauté d'intérêts du monde grec face à la Perse, idée que reprend, près de deux siècles plus tard, Alexandre le Grand. Darius Ier et Xerxès Ier ne purent soumettre la Grèce. *Les Perses* d'Eschyle font écho à ces événements.

1.2 La guerre du Péloponnèse

Mais le développement remarquable d'Athènes au ve siècle la conduit à occuper une position impérialiste qui sera contestée par Sparte, l'autre puissante cité de la Grèce, et conduira à la guerre du Péloponnèse. Athènes à la tête de la ligue de Délos et Sparte à la tête de la ligue du Péloponnèse s'affrontent dans de violents conflits de **431 à 404 av. J.-C.** Cette guerre, principalement connue à travers les récits des historiens Thucydide et Xénophon, se termine par la victoire de Sparte et la défaite totale d'Athènes dont l'empire s'effondre.

2 Athènes : une cité démocratique

Dans les dernières années du vie siècle, Athènes s'est doté du régime démocratique, régime dont elle est très fière et qui a remplacé le régime tyrannique des Pisistratides.

Trois grandes réformes ont permis l'instauration de la démocratie dans la Grèce antique : la réforme de Dracon sur la justice (621 av. J.-C.), la réforme de Clisthène (508-507 av. J.-C.), instituant la communauté politique sur la base d'une nouvelle redistribution territoriale qui diminuait le pouvoir local des riches propriétaires et enfin celle de Solon (594-593 av. J.-C.) interdisant l'esclavage pour dettes.

Dorénavant la cité sera dirigée par des assemblées de citoyens élus pour un an, où les décisions sont prises à la majorité par vote secret ; la plus importante de ces assemblées, dont les membres sont les stratèges se charge des décisions militaires et politiques, la seconde rédige les lois et veille à leur application, la troisième a un rôle judiciaire.

Seuls les citoyens ont le droit et le devoir de participer à la vie politique. Or ils ne sont que 12 % de la population ; en sont exclus les femmes et les enfants, les métèques et les esclaves. Les citoyens doivent faire un service militaire et défendre la cité en cas d'attaque. Ils contribuent à l'organisation des grandes fêtes athéniennes dont les Dyonisis où se déroulent les concours de tragédie.

Périclès (495-429 av. J.-C.) est le stratège le plus important de la période démocratique, celui qui dirige la cité et son empire, au point que l'on a donné souvent au ve siècle le nom de « siècle de Périclès ».

3 Athènes : un centre artistique et intellectuel

C'est pendant cette période que **l'art grec connaît son apogée,** notamment grâce à l'afflux des richesses de l'empire.

L'Acropole, plateau rocheux sur lequel s'élèvent de nombreux bâtiments publics, et le Parthénon, temple d'Athéna, sont reconstruits de – 447 à – 432 à l'initiative de Périclès, par les architectes Ictinos et Callicratès. Le sculpteur Phidias, chargé de la décoration du Parthénon va faire ériger la statue monumentale d'Athéna de 11,5 mètres de hauteur.

Le « siècle de Périclès » est aussi celui des historiens Hérodote et Thucydide, et celui de Socrate, le père de la philosophie morale.

Socrate est né vers 470 av. J.-C. et il meurt en 399 av. J.-C., condamné à mort car accusé de corrompre de la jeunesse. Grand orateur, il diffuse son savoir auprès de nombreux jeunes Athéniens et en particulier de Platon par l'intermédiaire duquel nous est parvenue sa philosophie.

Enfin l'époque connaît un essor extraordinaire de la tragédie comme en témoignent les œuvres conservées des dramaturges Eschyle, Sophocle et Euripide.

4 La tragédie et ses origines

Les origines du théâtre grec sont obscures. Si l'on sait que quatre genres dramatiques étaient pratiqués dans l'Athènes classique – dithyrambe, tragédie, drame satyrique et comédie –, on sait aussi que ce dernier fut le plus récent ce qui se comprend sans peine : pour rire et faire rire, il faut s'être suffisamment distancié de l'effroi primitif. Le plus ancien est le dithyrambe, présent dans le nord-ouest du Péloponnèse dès le début du VIe siècle. C'est un poème en l'honneur d'un dieu ou d'un héros, chanté par un chœur nombreux. Le chœur exécutait en chantant une danse animée en tournant autour d'un soliste, alternant avec lui couplets et refrains. Dès cette époque au moins, le dithyrambe est lié au culte de Dionysos. Vers le milieu du VIe siècle, un poète athénien, Thespis, aurait ajouté la parole au chant du dithyrambe, en chargeant un acteur de réciter un « prologue » et un « récit ». Thespis aurait été le vainqueur du premier concours tragique, établi par Pisistrate en 534. Par la suite et jusqu'à Eschyle ne nous sont parvenus que quelques noms, quelques titres, une poignée de vers. Sur près d'un millier de tragédies composées au Ve siècle par des dizaines de poètes, une trentaine seulement ont été conservées, œuvres de ces trois grands tragiques que furent Eschyle (525-456 av. J.-C.), Sophocle (495-406 av. J.-C.) et Euripide (480-406 av. J.-C.). « Il s'agit sans doute du fruit d'une sélection qui s'est opérée par l'établissement de recueils de pièces choisies au départ par des érudits alexandrins selon des critères esthétiques ou scolaires : pièces de la maturité des poètes, qui avaient entre elles des liens thématiques ou permettaient des comparaisons entre les trois grands tragiques. Le nombre de pièces choisies pour Eschyle et Sophocle était de sept chacun (un nombre symbolique) et de dix pour Euripide, plus lu et plus imité à cette époque. Toutes les pièces contenues dans ces divers recueils sont munies de notes en marge des textes, ce qui montre bien une intention pédagogique[1]. »

Si la commémoration d'événements légendaires, venue du fond des âges, a dû être un facteur décisif dans la préhistoire de la tragédie, les tragédies que nous connaissons sont, elles, des œuvres historiquement situées, émanant d'un univers symbolique qui est celui de la Grèce antique. Nées dans un contexte social et politique, elles ont en retour exercé leur influence sur la vie collective.

Ces tragédies traitent toutes d'un des problèmes essentiels de la Conscience humaine, celui du Crime et du Châtiment. Avant le christianisme, et sous la Loi Mosaïque également, l'Humanité ne connaissait à ce problème qu'une solution, celle du talion, qui ne faisait elle-même qu'appliquer un principe inhérent au plus profond de notre nature morale, celui de la réversibilité. Mais, quand l'homme se fait lui-même juge et vengeur de son propre grief, où s'arrêteront les conséquences ? Où s'arrêtera la provocation à une infraction nouvelle ? La fécondité est infinie de l'acte violent qui implique et engendre spontanément sa propre sanction, laquelle n'est autre qu'un égal crime… Mais l'esprit religieux de la Grèce ne pouvait se contenter de cette conception étroitement matérialiste. Le crime est une déclaration d'indépendance de l'individu qui, aux dépens de l'ordre général, se constitue comme principe de sa propre action. Quelque chose d'extérieur est ainsi compromis et ébranlé qui exige un rétablissement. Un défi est porté aux puissances obscures qui s'intéressent à nos destinées. Une porte est ouverte à leur intervention.

....

1. Pascal Thiercy, *Les Tragédies grecques*, coll. « Que sais-je ? », PUF, 2001, p. 5-6.

CHAPITRE 2

La vie et l'œuvre d'Eschyle (525-456)

SOMMAIRE

1 L'auteur

Sur la vie d'Eschyle, nous avons fort peu d'informations : il est né en 525 av. J.-C, au sein de l'une des grandes familles athéniennes, 30 ans avant Périclès et Sophocle, 45 ans avant Euripide. Son lieu de naissance, Éleusis, rattaché au territoire d'Athènes, est fameux car s'y célébraient des « Mystères » en l'honneur de Déméter et de sa fille Perséphone, mystères auxquels il fut initié et dont on l'accusa plus tard d'avoir violé le secret. Il eut deux fils, tous deux poètes tragiques.

Poète dramatique, Eschyle débuta au théâtre vers les années 500. Il composa 90 tragédies dont sept seulement sont parvenues jusqu'à nous. Il remporta 13 victoires théâtrales, la première en 484. Il obtint le premier rang en 472 avec *Les Perses,* en 467 avec les quatre pièces en forme de tétralogie, où se situe le drame des *Sept contre Thèbes,* et en 458 avec l'*Orestie*. En donnant aux récits épiques et au lyrisme choral une nouvelle dimension, celle de l'action, il ouvrait une voie qui, jusqu'en notre siècle, fut féconde : Sophocle et Euripide, plus tard Sénèque, Racine, Claudel l'ont suivie. Il accomplit deux voyages en Sicile, l'un après sa victoire des *Perses,* l'autre après celle de l'*Orestie.* Il y composa son *Prométhée enchaîné*[1]. C'est au cours de ce séjour qu'il mourut à Géla en 456-455.

2 L'œuvre

Bien qu'on connaisse les noms de certains auteurs qui l'ont précédé, on considère Eschyle comme le premier grand auteur tragique grec. Au moment de sa naissance,

1. On établit aujourd'hui la chronologie de ses pièces conservées ainsi : les *Perses* en 472 ; *Les Sept contre Thèbes* en 467 ; viennent ensuite très probablement *Les Suppliantes ;* puis, *Agamemnon, Les Choéphores, Les Euménides,* formant la trilogie de l'*Orestie,* le *Prométhée enchaîné* enfin.

le genre tragique venait tout juste d'être officiellement reconnu à Athènes. Des tragédies antérieures à Eschyle, pas une n'a été conservée. Tout se passe donc comme s'il avait été le premier à faire de ce genre un moyen d'expression inégalable des passions et des conflits qui déchirent l'âme humaine, tout en conservant une place essentielle aux parties chorales. Eschyle honore un genre qui vient de naître. Il ouvre aussi une époque. Son œuvre se place au début de ce ve siècle av. J.-C. qui fut l'âge du rayonnement athénien. En 490, il combattit à Marathon puis en 480 à Salamine, deux victoires décisives contre les Perses qui devait sauver sa patrie, puis valoir à celle-ci l'hégémonie, la gloire, bientôt l'empire.

Ce fut la grande expérience de sa vie. La guerre gronde un peu partout dans son théâtre. On la trouve dans les *Perses*, qui est la plus ancienne tragédie qui nous soit parvenue. On la trouve aussi dans *Les Sept contre Thèbes*. On la trouve encore dans *Agamemnon*, où l'on assiste au retour du roi, qui vient enfin de prendre Troie et va affronter la vindicte de Clytemnestre prête à lui faire payer le prix de sa victoire : le sacrifice d'Iphigénie, leur fille. Enfin la guerre est en puissance dans *Les Suppliantes* puisqu'on ne sait pas à la fin de la pièce quelle sera la riposte des Égyptiens à qui Argos a refusé de rendre les Danaïdes.

Une tradition, vraisemblablement légendaire, lie, à la victoire décisive de Salamine au cours de laquelle la flotte athénienne vainquit les envahisseurs malgré leur infériorité numérique, les trois principaux poètes tragiques de la Grèce : Eschyle, âgé de 45 ans, y participa tandis que le tout jeune Sophocle mena le chœur des éphèbes qui célébra la victoire, au moment où naissait Euripide sur l'île de Salamine, le jour même de la mémorable bataille. Peu importe qu'il s'agisse là du fruit de l'imagination rétrospective. Cette histoire témoigne en tout cas du fait que le théâtre grec fut placé sous le signe de la guerre : guerre entre les Grecs et les Perses d'abord, entre Grecs ensuite avec la guerre du Péloponnèse. Guerres, meurtres, conflits intérieurs sont la trame du tragique. Les héros luttent pour contenir le déchaînement de cette violence qui jalonne la vie des hommes.

Eschyle est de l'âge qui fonde et qui instaure, et son œuvre respire cette ardeur intérieure. Si ses tragédies parlent de souffrance, elles témoignent encore de la confiance des époques fières, de ces époques créatrices où la lumière de l'intelligence vient trouer et éclairer la nuit humaine. Eschyle met en scène la relève des antiques terreurs par le choix délibéré de la parole éclairante, de la raison, source d'ordre et de liberté.

Pourtant, il n'a pas participé au grand renouveau intellectuel que connut le ve siècle. Il a trente ans de plus que Périclès, et si Périclès fut, dit-on, le jeune chorège qui se chargea de faire représenter *Les Perses* d'Eschyle, en 472, il venait tout juste de prendre le pouvoir quand Eschyle mourut en Sicile : Eschyle n'a rien connu de la grandeur de Périclès. De même, il a trente ans de plus que Sophocle, 45 ans de plus qu'Euripide, 55 ans de plus que Socrate. Cela explique pourquoi sa voix diffère tant de ces derniers, pourquoi son œuvre rend un autre son. Alors qu'il a connu la lutte héroïque contre les barbares, ceux qui l'ont suivi dans le siècle ont, eux, connu les difficultés que posa la tentative d'établir la souveraineté d'Athènes sur les Grecs. Il a été formé à la pensée pieuse et morale des sages : ils ont, eux, au contraire, été élèves des sophistes ; ils ont connu leurs hardiesses, leurs habiletés, leur intellectualisme. Rien d'étonnant, donc, à ce que, dès la fin du ve siècle, les Grecs d'alors aient vu en Eschyle le grand poète du passé, sublime, mais déjà archaïque, héroïque, mais déjà loin d'eux.

La finesse de l'analyse de ceux qui lui ont succédé – Sophocle et Euripide – ne compense pas la perte de ce qui fait la force inégalée d'Eschyle. Non qu'Eschyle leur soit supérieur, mais il vit dans un monde plus élevé : il vit en présence des dieux. Le sacré préside à ce grandissement intérieur, joint à un style altier ce qui confère à sa façon de traiter les thèmes qu'il aborde une force exceptionnelle.

CHAPITRE 3

Le plan et le résumé

SOMMAIRE

Dans la présente étude, nous avons adopté la terminologie usuelle dans les analyses des tragédies grecques qui permettent d'en identifier les différents moments : **prologue**, partie parlée pouvant précéder parfois l'entrée du chœur ; **parados**, premier chant entonné par le chœur à son entrée ; **épisode**, partie parlée déroulant le récit ; **stasimon**, partie chantée par le chœur exprimant ses émotions ; **exodos**, dénouement de la tragédie et sortie des personnes puis du chœur.

Les Suppliantes

Parados, p. 51-56

Cinquante princesses, accompagnées de cinquante suivantes, et de leur père Danaos, ont abordé sur un sol inconnu, après avoir fui un hymen détesté que veulent leur imposer leurs cousins, fils d'Égyptos.

1er épisode, p. 57-69

- Danaos – Le Chœur

Danaos, en attendant l'arrivée des princes du pays, prodigue des conseils à ses filles ; elles doivent en toutes circonstances se comporter en Suppliantes respectueuses.

- Le Roi

Le Roi d'Argos, après s'être présenté, s'enquiert de l'identité des femmes et du motif de leur venue. Avant de leur accorder le secours qu'elles implorent, il veut consulter son peuple.

1er stasimon, p. 70-72

Les Danaïdes entonnent un chant à la gloire de Zeus et rappellent leur généalogie : elles sont des descendantes d'Io, native d'Argos, et de Zeus.

2e épisode, p. 72-73

- Danaos – Le Chœur

Danaos apprend à ses filles que les Argiens ont, à l'unanimité, voté pour leur donner l'asile et les protéger.

2e stasimon, p. 73-75

Reconnaissantes, les Danaïdes demandent aux dieux de dispenser leurs bienfaits aux habitants d'Argos qu'elles louent pour leur sagesse, leur générosité et leur piété.

3e épisode, p. 75-78

- Danaos – Le Chœur

Danaos voit arriver les bateaux de l'armée égyptienne. Il exhorte ses filles au courage.

3e stasimon, p. 78-80

Nouveau chant de plaintes et de lamentations inspiré par l'effroi de ce qui peut arriver.

Exodos, p. 80-87

- Le Hérault
- Le Roi – Le Hérault
- Danaos
- Chœur final double : *Les Suppliantes*/*Les Servantes*

Le Hérault égyptien tente d'entraîner de force les Danaïdes vers la galiote égyptienne, quand l'arrivée du Roi met un terme à cette prétention.

Après la sortie de leur père, les Danaïdes entonnent un chant alterné avec leurs suivantes : les princesses se réjouissent d'avoir pu éviter un mariage forcé, mais leurs servantes, en contre-point, soulignent le risque qu'il y a à mécontenter Aphrodite, déesse de l'amour et ouvrent ainsi la voie à un hymen futur.

Les Suppliantes est le premier drame d'une trilogie dont les autres pièces ont été perdues. La pièce devrait en effet être suivie de : *Les Égyptiens* et *Les Danaïdes.* Cette dernière scène en demi-teinte pouvait donc préparer un retournement de situation où les Danaïdes accepteraient le mariage, ce qui permettait le développement de la légende dans les tragédies suivantes.

Les Sept contre Thèbes

Prologue, p. 143-145

- Étéocle – La foule
- Étéocle – La foule – Le messager

Étéocle, roi de Thèbes, vient d'apprendre par le devin Tirésias que la cité va subir une immense attaque achéenne. Il exhorte donc la population mâle à défendre sa ville, en se portant sans tarder aux remparts.

Parados, p. 145-148

À sa sortie, une troupe de femmes affolées envahit l'orchestre et clame sa peur tout en décrivant les bruits effrayants de l'armée qui s'avance.

1er épisode, p. 148-152

- Le Chœur – Étéocle

De retour sur scène le roi s'en prend violemment au chœur des femmes qu'il accuse de démoraliser le peuple avec son agitation incontrôlée. Malgré sa grande fermeté, il ne peut les ramener à un comportement plus raisonnable.

1er stasimon, p. 152-154

Bien qu'elles aient promis de se taire, les femmes du chœur continuent de dépeindre les désastres qu'entraînerait une défaite de la ville.

2e épisode, p. 154-165

- Le Chœur – Le Messager – Étéocle

Le messager fait à Étéocle un long catalogue des Héros argiens qu'ils vont devoir affronter et de leurs blasons auquel répond point par point Étéocle en nommant à son tour les Thébains qui leur seront opposés. Le nom du septième adversaire, Polynice va entraîner une tirade d'Étéocle où, après avoir consacré quelques vers à maudire son sort, il décide de ne rien changer à ce qui était prévu : il ira en personne combattre son frère. Le chœur est impuissant à l'en dissuader.

2e stasimon, p. 165-167

Le chœur, tout en exprimant sa peur, rappelle la malédiction à l'origine des malheurs des enfants d'Œdipe.

3e épisode, p. 167-169

- Le Chœur – Le Messager

Le messager apporte une double nouvelle : Thèbes a repoussé l'assaut et est sauvée mais ses deux rois se sont entretués.

3e stasimon, p. 169-170

Le chœur ne sait s'il doit se réjouir pour la cité ou pleurer la mort des chefs de guerre. Il choisit cette seconde option

Exodos, p. 170-174

À l'entrée des deux corps le chœur décide de les accompagner d'un chant de deuil, puisqu'ils n'ont pas de descendants pour accomplir ce rite nécessaire pour franchir l'Achéron. Le cortège funèbre sort lentement de l'espace scénique.

Une autre fin a été ajoutée après cette scène et elle est reproduite dans notre édition. On y voit Antigone, sœur d'Étéocle et de Polynice, décider d'enterrer Polynice dont, sur ordre de leur oncle Créon, nouveau roi de Thèbes, le cadavre est laissé sans sépulture hors des remparts, à la merci des bêtes sauvages.

Les Sept contre Thèbes était la dernière tragédie d'une tétralogie comprenant : *Laïos, Œdipe, Les Sept contre Thèbes* suivies comme c'était la règle d'un drame satyrique *La Sphinge.* Il n'y a guère d'intérêt à proposer un exodos en forme d'ouverture, alors qu'à l'inverse la troisième tragédie devait donner l'image d'un achèvement.

CHAPITRE 4

L'analyse des œuvres

SOMMAIRE

Introduction

La question posée cette année, Individu et communauté, convient bien à l'étude des deux œuvres d'Eschyle au programme, *Les Suppliantes* et *Les Sept contre Thèbes*. En effet dans une société très structurée comme celle de la Grèce antique, les communautés sont puissantes, mais le ve siècle, époque de l'écriture de ces tragédies, est aussi un siècle de réflexion sur la place et le rôle à accorder à l'individu dans la conduite de son groupe. Dans l'une et l'autre pièce nous allons voir que les relations entre ces deux entités ne sont pas figées mais évoluent en permanence.

1 La relation individu/communauté : l'inclusion

1.1 Le groupe dans son ensemble

Il convient de voir tout d'abord comment et à quelles conditions l'individu fait partie d'une communauté donnée.

a La terre

Les hommes d'une même communauté vivent sur la même terre.

La terre les nourrit et les Grecs la révèrent. Lieu de la naissance, « berceau de notre vie », puis de la vie, elle est aussi le lieu du culte des morts où sont ensevelis les ancêtres. Être arraché à sa terre est toujours un déchirement. On y perd le soutien de ceux qui, comme vous, appartiennent au même lieu. Que ce soit par bannissement, parce qu'une guerre a été perdue ou, comme c'est le cas pour les Suppliantes, parce qu'on doit fuir un danger, l'exil est douloureux et l'accueil sur une nouvelle terre demande des efforts de la part des exilés.

En quittant leur pays les Suppliantes ont pris un risque qu'elles estiment cependant moins grand que celui qu'elles couraient en restant en Égypte : elles ne sont qu'une « troupe vagabonde », elles « errent » ignorant tout du lieu où elles ont abordé.

Les jeunes filles du Chœur dans *Les Sept contre Thèbes*, dès leur entrée, exposent en gémissant les malheurs qui attendent celles qui seront arrachées à leur terre par une défaite de la cité. « Je clame ici ma peur et mes douleurs immenses. »

b La famille

Aussi importante que la terre, et d'ailleurs intimement liée à elle, la famille est un des piliers de la communauté. L'appartenance familiale se décline selon deux axes : l'axe vertical et l'axe horizontal.

L'axe vertical ou diachronique comprend les ascendants et les descendants. Dans les traductions des pièces d'Eschyle, l'ascendance est désignée par les termes race ou lignée : c'est un élément essentiel d'appartenance à une communauté. Prenons l'exemple des défenseurs de Thèbes ; ils ont été soigneusement choisis par Étéocle et la lignée est présentée comme un des critères importants pour guider ce choix.

L'axe horizontal ou synchronique comprend tous les membres de la famille qui peuvent vivre ensemble dans un temps donné, c'est-à-dire les ascendants et descendants immédiats, les fratries et la famille élargie : cousins, oncles et tantes, nièces et neveux.

Les rapports de proximité avec la famille peuvent être source de bonheur et synonyme d'assistance ou, au contraire, engendrer de nombreux malheurs. Les Suppliantes sont plus fortes parce qu'elles sont sœurs et nombreuses, et elles sont accompagnées et guidées dans leur fuite par leur père Danaos, qui est d'ailleurs celui qui a pris la décision du départ et qui va les aider de ses sages conseils jusqu'au dénouement. À l'inverse, les liens familiaux sont synonymes de danger lorsque toute une descendance doit payer les erreurs où les crimes d'un ancêtre ou lorsqu'une partie de la famille veut dominer l'autre et s'approprier ses biens comme c'est le cas, semble-t-il, pour les cousins des Danaïdes.

L'importance des liens du sang pour revendiquer l'appartenance à une communauté est particulièrement soulignée par Eschyle dans *Les Suppliantes* puisqu'il consacre une grande place à la légende qui fait des cinquante filles de Danaos des descendantes de Io, la génisse féconde, autrefois gardienne du temple d'Héra, en Argolide. C'est la première demande du roi lorsqu'il est confronté à la troupe des Suppliantes : « Déclare-moi ta race, dis-moi tout. »

Cette filiation impose d'une certaine manière aux Argiens de protéger le chœur des Suppliantes, mais le Roi est un personnage avisé qui ne va pas risquer la sécurité de son peuple sans que le groupe des « étrangères » ne soit capable de justifier leur demande. Il y a donc au centre de la pièce un passage qui s'apparente à une enquête où les Danaïdes sont amenées à apporter des preuves de ce qu'elles affirment. Le chœur avait d'ailleurs prévu cette requête légitime du Roi : « Je fournirais à ce pays des indices de ma naissance. » C'est l'occasion pour l'auteur de rappeler dans le détail la légende d'Io par une série de questions-réponses entre le Roi et le Chœur : si le Chœur peut prétendre avoir des liens avec Argos, c'est parce qu'il connaît la genèse de ses origines qui est arrivée jusqu'à lui par la tradition. Leur appartenance à la communauté d'Argos est attestée par leur filiation récente « Danaos le père » et plus ancienne « notre race, qui s'honore d'être venue au monde de la génisse tournoyante au vol du taon ».

c Les usages et les coutumes

Lorsqu'on fait partie d'un groupe social, on développe en commun une manière de se comporter à laquelle on se conforme : c'est la coutume qui se décline dans plusieurs domaines.

Un individu peut faire partie d'une communauté comme dernier maillon de la chaîne humaine, celui qui ne peut être divisé sans être détruit (et c'est d'ailleurs de là que vient le mot individu). Celui qui n'a que ce statut, que lui donnent les circonstances de sa naissance, représente la partie la plus nombreuse, mais aussi la plus faible de la communauté : ce sont les enfants, les vieillards, les femmes dans l'antiquité. Pour survivre, il doit être reconnu et protégé par les autres membres de son groupe et donc en respecter visiblement les mœurs.

◆ La visibilité

L'altérité par rapport à une communauté particulière peut tout d'abord se manifester par l'apparence extérieure. Cet aspect est particulièrement développé dans *Les Suppliantes* puisque le sujet en est l'accueil et la défense d'une communauté par une autre. Le Roi, lorsqu'il vient rencontrer les Suppliantes, est frappé par la couleur orientale du groupe, nettement opposée à la civilisation grecque.

Sa première remarque concerne « leur accoutrement si peu grec ». Effectivement leur vêtement est le signe de leur appartenance à un pays étranger. Le roi d'ailleurs fait toute une série de suppositions quant à leur origine : tout d'abord il évoque des Libyennes et des Chypriotes, puis il imagine qu'elles sont Indiennes, un peuple qu'il ne connaît que par « ouï-dire » et enfin il va jusqu'à supposer qu'elles sont des Amazones, c'est-à-dire une communauté dangereuse de « vierges carnassières » qui, heureusement, n'ont pas d'arcs.

Notons dans ce passage l'humour d'Eschyle qui, semble-t-il, prend plaisir à développer cette liste d'hypothèses jusqu'à la plus invraisemblable. Toutefois le roi accepte de les écouter, manifestant dès cette première entrevue l'ouverture d'esprit que l'on retrouvera par la suite.

La langue, autre signe d'appartenance, n'est pas qu'une question d'apparence puisqu'elle permet l'échange et a donc une fonction et une valeur bien supérieure à celle du vêtement. Toutefois elle n'en est pas moins un élément visible extrêmement important Ne pas maîtriser une langue, et en particulier avoir un accent différent des membres autochtones d'un groupe, vous désigne immédiatement comme étranger et vous fait courir le risque de ne pas être entendu. Les Suppliantes elles-mêmes s'inquiètent dans le parados de savoir si elles seront comprises par la terre d'Apis étant donné leur accent « barbare ».

On trouve aussi une référence à la langue étrangère qui effraie dans le parados du Chœur dans *Les Sept contre Thèbes* : « Ne livrez pas Thèbes à une armée qui parle une autre langue. »

◆ Le respect des autres

Une fois arrivés sur le territoire d'une communauté différente, les exilés doivent adopter un comportement humble vis-à-vis de la population indigène s'ils veulent être acceptés et aidés.

À leur entrée, les Suppliantes ne sont pas encore sur la terre d'Argos à proprement parler, la terre peuplée. Elles sont à la frontière du pays, sur le rivage entre la mer et le désert et c'est le Roi à la tête d'une troupe armée qui va venir voir qui elles sont.

En l'attendant, Danaos donne à ses filles dans le premier épisode des conseils de respect envers la population du pays indépendamment par ailleurs des intentions bonnes ou mauvaises de celui qu'elles vont rencontrer. Elles devront donc rester « suppliantes éplorées », « sans assurance ou effronterie ». C'est le prix à payer pour que les étrangers, les exilés, les faibles en résumé, soient bien reçus. Le même thème sera repris à la fin de la tragédie après que les Argiens aient accepté de recevoir les Danaïdes. « Il faut du temps, dit Danaos, aux étrangers pour se faire accepter d'une population » et il recommande donc à ses filles la plus grande modestie, d'autant plus que leur jeunesse pourrait faire l'objet de beaucoup de convoitises.

1.2 Les individus qui se détachent

Tout en appartenant à la communauté selon les critères que nous venons de définir, certains individus s'en détachent par les fonctions qu'ils y occupent.

a Les rois

Les communautés mises en scène dans les pièces d'Eschyle sont des royautés. Or on devient roi par héritage. Pelasgos se présente au chœur des Suppliantes comme « le fils de Palaichton, qui naquit de la terre ». Que ce nom fût inventé par Eschyle ou pas importe peu. Ce qui compte c'est qu'il donne une tonalité héroïque à l'ascendance de Pelasgos.

Étéocle quant à lui appartient à la race d'Œdipe selon la légende. Étant appelé à remplir ces hautes fonctions par leur naissance et non par leur mérite, les rois peuvent être bons au mauvais. Si dans les Perses Eschyle a représenté un mauvais roi sous les traits de Darius, dans *Les Suppliantes* et *Les Sept contre Thèbes* il dépeint deux rois responsables et soucieux du bien-être de leurs cités.

◆ Un événement imprévu : l'arrivée d'étrangers sur le sol

La responsabilité du Roi Pelasgos : prendre des décisions

Lorsqu'il a connaissance de l'arrivée d'une troupe étrangère sur le territoire d'Argos, le roi se porte à leur rencontre. Son premier devoir est de s'informer de la citoyenneté des arrivantes : « Déclare-moi ta race » leur dit-il, et du motif de leur venue : « Pour t'expliquer tu as la parole. » Nous avons vu précédemment qu'il prenait soin de vérifier soigneusement leur généalogie et il veut aussi savoir ce qui les a fait quitter leur terre natale car il ne saurait aider des criminelles bannies à juste titre de leur pays. Et même s'il est persuadé du bien-fondé de leur demande d'assistance, la fonction royale exige de celui qui l'exerce prudence et réflexion car comme le souligne et le pense le chœur : « C'est lui seul qui décide de tout. » Et le roi d'Argos hésite : « Je ne sais que faire ; l'angoisse prend mon cœur : dois-je agir ou ne pas agir ? »

Le Roi Pelasgos est un roi juste qui a le souci de son peuple. Il voudrait aider les jeunes filles par compassion pour « ces concitoyens-étrangers », mais aussi car ce serait encourir le courroux de Zeus de ne pas tenir compte de leurs rameaux de suppliantes. Pourtant, il sait que cela pourrait entraîner une guerre à l'issue incertaine, néfaste pour son peuple. Il ne veut donc pas prendre de décision seul. Le peuple doit être informé et consulté car c'est lui qui va payer du sang de ses citoyens mâles les conséquences d'une guerre de représailles.

◆ Une situation de crise : La guerre

La responsabilité d'Étéocle : entretenir le moral de la population

Si l'homme est un animal social, sa sociabilité ne s'étend pourtant pas à l'humanité toute entière. Des conflits peuvent surgir entre deux ou plusieurs communautés, en particulier s'il y a des tentatives d'annexion d'un territoire dont la possession et la domination peuvent être considérées comme litigieuse ou si les communautés sont dirigées par des chefs belliqueux. C'est alors que le conflit peut dégénérer en guerre ouverte.

Dans la guerre le peuple est lié par un même destin et doit soutenir son armée de toutes les manières possibles.

C'est tout le sens du discours adressé par le Roi Étéocle aux habitants de Thèbes dans le prologue des *Sept contre Thèbes*. Notons que le peuple ne s'exprime pas, n'a pas de porte-parole ce qui donne l'image d'une population masculine attentive à la voix de son roi et obéissante.

Quand il faut défendre la patrie dit Étéocle, le chef doit tenir bon le gouvernail et « dire ce que l'heure exige ». La situation exige que tous « se portent au secours de la cité » sans considération d'âge. Le discours se termine sur un vibrant appel patriotique à l'impératif : « Tous debout… Courez armés… Garnissez les parapets… Occupez les terrasses… Attendez avec confiance… »

Eschyle a participé, on l'a dit, à la bataille de Salamine lors des guerres médiques, bataille qui a vu la victoire d'Athènes, grâce au courage de ses citoyens, en nombre bien inférieur pourtant à celui des Perses et il se fait l'écho dans ses pièces de guerre d'un idéal de vaillance, propre à garantir l'indépendance d'une cité.

Ib Le chef de famille

Danaos appartient lui aussi à une dynastie royale mais il n'est représenté ici que comme un père de famille prudent et avisé. C'est lui qui a organisé la fuite de ses filles et qui leur dit comment se comporter pour être bien reçues à Argos.

Ic Les chefs militaires : L'armée : des individus au service de la communauté

Dans le prologue Étéocle demande à toute la population masculine de se porter aux remparts pour défendre la cité mais c'est bien sûr avant tout à l'armée que la défense de la ville est confiée.

Au début de la tragédie, le messager annonce à Étéocle que pour attaquer Thèbes les Argiens peuvent compter sur sept individus remarquables, qui sont déjà postés avec leurs phalanges aux portes de la ville. En réponse Étéocle déclare dans le deuxième épisode qu'il va de son côté choisir « Six guerriers de grande allure » pour se poster aux issues de la ville se réservant la défense de la septième porte « et moi septième ».

Quelles qualités individuelles particulières sont reconnues à ces guerriers thébains ou argiens pour qu'on les ait jugés dignes de prendre en charge le sort de leur communauté ?

C'est ce qu'Eschyle va révéler tout d'abord dans le premier rapport du messager (vers 39 à 59) puis dans le long passage central de la tragédie (deuxième épisode) où sont décrits un à un les guerriers, leurs équipements et leurs blasons dans le dialogue entre Étéocle et le messager.

Chaque guerrier argien présente un ou plusieurs caractères marquant leur forte individualité

Tydée est un « meurtrier, trouble de sa propre cité », Hippomédon un géant qui porte à son bras un bouclier immense, Parthénopée l'Arcadien au visage d'ange surprend par sa jeunesse qui contraste avec la férocité de son caractère, le puissant devin Amphiaraos est un homme pieux qui ne devrait pas se trouver dans cette troupe, enfin Polynice est un traître à sa patrie. Ces particularismes marqués ne sauraient être de bon augure lorsqu'il s'agit de mener une action qui au contraire demande une manœuvre collective.

Pourtant, il y a aussi chez les guerriers d'Argos placés aux cinq premières portes des traits communs.

Ils sont courageux : ce sont de preux capitaines, selon le messager, dont l'action ne sera entravée ni de plaintes, ni de crainte, alors qu'ils risquent la mort. Mais ce courage est assorti d'une grande cruauté et d'un farouche désir de terroriser l'adversaire avant même le combat, tant par leur apparence que par leur comportement.

Leur fureur doit tout d'abord se faire entendre : Tydée « gronde, crie comme un serpent, sous son bouclier des cloches de bronze sonnent l'épouvante ». Etéoclos compte sur « ses cavales grondantes qui sifflent un refrain barbare », Hippomédon pousse « une clameur de guerre ». Au bruit impressionnant s'ajoutent les menaces : Capanée « affirme qu'il saccagera cette ville », Parthénopée « jure qu'il ravagera la cité cadméenne ». Leur objectif est bien la destruction totale de Thèbes alors que ce n'est pas l'intention de Polynice qui au contraire veut après sa victoire diriger la ville de ses ancêtres. On remarque dès lors la vanité de l'entreprise de Polynice qui serait en cas de victoire débordé par des alliés hors de contrôle.

Chez les Argiens il n'y a de référence ni à la lignée (communauté familiale) ni à la terre (communauté civique). En fait, ils semblent n'appartenir qu'à eux-mêmes, en tout cas pour les quatre premiers. Le cinquième est un métèque[1] et paradoxalement c'est lui qui semble le plus patriote de tous : « À Argos qui l'a nourri il entend payer largement sa dette. » Toutefois il ne faut pas oublier qu'il y a entre les métèques et les cités grecques une relation essentiellement commerciale ce que peut sous-entendre l'expression « payer sa dette » Son engagement semble donc tenir plutôt au fait que l'individu tient à honorer ce qui s'apparente à un contrat qu'à un réel dévouement pour Argos. Par ailleurs l'assaut contre la ville assiégée lui permettra d'employer la violence qui est en lui, malgré son allure juvénile.

Étant sûrs d'eux, ils font preuve d'un orgueil démesuré ce que souligne le terme « jactance » utilisé à plusieurs reprises dans notre traduction[2].

Remarquons au terme de cette analyse des cinq premiers guerriers que ce qui a été reconnu comme mérites par les Argiens est présenté par le messager comme une suite de terribles vices. Eschyle montre ainsi la relativité des valeurs appréciées chez les individus selon les communautés et leurs objectifs présents.

Face aux menaces des Argiens, Étéocle fait preuve de beaucoup de raison et de sang-froid : il ne faut pas confondre, dit-il, les menaces et la réalité de la guerre : un « blason » ne fait pas de « blessures » « sans le secours de la lance » et les Argiens seront punis de

....

1. Les Métèques étaient des étrangers domiciliés qui, moyennant le paiement d'une taxe annuelle, participaient à certains droits des citoyens.

2. Attitude d'une personne qui manifeste avec arrogance la haute opinion qu'elle a d'elle-même.

leur orgueil et de leur impiété. Face à l'ennemi Étéocle a préparé une liste de vaillants guerriers susceptibles de contrer l'attaque.

Ils ont tous, à côté de leur valeur personnelle, une grandeur qui leur vient de leur parenté, ce sur quoi insiste Étéocle, en nommant à chaque fois leurs ascendants : « Mélanippe » « le preux fils d'Astacos », Mégaréus, fils de Créon, « Hyperbios, noble fils d'Oinops », « Actor, frère du guerrier précédent » assorti d'un commentaire élogieux sur l'ensemble de la famille d'origine « de très noble race ». Si inversement la race d'Œdipe d'où sont issus Étéocle et Polynice est maudite, le combat fratricide montre aussi l'importance de la lignée dans le sort et les comportements de l'individu.

Les chefs thébains ont aussi en commun le courage, la volonté et l'expérience, « rempart éprouvé » nous dit Étéocle de Polyphonte, indispensables pour défendre leur ville. Ils ne s'en laisseront pas conter par des manœuvres d'intimidation où la « jactance » veut tenir lieu d'efficacité. D'ailleurs ni les armes ni les attitudes des combattants thébains ne sont décrites car la cité n'a pas besoin de symboles mais d'action. Ils évitent, ce faisant, la démesure qui caractérise les Argiens.

Ces similitudes entre les défenseurs de Thèbes, ainsi que le peu de vers que consacre Eschyle à la description de chacun, nous montrent le net contraste entre les assaillants argiens et les combattants thébains.

Les Thébains sont interchangeables et présentent des qualités civiques identiques. Les Argiens sont des individualités affirmées, bien connues dans la culture grecque et même glorifiées dans les arts et la religion. C'est pourquoi ce catalogue des assiégeants peut impressionner de façon crédible le messager et avec lui le public grec de la tragédie. Les choix d'Eschyle, tant pour les uns que pour les autres, nous montrent que nous sommes à une époque charnière de l'histoire grecque quand les valeurs héroïques individuelles chantées dans les épopées sont encore fortement appréciées, alors que l'idéal démocratique de défense de la communauté se fait jour dans la vie d'Athènes et est aussi représenté ici dans l'œuvre d'Eschyle.

2 L'interaction entre l'individu et sa communauté : union ou conflit ?

2.1 L'union

Il est essentiel pour le bien de tous qu'il y ait harmonie entre les membres d'une même communauté et certaines situations de crise permettent de voir plus clairement comment se situent les individus.

Si généralement, en période de paix, les individus se plient aux règles de leur communauté, c'est plus difficile en période troublée, car alors les règles se durcissent et la désobéissance est d'autant moins admise.

a Le désordre : une menace pour la ville

L'image d'une cité dont toutes les forces seront unies pour la défendre, développée dans le prologue des *Sept contre Thèbes* est immédiatement mise à mal par l'entrée brouillonne et trépidante des vierges du chœur affolées, qui viennent prier les divinités thébaines.

Elles assimilent immédiatement l'armée ennemie à une meute de chiens incontrôlable « l'armée est lâchée » et, face à un tel risque, seul le secours de la religion peut être efficace.

Elles demandent assistance et protection à toutes les divinités possibles en courant de façon désordonnée de l'une à l'autre, sans respecter aucun des rituels qui sont censés se concilier la faveur des dieux. Dans le même temps, elles participent au récit épique de l'avancée de l'armée ennemie « le flot des cavaliers », « les boucliers blancs », « j'entends le bruit des chars » et finalement la ville de Cadmos est à la portée de l'armée argienne : « Une grêle de pierres vient de loin frapper nos créneaux. »

Lorsque le roi revient cela déclenche chez lui une grande colère car il craint que leur attitude ne démoralise la population : quand la patrie est en danger les forces doivent s'unir et non se diviser. Le rappel à l'ordre est implacable et brutal. Étéocle traite les femmes « d'intolérables créatures » ; leur attitude est insensée car elles appellent à « la lâcheté pleureuse » et pourraient entraîner l'indiscipline alors que « la discipline est mère du succès qui, seule, ô femme, assure la vie sauve ». Et Étéocle ne se contente pas d'essayer de convaincre les femmes d'avoir un comportement plus adapté : il menace « quiconque n'entendra pas son ordre » d'un arrêt de mort par lapidation.

b La religion : une spiritualité qui soude une communauté

Bien qu'il ait reproché au chœur son attitude irresponsable, Étéocle sait qu'il ne peut gagner sans l'assistance des dieux. Il a d'ailleurs dans le prologue adressé une prière à tous les dieux y compris à la malédiction pour que sa cité soit épargnée. Toutefois, en chef d'état pragmatique qui pense en termes d'échange, il ne craint pas de faire remarquer aux dieux que leur protection est tout autant dans leur intérêt que dans le sien car dit-il : « Une ville prospère, seule, honore ses dieux. »

Et une partie de sa confiance dans l'issue de la bataille lui vient de ce qu'il peut déduire du récit du messager que les chefs ennemis sont impies et c'est en dernier ressort cette impiété qui sera cause de leur perte à tous, pense-t-il.

Même si avant de combattre ils font un sacrifice aux dieux guerriers (Ares, Enyo et la Déroute), les Argiens montrent immédiatement leur indépendance face à la religion en voulant attaquer Thèbes sur-le-champ malgré l'avis défavorable du devin qui les accompagne. Sur leurs boucliers, ils insultent et défient les divinités, chacun à sa manière, soit par le symbole lui-même (Typhée, la Sphinx), soit en lui associant des paroles de défi : Capanée saccagera Thèbes que « le Ciel le veuille ou non » et il a écrit que « le défi de Zeus même ne l'arrêterait pas ». Eteoclos s'en prend, lui, à Ares qui, lui-même, ne pourrait pas le faire redescendre du rempart de la ville. Contrairement à leurs ennemis les Thébains font preuve d'une grande piété par le truchement de leur chef Étéocle qui reproche à tous leurs adversaires leur manque d'humilité et leur agressivité face aux dieux qu'ils devraient révérer, au moins par prudence.

Étéocle, lorsqu'il revient dans le second épisode pour recueillir les dernières nouvelles du messager a déjà choisi les six combattants qui vont l'accompagner pour défendre la ville et il les a placés aux portes de Thèbes une à six puisqu'il se réserve, comme nous l'avons vu, la septième porte ; on vient de décrire les qualités qu'il juge nécessaire à l'obtention de la victoire. Les Argiens de leur côté ont nommé des capitaines à la renommée prestigieuse. Chacune des parties s'est donc efforcée de faire le meilleur choix possible de ses combattants pour s'assurer de la victoire.

Néanmoins la composition des combats singuliers ne résulte pas d'un choix humain mais divin : la position des champions argiens dépend d'un tirage au sort dit d'emblée le messager « au choix des portes, chacun a tiré son lot ». Or, dans l'esprit des Grecs le tirage au sort était un moyen de s'en remettre à la décision d'Hermès.

Quant aux Thébains, on comprend par les réponses d'Étéocle quand il donne les noms des défenseurs des portes quatre et cinq que c'est bien lui qui a choisi la place de ses champions, mais comme il l'a fait avant de savoir quel ennemi serait en face, la composition du duel est également d'origine divine : les dieux ont permis que le choix fait par Étéocle soit le meilleur possible pour assurer la victoire des fils de Cadmos. Étéocle attribue tout d'abord à la chance, c'est-à-dire à quelque dieu indéterminé, ces coïncidences bienvenues, mais à la sixième porte, il reconnaît la volonté de Zeus transmise par son fils Apollon qui ne se trompe jamais : « Les oracles de Loxias ne sont pas stériles. »

Ainsi dans toute cette affaire les destins des individus et des communautés sont en dernier ressort soumis aux décisions des dieux ce qui ne dédouane pas totalement les hommes de leur responsabilité puisque leur comportement est susceptible d'influencer les décrets divins.

Le chœur-personnage des filles de Danaos se met quant à lui immédiatement sous la protection divine et lui confie son destin, comme c'est d'ailleurs attesté par le titre : *Les Suppliantes*. Alors qu'il n'y a pas de prologue, les premiers mots dès l'entrée du chœur (le parados) sollicite pour leur communauté l'assistance de Zeus suppliant : Leurs supplications concernent bien tout leur groupe dont le sort est lié. Elles parlent d'une même voix employant le pronom nous, se qualifient de troupe qui a connu un sort identique, « fuite éperdue, troupe vagabonde », et c'est pourquoi elles sollicitent pour elles toutes par leurs rameaux de suppliantes[1] la compassion de Zeus sauveur pour qu'il les aide contre les prétentions de leurs cousins qui les pourchassent.

1. Branches d'olivier entourées de bandelettes de laine.

À de nombreuses reprises au cours de la pièce, les sœurs seront amenées à rappeler qu'elles s'en remettent à la volonté divine. La supplication a, dans cette tragédie d'Eschyle, un rôle très étendu comme elle l'a dans le pré-droit. Le rituel en est immuable et doit être scrupuleusement respecté : elle se fait à des lieux définis et elle exige une posture particulière qui est justement une posture assise, et qui a une très large valeur de symbole puisqu'elle représente tour à tour l'état de deuil, le mort aux enfers, le condamné, le candidat à la purification ou à l'initiation. Danaos engage ses filles à s'y conformer avant l'arrivée de l'armée des Argiens : « Mieux vaut mes filles vous asseoir sur ce tertre consacré aux dieux d'une cité : encore mieux qu'un rempart un autel est un infrangible bouclier. » Le roi d'ailleurs reconnaîtra dans ce rituel de culte public « aux pieds des dieux de la cité » un élément qui rappelle la Grèce.

2.2 Les conflits

Certains individus ou groupes d'individus entrent en conflit avec leur communauté parce qu'ils n'en respectent pas les règles. Or des règles sont nécessaires pour une cohabitation harmonieuse entre les membres d'un groupe et c'est le Droit qui les définit. Son origine peut être l'autorité publique qui édicte les lois ou encore les règles issues de la pratique du groupe social, les coutumes. Mais quoi qu'il en soit, il doit être considéré comme juste c'est-à-dire conforme à la raison, à la vertu et à l'intérêt général pour être suivi.

a Rester à sa place

Dans les communautés fortement structurées chacun a une place. Ne pas rester à sa place c'est enfreindre les lois coutumières de la communauté et donc la menacer.

Lorsque le groupe des femmes surgit sur l'acropole à Thèbes en se lamentant bruyamment, Étéocle lui reproche de ne pas se conformer à ce qu'on attend d'une femme : « Ce qui se fait hors de la maison est l'affaire des hommes », « ton rôle à toi est de te taire et de rester dans ta maison ». Mais la pensée de ce qui les attend si la ville est prise « traînées-veuves de défenseurs, hélas ! Jeunes et vieilles à la fois – par les cheveux ainsi que des cavales… » est si épouvantable qu'elles sont incapables de se dominer : « Je voudrais t'obéir ; mais l'effroi tient mon cœur en éveil. »

b Le Droit, soit, mais quel Droit ? Où est la Justice ?

Pour justifier leur fuite face aux prétentions de leurs cousins qui veulent les épouser contre leur gré, les Suppliantes invoquent dès le parados la justice et le Droit : « Divins auteurs de ma naissance, vous voyez où est le Droit… Montrez votre justice en face de cet hymen… »

Mais, dans la querelle entre les Danaïdes et les Egyptiades, comment distinguer de quel côté est le droit ? C'est là la question essentielle à laquelle le roi devra répondre.

Le roi est certes convaincu par son enquête que les Suppliantes ont « d'antiques liens » avec Argos mais pourquoi ont-elles fui et n'ont-elles pas enfreint le droit de leur communauté présente l'Égypte ? Les Danaïdes, en refusant le mariage avec leurs cousins, réclament l'application d'un droit naturel auquel tout individu peut prétendre : on ne peut pas imposer un mariage par la force sans le consentement de la promise. De plus la faute est aggravée lorsqu'il y a des liens de parenté entre les futurs époux. Lors de cette première rencontre avec Pelasgos, Eschyle évoque également rapidement la question de la dot : les fils d'Égyptos pourraient aussi vouloir s'emparer des biens de leurs cousines. Cet argument cependant ne convainc pas le Roi car le mariage entre proches permet d'éviter la dispersion des biens « c'est ainsi qu'on accroît la force des maisons » dit-il mais les Danaïdes ne manquent pas de répartie ; si les fils d'Égyptos veulent les épouser c'est parce qu'ils sont dans la misère. À la fin de la scène le Roi ne sait quel parti prendre : les Suppliantes lui affirment que ne pas les livrer à leurs cousins qui les pourchassent, c'est suivre la justice, mais il ne veut pas s'opposer au droit en vigueur dans un pays étranger car il lui semble qu'en ce qui concerne l'hymen refusé, c'est Droit contre Droit. « Si les fils d'Égyptos ont pouvoir sur toi de par la loi de ton pays… qui pourrait s'opposer à eux ? Il te faut toi plaider que les lois de chez vous ne leur donnent point sur toi de tutelle. »

Si Polynice est à l'origine de la guerre entre Thèbes et Argos, c'est parce qu'il estime que ses droits dans la succession d'Œdipe n'ont pas été respectés. Il a été traité injustement par son frère, qui a refusé de lui céder la royauté son tour venu. C'est pour cette raison qu'il porte sur son bouclier « bien rond[1] » l'image d'une justice sereine le ramenant dans la ville de ses ancêtres pour en avoir la jouissance. Alors son sort sera strictement identique à celui d'Étéocle qui sera exilé comme il l'a été. L'égalité totale n'est-elle pas la marque du juste ?

Dans la querelle entre Étéocle et Polynice il nous est impossible de prendre position sur le fond puisque Eschyle ne fait dans la pièce aucune allusion à la partie de la légende qui voudrait que les deux frères aient conclu un accord pour diriger la cité un an chacun et que, le temps venu, Étéocle ait rompu cet accord en ne cédant pas sa place, (Il se peut cependant qu'il en soit question dans les pièces précédentes de la trilogie qui ont été perdues). De plus, nous n'avons aucun exemple précis de méfaits qui auraient été commis par Polynice ce qui justifierait que la justice ne soit jamais de son côté comme l'affirme son frère. Son comportement présent (l'attaque de sa ville paternelle avec une armée étrangère) est considéré par Étéocle comme suffisamment grave et contre le droit pour en induire que « jamais de sa naissance à aujourd'hui la justice ne l'a accompagné ».

1. Les Argiens ont des boucliers ronds. En insistant sur la forme du bouclier de Polynice, le messager souligne la traîtrise du personnage.

3 La transformation des relations : la situation finale

3.1 Les rois et les cités

La question qu'Eschyle pose dans ces deux tragédies est d'ordre civique et politique comment le sort des communautés est-il lié à celui des individus qui les dirigent ?

Les rois sont responsables de leurs actes par rapport aux dieux qu'ils ne doivent pas irriter mais aussi par rapport au groupe dont ils ont la charge et qu'ils risquent à tout moment d'entraîner dans un désastre.

Le roi, personnage tout-puissant, peut décider seul des ordres à donner et des décisions à prendre. Il le sait et en accepte les conséquences : si son action échoue, il sera critiqué ; si tout se termine au mieux, les dieux seront loués. C'est ce qu'affirme Étéocle dès le début de la pièce : « En cas de succès, aux dieux tout le mérite – un malheur arrive, un seul nom Étéocle sera célébré par des lamentations dans des milliers de bouches. »

Pelasgos est également soucieux des critiques possibles de ses concitoyens : « Pour honorer des étrangers tu as perdu ta cité ! » seraient-ils en droit de lui reprocher en cas de guerre meurtrière !

Mais Étéocle et Pelasgos sont, chacun à leur manière, de bons rois.

Étéocle est un chef lucide et énergique qui protège sa cité. C'est pourquoi il s'efforce, nous l'avons vu, de tout faire au mieux pour que Thèbes puisse repousser l'assaut de l'armée ennemie et il prend soin également de ne pas irriter les dieux en adressant dès le départ sa supplique à Zeus.

Pelasgos a, lui, le souci constant de préserver les siens. S'il ne sait que faire ce n'est pas parce qu'il est pusillanime, mais bien parce que l'enjeu est terrible pour Argos : sa première préoccupation est d'épargner un combat sanglant à la ville, mais il voit « qu'il n'y a point d'issue exempte de douleur ». Il est certain que s'il aide les Suppliantes, il risque de faire couler le sang de ses frères mais s'il leur refuse son secours, c'est d'une souillure qu'il se rend coupable en dédaignant leurs prières et toute la communauté encourra la vengeance divine.

Il s'agit alors pour les deux chefs de voir en quoi et comment le sort de leurs cités dépend d'eux et de leurs choix.

Dès le départ, nous voyons que le Roi Pelasgos se soucie de l'avis de son peuple. Premier concerné en cas d'attaque ennemie, le peuple doit être informé et participer aux décisions prises. C'est un idéal démocratique qu'expose ici Eschyle devant le public d'Athènes, car la décision sera prise « selon la loi du scrutin populaire où prévaut la majorité ». Mais en tant que chef responsable il est de son devoir de guider ses concitoyens et d'éclairer leur choix en réfléchissant au préalable aux tenants et aux aboutissants de la décision qui sera prise. Après que les Suppliantes aient menacé de se pendre aux statues des dieux de la cité d'Argos plutôt que d'être remises aux mains de leurs cousins, le Roi, dans une tirade délibérative à la fin du premier épisode fait part aux Suppliantes et à leur père de son désir de les aider car il est « contraint de respecter le courroux de Zeus suppliant » et de la manière dont il entend faire partager son point de vue aux Argiens. Danaos et ses filles doivent manifester ostensiblement leur qualité de Suppliantes car la foule sera ainsi informée des raisons du choix de son maître et sera mieux disposée par compassion à protéger les jeunes vierges de la démesure de la troupe mâle. Le roi sait que « c'est toujours aux faibles que vont les bons vouloirs » et il va donc « convoquer les gens de ce pays pour disposer en ta faveur l'opinion populaire ». On note à cette occasion l'importance prise par l'art oratoire sinon à l'époque de la fiction du moins à celle d'Eschyle : « Que la persuasion m'accompagne… »

La décision de protéger les Danaïdes une fois prise se traduit par une aide immédiate du Roi et du peuple : Pelasgos chasse le Hérault venu réclamer les jeunes vierges et les habitants de la ville proposent généreusement de les loger sans contrepartie.

Étéocle, au début de la pièce, croit qu'il a encore une certaine maîtrise de son destin et de celui de Thèbes et que ce n'est qu'une question militaire. Il n'apprend qu'à la fin du rapport du messager que c'est « à son propre frère » Polynice qu'il sera opposé. Il comprend alors que son action humaine n'aura aucune importance car son sort est déjà décidé par la malédiction qui pèse sur eux. « Ah, race furieuse, si durement haie des dieux ! Ah ! race d'Œdipe, ma race… Voici accomplies aujourd'hui les malédictions d'un père ! » Cela ne l'empêche pas de décider immédiatement « d'engager le combat » avec Polynice car il n'est point dans son caractère de se plaindre longuement. Malgré les remontrances du chœur qui lui rappelle qu'un fratricide est une grave souillure et développe plusieurs arguments pour qu'il renonce au duel, il reste parfaitement déterminé : « Mon cœur est aiguisé, des mots ne l'émousseront pas. » Et pour lui, la souillure du fratricide serait moindre que la honte pour un soldat d'avoir refusé un combat, ce qui serait une infidélité aux valeurs de l'héroïsme. D'ailleurs les dieux se moquent de son sort sauf Phoibos[1] qui poursuit de sa haine la race entière de Laïos. Et, si les malheurs de Thèbes ont pour origine une faute de leur aïeul et qu'il semble que la malédiction ne puisse s'éteindre, même si les descendants sont eux-mêmes innocents, ce serait bien la meilleure solution que d'éteindre la race d'Œdipe pour supprimer la malédiction. Ainsi en acceptant sa mort et celle de son frère, Étéocle peut penser avoir une chance de sauver sa cité.

3.2 Cosmos humain et cosmos divin : les légendes

Les rapports avec les dieux ont de l'importance pour tous les Grecs mais plus encore pour les héros des tragédies parce qu'ils leur sont directement liés : les Danaïdes sont d'origine divine et les Labdacides sont l'objet de la haine d'Apollon. C'est ce que prend soin de rappeler à tout moment l'auteur.

1. Autre nom d'Apollon.

Dans les deux tragédies, un chant du chœur sépare la sortie du roi de l'annonce du résultat de son action : vote du peuple ou issue des combats. C'est l'occasion pour Eschyle de rappeler les deux légendes qui sont à l'origine de ces drames : la légende d'Io pour *Les Suppliantes* et celle des Labdacides pour *Les Sept contre Thèbes*.

Tout en rappelant la légende d'Io, « l'errante et misérable Io, tournoyante au vol du taon », le premier stasimon donne l'occasion au chœur de faire l'éloge de Zeus, son aïeul, le seul dieu qu'il invoque alors que Danaos est sorti pour aller supplier tous les dieux de la cité. Le chant s'achève par un éloge appuyé du Dieu. C'est bien lui Zeus, le père « d'un fils parfait » qui a « libéré Io de ses maux » car seul il est capable de s'opposer à la jalousie délirante d'Héra. C'est donc Zeus seul qu'il faut « raisonnablement invoquer » et « nul pouvoir » ne surpasse le sien. Il n'a besoin des conseils de personne car l'action suit immédiatement les décisions que son esprit a prises.

La légende des Labdacides était certes très connue du public grec du ve siècle mais ce qui est intéressant dans le 2e stasimon, outre la beauté du chant, c'est de voir ce qu'Eschyle a retenu des nombreuses variantes du mythe. Il insiste sur la faute ancienne de Laïos[1] qui a engendré des fils, malgré les trois avertissements qui lui ont été délivrés par Apollon dans son sanctuaire de Delphes. Nous ne savons rien des raisons qui ont pu justifier cette punition (peut-être en était-il question dans Laïos, la première pièce de la trilogie) mais ce qui importe dans la malédiction, c'est moins son origine que ses conséquences. Laïos a été un mauvais roi car il a fait passer son intérêt personnel (avoir des héritiers) avant la survie de sa ville puisqu'il « devait mourir sans enfant, s'il voulait le salut de Thèbes ». Et c'est donc à juste titre que le chœur exprime son angoisse : « J'ai peur que Thèbes ne succombe avec ses rois. » Eschyle souligne également la lourde responsabilité d'Œdipe qui « dans le délire de son âme » a de nouveau attiré sur la tête de ses fils, « la troisième génération », la malédiction de l'Erinys alors que la transgression avait été « vite châtiée » par la mort de Laïos.

3.3 Les chœurs : représentants d'une communauté féminine

On sait que dans la tragédie grecque le chœur est constitué d'individus tous semblables représentant leur communauté. Il ne participe pas directement à l'action, mais la commente par ses chants de joie ou de douleur. Il peut intervenir aussi pour conseiller ou morigéner les personnages. Si c'est bien la seule fonction du chœur des *Sept contre Thèbes*, ce n'est pas le cas du chœur des Suppliantes car celui-ci est un choeur-personnage et son destin est même le sujet de la pièce. Il est donc plus intimement lié à l'action, ce qui lui donne une grande puissance dramatique.

....

1. *Cf.* comparaison des œuvres, p. 168 *sq*.

Ia La place des femmes : on leur doit aide et protection

Les deux chants chorals que nous venons de commenter sont immédiatement suivis de l'annonce de l'évolution de la situation par Danaos dans *Les Suppliantes* et par le messager dans *Les Sept contre Thèbes*. Le peuple d'Argos a voté pour le soutien aux Danaïdes et la ville de Thèbes est sauvée par la victoire militaire de ses « champions » et les menaces des « puissants guerriers » d'Argos n'étaient que « vanteries ». Les deux interventions des émissaires commencent par les mêmes termes : « Rassurez-vous mes filles : tout va bien du côté d'Argos » et « Rassurez-vous ô femmes… La ville a échappé au joug de l'esclavage » mais ce n'est pourtant pas la fin de la tragédie.

En effet les citoyens d'Argos ont décidé de défendre le chœur mais cela ne présuppose en rien du résultat d'une attaque de l'armée des Egyptiades « car quelles que soien la lucidité des chefs politiques et la sagesse des citoyens, les décisions de l'assemblée portent sur un avenir qui demeure opaque et sur lequel l'intelligence ne peut avoir tout à fait prise[1] » et si Thèbes est sauvée, les rois frères se sont entretués : quelles pourraient en être les conséquences pour l'avenir de la cité ?

Ib La place des femmes : la compassion à leur égard

II y a malgré tout des ressemblances essentielles entre les deux chœurs. Ce sont des chœurs de jeunes filles et leur rôle ne peut dépasser le rôle attribué à la femme dans la société grecque. On peut remarquer la similitude des scénarios des deux tragédies : dans chacune un souverain calme et réfléchi fait face à un groupe de femmes terrorisées. Eschyle sait trouver les images et les mots propres à inspirer la plus grande compassion pour le sort des femmes dans les communautés : l'errance des Danaïdes pourchassées par leurs cousins est comparée à « un vol de colombes fuyant des éperviers ». Leur exode d'ailleurs est comparable à celui de leur aïeule Io, poursuivie par la haine de Héra, sinon que cette fois, au lieu de se retrouver en contrée étrangère, elles sont ramenées dans leur antique patrie.

Pour les Thébaines, en cas de défaite, à la violence première de leur enlèvement viendra s'ajouter la souffrance du lot réservé aux captives : « Et des captives, encore novices à la souffrance, sanglotent en songeant au lit réservé à l'esclave, au lit du soldat à qui le hasard les donne : elles n'ont plus d'autre sort à attendre que de servir aux nuits d'un ennemi vainqueur… »

Ic La place des femmes : écouter ce qu'elles ont à dire

S'inquiéter du sort des femmes c'est bien sûr les assister, les protéger et compatir à leurs souffrances, mais c'est aussi écouter ce qu'elles ont à dire car elles peuvent présenter un point de vue original par rapport à celui des hommes. Dans *Les Sept contre Thèbes*, le chœur veut dissuader Étéocle d'aller combattre Polynice : « Va, écoute des femmes si

1. Jean-Pierre Vernant : *Les origines de la pensée grecque.*

dur qu'il te soit de le faire. » « Ne prends pas ce chemin : ne va pas à la septième porte. » Ceci bien sûr n'influence pas du tout Étéocle qui suivrait les conseils des femmes que si ceux-ci étaient en accord avec ce qu'il avait déjà décidé. « Donnez donc des avis qui se puissent suivre. » Qui plus est, il leur reproche d'être bavardes et donc les écouter est une perte de temps : Parle « sans longs discours ».

d La place des femmes : mettre un point final à l'action tragique

C'est au chœur lors de l'exodos qu'il revient de remettre la tragédie sur le terrain de la morale et du bon sens.

Dans *Les Suppliantes*, l'intervention des servantes (qui n'avaient jusqu'à présent aucun rôle) permet de défendre le point de vue d'Aphrodite, c'est-à-dire de la famille qui demande l'union des sexes pour se perpétuer. Opposée à l'intransigeance et à l'hybris des Danaïdes, c'est une morale de la mesure qui est exprimée ici. Cela permet aussi à Eschyle d'annoncer le sujet de la deuxième tragédie de la trilogie qui ne nous est pas parvenue mais qui nécessite le mariage des Danaïdes puisqu'elles devront assassiner leurs époux pendant la nuit de noces.

La situation à la fin des *Sept contre Thèbes* suscite chez le Chœur un sentiment ambivalent. Le double homicide était imposé par la tradition et son accomplissement permet d'apaiser la malédiction qui a pesé sur la famille d'Œdipe. Il doit prendre une décision difficile : Va-t-il entonner un péan[1] de joie car la cité est sauvée et ses habitantes échappent à l'esclavage ou un chant de deuil déplorant la mort des deux frères ?

C'est ce dernier parti que prend le chœur : les deux frères n'ayant pas de descendance doivent pourtant bénéficier comme tout individu d'un accompagnement pour traverser l'Achéron. En les accompagnant jusqu'à leur tombeau dans la ville de Thèbes, elles permettent la réconciliation entre eux et même avec Œdipe dont on apprend qu'il est enterré dans la cité. L'injustice, subie ou supposée, dont on a vu qu'elle était une des raisons de la querelle entre Étéocle et Polynice, semble être définitivement vaincue. Dans le combat puis dans la mort une stricte égalité entre les frères a été possible : « Pour l'un et l'autre le dieu était égal » dit le coryphée ; il n'y a donc eu dans le combat ni vainqueur ni vaincu. Les frères se ressemblaient. Au cours de leur vie, ils avaient fait preuve du même courage et « dans la terre trempée de leur sang, leurs vies se sont mélangées : cette fois ils sont bien du même sang ! ». Si la lutte s'arrête là, si aucun autre crime ne vient entacher la famille, ce sera la preuve que l'homme peut par son action peser sur l'avenir. Étéocle incarne la volonté de résistance d'une cité assiégée. Condamné par la malédiction paternelle Étéocle va jusqu'au bout de son destin et sauve sa ville. Le deuil final exprime la désolation mais il montre aussi l'image d'une cité apaisée par ce dénouement.

L'interprétation finale sera tout autre si on inclut dans la pièce la fin avec Antigone, dont la majorité des commentateurs pense qu'elle n'est pas d'Eschyle. Dans ce cas en

1. Un péan ou pæan est un chant ou un poème lyrique en action de grâce ou célébrant le triomphe.

effet, la désobéissance d'Antigone qui enterre Polynice malgré l'interdiction prononcée par Créon entraînera la condamnation à mort de la jeune fille et le cycle infernal des crimes et de la vengeance reprendra pour la descendance d'Œdipe. Cette fin différente nous semble peu vraisemblable dans la mesure où *Les Sept contre Thèbes* est la dernière pièce d'une trilogie et on s'attend donc davantage à un final qui achève le scénario qu'à une ouverture sur une nouvelle tragédie.

Conclusion

L'étude des deux pièces d'Eschyle nous rappelle, s'il en est besoin, à quel point nous sommes héritiers de la culture grecque. Toutes les questions soulevées par les œuvres sont d'une étonnante modernité : la démocratie et l'instauration du droit, le souci de la justice, le sort réservé aux femmes ; les problèmes que pose la rencontre de deux communautés différentes, les réactions possibles en cas de conflit : tous ces sujets sont présents dans les textes ; voilà pourquoi ces tragédies ont eu, au fil des siècles, une riche postérité tant chez les successeurs grecs d'Eschyle que dans la littérature romaine puis française avec en dernier lieu la Thébaïde de Racine. Voilà pourquoi elles ne cessent de nous concerner.

CITATIONS PRINCIPALES

Dans *Les Suppliantes*

Les Danaïdes :

- « Je clame ici ma peur et mes douleurs immenses »
- « Notre race, qui s'honore d'être venue au monde de la génisse tournoyante au vol du taon »
- « Un vol de colombes fuyant des éperviers »
- « Je ne sais que faire ; l'angoisse prend mon cœur : dois-je agir ou ne pas agir ? »
- « Troupe vagabonde »

Le Roi :

- « Leur accoutrement si peu grec »
- « Ces concitoyens-étrangers »
- « Pour honorer des étrangers tu as perdu ta cité ! »
- « Qu'il n'y a point d'issue exempte de douleur »
- « Selon la loi du scrutin populaire où prévaut la majorité »
- « Contraint de respecter le courroux de Zeus suppliant »
- « C'est toujours aux faibles que vont les bons vouloirs »
- « Que la persuasion m'accompagne »

Danaos :

- « Suppliantes éplorées »
- « Aux pieds des dieux de la cité »

Dans *Les Sept contre Thèbes*

Étéocle :

- « Et moi septième »
- Un « blason » ne fait pas de « blessures » « sans le secours de la lance »
- « D'intolérables créatures »
- « La discipline est mère du succès qui, seule, ô femme, assure la vie sauve »
- « Une ville prospère, seule, honore ses dieux »
- « Jamais de sa naissance à aujourd'hui la justice ne l'a accompagné »
- « Ah ! race d'Œdipe, ma race »
- « Mon cœur est aiguisé, des mots ne l'émousseront pas »

Le Chœur :

- « Ne livrez pas Thèbes à une armée qui parle une autre langue »
- « L'armée est lâchée »
- « Traînées-veuves de défenseurs, hélas ! Jeunes et vieilles à la fois – par les cheveux ainsi que des cavales »
- « Je voudrais t'obéir ; mais l'effroi tient mon cœur en éveil »
- « J'ai peur que Thèbes ne succombe avec ses rois »
- « Dans le délire de son âme »
- « Va, écoute des femmes si dur qu'il te soit de le faire »
- « Ne prends pas ce chemin : ne va pas à la septième porte »
- « Pour l'un et l'autre le dieu était égal »
- « Cette fois ils sont bien du même sang ! »

Le Messager :

- « Au choix des portes, chacun a tiré son lot »

BIBLIOGRAPHIE

Eschyle, *Tragiques Grecs, tome 2 Eschyle – Sophocle*, Galimard, coll. « Bibliothèque de la Pléiade », 1967.

Eschyle (Auteur), Pierre Judet de La Combe (Traduction et commentaires), *Les Sept contre Thèbes*, pièces de guerre, tome 2, Anacharsis, coll. « Poche », 2022.

Florence Dupont, *Eschyle*, Ides et Calendes, coll. « Griffe », 2015.

Pierre Manent, *Cours familier de philosophie politique*, Gallimard, coll. « Tel », 2004.

Pascal Thiercy, *Les Tragédies grecques*, PUF, coll. « Que sais-je ? », 2001.

Jacqueline de Romilly, *La Tragédie grecque*, PUF, coll. « Sup », 1970, rééd. 1982.

Jean-Pierre Vernant, *Les Origines de la pensée grecque*, PUF, coll. « Quadrige », 2007.

Jean-Pierre Vernant, *Mythe et Pensée chez les Grecs. Études de psychologie historique*, La Découverte, 2007.

PARTIE 2

BARUCH SPINOZA, *TRAITÉ THÉOLOGICO-POLITIQUE*

SOMMAIRE

Rédaction France Farago

CHAPITRE 1
La vie et l'œuvre de Spinoza (1632-1677)

SOMMAIRE

1 L'auteur

Baruch (Benoît) Spinoza est né à Amsterdam le 24 novembre 1632 et est mort à La Haye le 21 février 1677. Ses parents étaient des juifs d'origine portugaise. La famille s'était réfugiée aux Pays-Bas en 1615 comme beaucoup d'autres familles juives qui, après un répit obtenu par la conversion forcée au catholicisme, continuant à pratiquer en secret leur religion (on les appelait les « marranes ») ont dû émigrer, effrayés par la terreur semée par les persécutions de l'Inquisition.

La famille de Spinoza avait déjà dû quitter l'Espagne avec tous les autres juifs lors de la grande expulsion de 1492 pour s'établir au Portugal[1]. Les Pays-Bas sont alors l'une des rares terres d'accueil pour les Juifs en Europe. Sa famille vit dans le quartier juif, à deux pas de la maison de Rembrandt. Son père Miguel, homme cultivé, est très engagé dans la communauté juive d'Amsterdam. Sa mère Hana Debora, séfarade d'origine espagnole et portugaise, meurt alors qu'il n'a pas encore six ans. De 5 à 13 ans, il fait ses études dans une école intégrée à la synagogue portugaise, célèbre à l'époque pour l'excellence de ses maîtres. Il y a appris l'hébreu, étudié la Torah et son commentaire oral (la Mishna), et lit les commentateurs médiévaux des Écritures comme Maïmonide, Crescas et Gersonide. À partir de 1652, il poursuit sa formation à l'école latine, renommée parmi les grandes familles d'Amsterdam, créée par Franciscus Van den Enden[2], ancien jésuite, exclu de l'ordre pour ses « erreurs ». Ce maître hors pair joua un rôle

....

1. Les musulmans (« morisques », également christianisés par contrainte) en seront expulsés à leur tour en 1609 par le roi Philippe III d'Espagne.

2. L'un de ses biographes, Colerus, rapporte : « Van den Enden avait une fille qui possédait elle-même la langue latine si parfaitement, aussi bien que la musique, qu'elle était capable d'instruire les écoliers de son père en son absence. Spinoza dit souvent qu'il en était tombé amoureux et qu'il avait eu dessein de l'épouser. Bien qu'elle eût été de constitution fragile et disgracieuse de corps, il était sensible à la finesse de son esprit et à son savoir excellent » cité par Steven Nadler, *Spinoza,* Bayard, 2003, p. 134.

crucial dans son évolution intellectuelle et personnelle. Il faisait lire à ses étudiants les textes classiques de la poésie, du théâtre et de la philosophie – l'héritage littéraire de la Grèce et de Rome – ainsi que les œuvres néoclassiques de la Renaissance. Il fait étudier – du moins dans les grandes lignes – la philosophie platonicienne, aristotélicienne et le stoïcisme, Cicéron et Ovide. Mais Van den Enden initiait aussi ses élèves à la pensée moderne, donnait des cours sur la « science nouvelle », faisait lire Bacon, Giordano Bruno, Galilée. Et l'intérêt de Spinoza pour les questions politiques et théologico-politiques s'est sans doute éveillé quand ce maître aux idées avancées et bon connaisseur de l'histoire de la pensée politique, l'a incité à lire Machiavel, Hobbes, Grotius, Calvin et Thomas More.

Dès 1649, Spinoza avait travaillé dans l'entreprise commerciale de son père qu'il avait reprise avec son frère Gabriel après la mort de celui-ci en 1654. Mais, deux ans plus tard, le 27 juillet 1657, il est violemment expulsé, excommunié à vie de la synagogue et banni de la communauté juive pour cause d'hérésie. En 1661, il quitte Amsterdam pour Rijnsburg, à l'époque fief de la libre-pensée, près de Leyde dont il fréquenta vraisemblablement l'université. Tout en y étudiant la philosophie, il se forme pour gagner sa vie au métier de tailleur de lentilles optiques pour lunettes et microscopes. Il lui arriva de fournir le grand astronome Huyghens. À Rijnsburg, il fréquente la communauté des Collégiants, créée à la suite de l'exclusion en 1619 par l'Église calviniste officielle des anabaptistes et des remontrants (ou « arminiens[1] »). Là, il se constitue un solide réseau de connaissances au sein duquel il éprouvera ses idées, échangeant de multiples correspondances et visites entre intellectuels de renom. Cette période de discussions et d'échanges avec des protestants libéraux l'a amené à étendre au Nouveau Testament ses recherches exégétiques et ses réflexions « théologiques ».

Outre cela, la connaissance solide de la tradition philosophique, littéraire et théologique juive à laquelle il continua à s'intéresser toute sa vie pour ses propres besoins philosophiques et qu'aucun autre grand philosophe ne possédait à l'époque faisait de Spinoza quelqu'un de rare, de riche sur le plan culturel et d'original.

En 1663, il déménage à Voorburg, dans la banlieue de La Haye. Il semble y avoir rencontré Huyghens en 1669. Il s'essaie à la peinture et commence à donner des cours sur la pensée de Descartes et surtout à écrire ses propres ouvrages. Il les écrira tous en latin. *Les Principes de la philosophie de Descartes* est le seul qui sera publié de son vivant et sous son nom. L'ouvrage déclenche rapidement les premières attaques et accusations d'athéisme. Le *Traité théologico-politique,* publié sous un nom d'emprunt, fut interdit en 1674. L'essentiel de son œuvre sera publié par ses amis après sa mort.

En 1670 Spinoza quitte Voorburg pour La Haye où Leibniz (1646-1716) vient lui rendre visite[2]. On sait par sa correspondance qu'à cette période, il était en train de

....

1. Nous dirions aujourd'hui « protestants libéraux ». *Cf.* l'encadré, p. 75.

2. Leibniz, après avoir été enthousiasmé par son œuvre, finit par avoir un jugement plutôt négatif sur Spinoza, qualifiant son *Traité théologico-politique* de livre « terrible ». Méfiant, Spinoza ne voulut pas que le médecin Schuller dont ils partageaient tous les deux l'amitié lui confiât un exemplaire de *L'Éthique.*

rédiger son œuvre maîtresse : *L'Éthique*. Le *Traité théologico-politique* est contemporain de ce chantier, les deux œuvres ayant été conduites de façon parallèle.

Dans le *Traité théologico-politique*, écrit entre 1665 et 1670, Spinoza poursuit trois objectifs qu'il énonce en 1665 dans une lettre à son correspondant Oldenburg :

- combattre « les préjugés des théologiens » : « Je sais, en effet, que ce sont ces préjugés qui s'opposent surtout à ce que les hommes puissent appliquer leur esprit à la philosophie. » Il décide donc d'en débarrasser « les esprits réfléchis » d'autant plus qu'ils sont un instrument de pouvoir prétendant soumettre les esprits et subordonner le pouvoir civil à la volonté de domination des hommes d'Église ;
- détruire « l'opinion qu'a de moi le vulgaire, qui ne cesse de m'accuser d'athéisme[1] » ;
- « défendre par tous les moyens la liberté de pensée et de parole, que l'autorité trop grande laissée aux prédicateurs menace de supprimer ».

Ce traité marque aussi l'engagement de Spinoza aux côtés de ses amis protestants libéraux ou membres de nombreuses églises dissidentes présentes sur le sol hollandais qui devaient faire face à l'hostilité des tendances dominantes de l'Église calviniste crispée sur ses énoncés dogmatiques. Celle-ci ne manqua pas de traiter l'œuvre d'« ordurière et blasphématoire ». Le livre toutefois ne fut interdit par la Cour de Hollande qu'en 1674, soit deux ans après la mort des frères de Witt, Spinoza ayant été le protégé du grand pensionnaire Johan de Witt dont la politique libérale et tolérante a dû freiner l'ardeur des pasteurs « orthodoxes ». En fait, Spinoza ne faisait que démontrer que l'enseignement politique de la raison naturelle est en harmonie avec la morale révélée, qu'un sain gouvernement soucieux du bien de la communauté ne pouvait dans son intérêt propre que respecter l'individualité et la liberté des citoyens où finalement prend racine son pouvoir.

Il meurt à l'âge de 44 ans le 21 février 1677, peut-être de tuberculose ou des effets néfastes de la poussière de verre sur ses poumons. Il avait mené une vie sobre et simple, ayant évité tout ce qui pouvait aliéner son indépendance et sa liberté de philosopher : honneurs, rentes et charges proposées par les puissants du jour. C'est ainsi qu'en 1673, Spinoza avait refusé la chaire de l'Université de Heidelberg que lui offrait l'Électeur palatin parce qu'il ne savait pas jusqu'où il pourrait y exercer la liberté de philosopher sans perturber la religion officiellement et publiquement professée.

1. Hegel soustrait Spinoza à l'accusation d'athéisme ou de panthéisme, montrant qu'il professe plutôt un acosmisme : tout est en Dieu (panenthéisme). De fait, Spinoza met en exergue de son ouvrage un verset de la première lettre de saint Jean : « À ceci nous reconnaissons que nous sommes en Dieu et Dieu en nous, c'est qu'il nous a donné de son esprit » (1 Jean, 4,13). Dieu ne nous est pas extérieur. C'est en vertu d'une causalité immanente que nous sommes ses expressions, non ses créatures.

2 L'œuvre

- *Traité* (1659)
- *Traité sur la réforme de l'entendement* (1661)
- *Les Principes de la philosophie de Descartes* (1663)
- *Traité théologico-politique* (1670)
- *L'Éthique* (1675, publiée en 1677)
- Le *Traité politique* est resté inachevé : Spinoza y approfondit sa conception de l'État abordée dans les derniers chapitres du *Traité théologico-politique*
- *Précis de grammaire de la langue hébraïque*
- *Correspondance* : 88 lettres recensées à ce jour où il dialogue avec ses contemporains sensibles à la pensée soucieuse de la recherche de la vérité tant scientifique que philosophique

RAPPEL HISTORIQUE : LES PROVINCES-UNIES, PREMIÈRE RÉPUBLIQUE EN EUROPE

Les provinces formant actuellement les Pays-Bas ont été progressivement rassemblées, par mariage, achat ou conquête par les ducs de Bourgogne, qui contrôlaient aussi, au sud, Anvers, première place boursière mondiale. Cet ensemble de dix-sept provinces passa par héritage à Charles Quint (1500-1558), empereur du Saint-Empire romain germanique et roi d'Espagne, descendant à la fois des ducs de Bourgogne et des Habsbourg. Les 17 provinces des Pays-Bas espagnols comprenaient également la Belgique, le Nord-Pas-de-Calais actuel et une partie de la Picardie. C'est en janvier 1579, à la suite des guerres que les Pays-Bas menèrent contre la domination espagnole, que fut déclarée l'indépendance des Provinces Unies par l'Union d'Utrecht qui créait ainsi une république, confédération comportant un ensemble des sept provinces septentrionales (la Hollande, la Zélande, l'Utrecht, le Brabant, les Flandres, l'Over-Yssel, la Groningue, le Gueldre et la Frise) sous la direction de Guillaume d'Orange, capitaine et amiral en chef désigné sous le nom de Stathouder. Les Provinces conservaient leurs libertés traditionnelles et leur statut. Chacune avait un parlement, ainsi qu'un gouverneur. Indépendantes les unes des autres, elles pouvaient lever les impôts ainsi que des armées séparément. Dans chaque province, les états généraux étaient présidés par un Pensionnaire. L'Union elle-même en avait un. Un vote commun des états généraux des sept provinces était nécessaire pour ce qui relevait de la paix et de la guerre. **L'Union où dominaient les églises de la réforme affirmait que nul ne pouvait être inquiété pour ses convictions religieuses.** En 1581, les états généraux réunis à La Haye proclamèrent la déchéance de Philippe II d'Espagne (fils de Charles Quint) et **en 1588, ils décidèrent de ne plus jamais déléguer la souveraineté à un prince étranger.** « La République des Provinces-Unies était née. »

Initialement, cette association n'impliquait pas une rupture totale ni définitive entre les deux parties des Pays-Bas. Mais **l'expression « Provinces-Unies » prit un caractère officiel, marquant bien la distinction entre les régions qui mettaient leurs efforts en commun pour défendre leur religion par une autonomie politique et celles qui restaient soumises à l'Espagne catholique**. La paix ne fut définitive avec l'Espagne qu'en 1648, officialisant la naissance d'un peuple libre émancipé de l'autorité de son suzerain héréditaire après 80 ans de luttes, ce qu'on a appelé « la guerre de Quatre-Vingts Ans » (1568-1648). Le traité de Münster, également connu en tant que paix de Münster, est un traité de paix conclu le 30 janvier 1648 à Münster entre le roi d'Espagne et les seigneurs des États généraux des Provinces-Unies. Il officialise la scission des Pays-Bas espagnols en deux entités et octroie l'indépendance aux Provinces-Unies.

Ce qui prouve la vitalité remarquable du peuple néerlandais, c'est qu'en pleine guerre, il ait pu, dans le domaine de la pensée, des sciences, des arts et des lettres, inaugurer un « Siècle d'or », caractérisé par une grande prospérité économique et culturelle, en lien avec la liberté et la tolérance. C'est en référence au Siècle d'or espagnol que l'on parle de celui qu'a connu Amsterdam à la même époque, car à bien des égards ils sont liés comme en reflet symétrique et inverse. À cette époque, en effet, les communautés juives chassées de la péninsule ibérique et d'Europe centrale connaissent à Amsterdam un climat de tolérance et un épanouissement culturel et religieux où se joue notamment un rapport inédit à l'art et à la représentation. C'est dans ce climat que va s'opérer une remarquable convergence entre juifs et chrétiens réformés : ils désignaient Amsterdam comme la Nouvelle Jérusalem, une Nouvelle Jérusalem où se côtoyèrent Rembrandt et Spinoza !

Cela est d'autant plus remarquable que l'histoire intérieure de ces provinces fut loin d'être calme comme en témoignent les antagonismes religieux, les rivalités politiques entre une oligarchie commerçante, républicaine et fédéraliste d'une part et la maison d'Orange d'autre part, aux tendances centralisatrices et parfois quasi monarchiques, s'appuyant sur le petit peuple et les marins, ceux que Spinoza appelle « la multitude ». La guerre avec la France (1672-1678) permit finalement à Guillaume d'Orange de l'emporter sur les républicains (Jean de Witt).

CHAPITRE 2
L'analyse de l'œuvre

SOMMAIRE

Introduction

On dit souvent du *Traité théologico-politique* qu'il est une réponse à la question : « Que faire de la multitude ? », de cette multitude chez qui l'imagination et les passions étouffent si souvent la voix de la Raison. Dans la préface en effet, Spinoza décrit les hommes, sans cesse ballottés entre l'espoir et la crainte, qui poussent à la crédulité et à la superstition. « Ils prennent, dit-il, les délires de l'imagination, les songes et n'importe quelle puérile sottise pour des réponses divines. » Pourtant, dès le *Court Traité* qui date de 1660, hanté par la puissance de la multitude, Spinoza écrit : « La foule est terrible quand elle est sans crainte. » La question paraît donc bien être de savoir ce qu'on peut en faire, quel régime politique lui serait le plus adapté. Spinoza assimile le vulgaire qui forme la plus grande partie du genre humain à tous ceux qui ne sont pas au moins des philosophes en puissance. Autrement dit, il met avec le vulgaire tous ceux qui souffrent des mêmes passions que lui. Il demande à ce genre d'individus de ne pas lire son livre, adressé, lui, aux chefs du grand nombre car c'est par leur intermédiaire que le grand nombre pourra lui-même être changé. La monarchie gouverne bien cette multitude polymorphe mais en travestissant la crainte du nom de religion tout en s'exposant à verser dans la tyrannie car, ne pouvant plaire à tous, un prince est facilement conduit à vouloir anticiper, par des mesures arbitraires et coercitives, toute volonté de rébellion. La République, en revanche, ne tombe pas dans les travers du régime monarchique : elle s'interdit d'entretenir les superstitions religieuses. Gouvernant démocratiquement, en garantissant la liberté de penser, de conscience et de religion si elle n'empiète pas sur les prérogatives du pouvoir politique, temporel, légitime, elle favorise un devenir raisonnable et autonome des individus, la prospérité de la Cité et l'épanouissement des sciences et des arts comme c'est le cas dans les Provinces-Unies. Faisant l'apologie de la ville d'Amsterdam, Spinoza montre son adhésion à la politique de Jean de Witt qu'il fonde en raison. **Il ne faut jamais perdre de vue que c'est l'actualité qui motive sa pensée, surtout lorsqu'il va chercher des exemples dans l'Antiquité, notamment ici, hébraïque.**

RÉSUMÉ DES CHAPITRES XVI À XX

Dans les chapitres XVI à XX qui constituent la partie proprement politique du *Traité théologico-politique,* Spinoza expose les origines et les fondements de l'État, sa raison d'être. Il étudie ainsi le passage du droit naturel au droit civil, le droit du souverain qui détient le pouvoir suprême dans une société géographiquement, administrativement et juridiquement organisée[1], laquelle présuppose la critique de toutes les formes de *superstitio*, du rôle mystificateur de toute religion positive qui prétendrait se mêler de la chose publique. Il pense la démocratie comme développement du droit naturel qui appartient à tout individu lequel n'est autre que l'expression de sa puissance, que celui-ci ne saurait aliéner, comme construction d'une communauté d'hommes libres, visant à éliminer la peur tout en constituant une forme supérieure de liberté.

Dans le chapitre XVI, il définit les caractéristiques essentielles de l'État : l'identité du droit et de la puissance, le pacte constitutif de la république libre, les principes et les avantages de la démocratie, la primauté du droit civil par rapport au droit divin. Il s'agit de trouver la limite de l'emprise du pouvoir étatique sur les individus, et de déterminer ainsi, en négatif, les libertés civiles ou droits naturels des individus.

Le chapitre XVII démontre l'impossibilité d'un transfert total du droit naturel de chacun à la *summa potestas* – ce qui reviendrait à renoncer complètement à sa propre puissance c'est-à-dire en fait à sa propre existence – et développe une longue analyse de la République des Hébreux (*respublica Hebraeorum*). Ce développement vise à en montrer l'origine essentiellement démocratico-républicaine, bien qu'elle prenne, dans l'imaginaire collectif, une forme théocratique.

Le chapitre XVIII est un commentaire de la reconstitution historique du précédent. Dieu ayant été institué par le pacte comme le véritable souverain des Hébreux, « les dogmes de la religion n'étaient pas des enseignements mais des commandements et des règles de droit ». Civisme et dévotion envers Dieu étaient une seule et même chose. De cette histoire de l'État des Hébreux, il conclut quelques « dogmes politiques » non sans s'être intéressé à l'histoire de Rome, à la révolution anglaise et enfin aux Pays-Bas. C'est qu'**il s'agit, en fait, dans l'esprit de l'auteur, de soutenir la Hollande républicaine et de mettre en garde contre le danger d'un bouleversement, d'un changement de cette organisation traditionnelle et stable dans le sens d'une monarchie dont le caractère absolu risquerait de devenir tyrannique. C'est avec cette idée que le chapitre XVIII examine la *respublica* et l'*imperium* des anciens Hébreux.**

....

1. Il traite ce même problème dans le scolie de la proposition XXXVII du livre IV de *L'Éthique* et dans le *Traité politique* où il démontre que l'État, association des *conatus,* est fondé à la fois en nature et en raison et que sa fonction est d'assurer la satisfaction des besoins matériels et individuels des individus.

Le chapitre XIX établit que, si le culte intérieur (foi, opinions, croyances) appartient à l'individu, le culte extérieur doit être encadré juridiquement par l'État pour en préserver l'unité. Enfin, le chapitre XX démontre que « dans une libre République, il est permis à chacun de penser ce qu'il veut et de dire ce qu'il pense » à condition de ne pas compromettre la stabilité de l'État.

Si Spinoza se réfère à l'Antiquité hébraïque mais aussi grecque (Alexandre) et romaine (Auguste) pour illustrer sa démarche, son objectif principal est de montrer l'impossibilité de la transition des Pays-Bas du régime républicain au régime monarchique. Si là où un peuple est accoutumé à une autorité royale bien établie, passer de la monarchie à la république semble impossible, le contraire est également vrai : la monarchie sera inadaptée et impraticable là où un peuple – comme celui de la Hollande – se montre habitué aux pratiques de la démocratie. Un tel passage lui ferait courir un risque majeur de désintégration. Son analyse de la généalogie de l'État démocratique-républicain montre en creux l'étendue de la perte que cela représenterait.

1 Une pensée déduite d'une ontologie : *Deus sive Natura* (Dieu, c'est-à-dire la Nature)

Toute la pensée de Spinoza se déduit de son ontologie, c'est-à-dire de sa conception de l'Être en tant qu'être. Si Spinoza reprend le terme « Dieu » par lequel la tradition religieuse a coutume de l'appeler, c'est à condition de renoncer à l'anthropomorphisme, ce à quoi aide le terme philosophique non moins traditionnel de « Substance » pour penser Dieu dans *L'Éthique*. Dieu n'est pas extérieur à l'Univers. Infini, incréé et éternel, Dieu n'est pas extérieur non plus aux individus finis, quels qu'ils soient, animaux, hommes, et tout ce que contient la nature, même s'il déborde infiniment chacun d'eux considérés dans leur individualité : il est ce qui, en eux, les fait être. Il est la puissance qui fait exister et agir toute réalité naturelle. Il est la cause immanente de toutes choses, la puissance qui s'exprime de manière diversifiée dans les choses naturelles, les êtres finis.

Dieu est « ce qui est en soi », la Substance sous-jacente à tous ses modes et ses accidents, la *Nature naturante* à l'œuvre dans ses effets, à savoir les réalités individuelles qui constituent la *nature naturée*, l'Infini en acte dans les créatures finies, individuées. L'attribut qui le définit le mieux est la puissance, étrangère à tout affect. Les décrets divins ne sont rien de plus que les lois de la nature. Comprendre cela est le point de départ absolu nécessaire à toute connaissance adéquate, la vérité originaire à partir de laquelle la totalité du réel est pensable.

Pour Spinoza, l'ordre éternel est antérieur à l'individu et indépendant de lui. Les individus expriment l'articulation de l'ordre éternel en une multiplicité d'expressions singulières où chaque âme humaine et chaque corps humain sont des modes de Dieu, l'âme étant le mode de l'attribut « Pensée », le corps étant le mode de l'attribut

« Étendue ». Cela implique de reconnaître et d'accepter les différences naturelles entre les hommes dont le caractère irréductible nécessitera toujours d'aménager une diversité de fonctions et de tolérer une diversité d'opinions qui ne pourrait être anéantie dans l'unité du pouvoir gouvernant qu'au prix de l'anéantissement de l'ordre social lui-même. C'est pourquoi Spinoza est un défenseur de la démocratie, de la liberté de pensée et d'expression car comme le dira Voltaire au siècle suivant : « Ce serait le comble de la folie de prétendre amener tous les hommes à penser d'une manière uniforme. » Mais cette liberté doit être articulée à un pouvoir régulateur de son exercice garant de la paix et de la cohésion sociale.

2 Du droit naturel au droit civil

2.1 L'état de nature et l'effort pour persévérer dans son être

La pensée politique de Spinoza se caractérise par un réalisme éclairant donc salutaire. On attribue à tort à Spinoza l'idée selon laquelle la société politique serait l'œuvre de la Raison. Or, si elle en est la cheville ouvrière, ce n'est que par défaut car la société politique ne surgit en fait que du jeu spontané et aveugle des rapports humains naturellement passionnels[1]. Les exigences de la raison n'ayant aucun poids à l'état de nature, tout se passe comme si elles étaient inexistantes : les hommes s'accorderaient sans difficulté et l'État s'avérerait inutile si la Raison pouvait voir exécutées spontanément ses exigences et ses requêtes sans que s'y opposent les passions. À elle seule, l'existence de l'État suffit à prouver que la Raison est impuissante pour, par ses seuls décrets, structurer la multitude. « Qui a éprouvé la complexion si diverse de la multitude, est près de désespérer d'elle » (p. 279). Loin de se laisser gouverner par la Raison, ce sont les passions de l'âme qui président à sa conduite. « Chacun pense être seul à tout savoir et veut tout régler selon sa complexion ; une chose lui paraît équitable ou inique, légitime ou illégitime suivant qu'il juge qu'elle tournera à son profit ou à son détriment ; par gloire il méprise ses semblables et ne souffre pas d'être dirigé par eux ; par envie de l'honneur qu'il n'a pas ou d'une fortune meilleure que la sienne, il désire le mal d'autrui et y prend plaisir… Prévenir tous ces maux, constituer dans la cité un pouvoir tel qu'il n'y ait plus place pour la fraude ; bien mieux, établir partout des institutions faisant que tous, quelle que soit leur complexion, mettent le droit commun au-dessus de leurs avantages privés, c'est là l'œuvre laborieuse à accomplir » (p. 280).

Disons tout de suite que, s'il arrive à Spinoza de parler de l'antériorité chronologique de l'état de nature par rapport à l'état de société, il admet par ailleurs son caractère fictif. Il s'agit en réalité, comme chez tous les théoriciens du contrat social de ce que nous appelons aujourd'hui « une expérience de pensée ». Cet état n'est pas d'ordre historique. Ce n'est pas l'état primitif d'où l'on part pour engendrer la société. « C'est l'état où la

1. Le *Traité politique* insiste sur le fait que la Cité est la résultante d'un pur rapport de force.

réalité s'exprime telle qu'elle est sans être faussée par les attributions axiologiques de l'homme[1] », par les évaluations de sa raison éveillée. C'est un état limite dont la guerre civile peut nous donner l'idée : lorsque les institutions s'effondrent, que disparaissent les gardiens de la paix, chacun ne peut plus compter que sur sa seule puissance *(potentia)* individuelle. La terreur et la peur de la mort envahissent alors ce qui avait été le corps de la société unifié sous des lois[2].

2.2 *Conatus* et droit naturel : le désir et la puissance

Tout être se définit par l'effort pour persévérer dans son être, effort que Spinoza désigne par le terme de *conatus* (du verbe latin *conari,* s'efforcer). C'est la puissance propre et singulière de tout « étant » à persévérer dans cet effort pour conserver et même augmenter sa puissance d'être. Tout ce qui vient augmenter notre puissance d'exister, et donc favoriser notre *conatus*, provoque inévitablement en nous un affect de joie. Inversement, tout ce qui réduit notre puissance d'exister provoque immanquablement de la tristesse. C'est ce *conatus* qui fonde le droit naturel de chaque homme qui se définit « non par la saine raison mais par le désir et la puissance ». Le droit naturel est le droit de chaque individu à agir conformément aux lois de sa nature et à s'approprier ce qui est utile à sa conservation. Chaque être a autant de droit qu'il a de puissance pour persévérer dans son être, cette puissance mesurant très exactement son degré de participation au Tout qu'est la Nature. Dans l'état de nature, nous sommes en deçà du légitime et de l'illégitime et le désir de l'insensé est tout aussi légitime que celui du plus sage. De fait, nul ne naît raisonnable et bien peu le deviennent. Chacun, mû par la nécessité de sa nature, a un droit souverain sur tout ce qui est en son pouvoir. Chacun agit selon qu'il est déterminé à le faire. Car « la croyance en notre liberté n'est que l'ignorance des causes qui nous déterminent » comme Spinoza le dit dans *L'Éthique.* Il y a un égoïsme, un égocentrisme qui procèdent naturellement de la nature et de ses lois. Celle-ci ne contient aucune règle de sociabilité ou d'altruisme. Le désir des individus s'exprime à travers les passions qui sont leur nature même et il est vain de protester contre cette réalité que sont les « rivalités, la haine, la colère ou la ruse », mécanismes affectifs qui sont l'expression de la recherche par l'homme de ce qu'il croit lui être utile lorsqu'en lui ne s'est pas développée la raison.

2.3 De l'état de nature à l'état civil : de l'individu isolé à la communauté

L'état de nature, pour Spinoza, est donc caractérisé par la primauté de l'individu. Plus précisément, c'est la multiplicité des individus, dont chacun s'efforce d'exister

....

1. Lucien Mugnier-Pollet, *La philosophie politique de Spinoza,* Vrin 1976, p. 112.
2. On peut en avoir un exemple aujourd'hui avec la dislocation des structures étatiques à Haïti.

autant que le lui permet sa puissance, qui constitue le donné initial. Un individu n'étant rien d'autre que l'activité divine exprimée dans une structure déterminée et finie, se trouve confronté à la multitude des autres individualités engendrées par ce *Deus sive Natura* (Dieu ou la Nature). Celles-ci se trouvent tôt ou tard obstacles les unes pour les autres, engendrant le conflit et la peur. Les individus voient leur effort pour persévérer dans l'être menacé par l'antagonisme toujours virtuellement présent dans les relations qu'ils entretiennent entre eux du fait de leur nature passionnelle, chacun ayant autant de droit qu'il a de force. Or, à l'état de nature, où chaque individu est abandonné à lui-même et ne bénéficie pas de l'assistance d'autrui, son droit est insignifiant et s'avère toujours précaire pour ne pas dire nul par neutralisation du fait de l'exercice de celui d'autrui. Mais, chacun n'étant que soi-même, objectivement limité à sa seule puissance, ce même droit naturel peut conduire les hommes à associer leurs forces et à s'unir avec tous pour augmenter la puissance de chacun car « nul ne peut vivre sans angoisse au milieu des inimitiés, des haines, de la colère et des ruses ». Pour échapper à l'insécurité et à l'angoisse, aux effets destructeurs des passions haineuses et jalouses qui opposent les hommes entre eux, pour se préserver du dénuement et de la pauvreté, ils s'engagent à s'entendre au lieu de se combattre les uns les autres et à se laisser diriger non plus par une cupidité aveugle, mais par la puissance et la volonté de tous. Les excès auxquels le droit naturel mène les hommes lorsqu'ils ne sont soumis qu'aux « lois de la convoitise » les poussent à établir un contrat social capable de les soustraire à son absurde règne et « les fait avancer, autant que faire se peut, sur la voie de la raison ». Ce pacte procède en fait de l'intérêt, de la recherche de l'utile pour persévérer dans l'être. La puissance en effet n'est qu'une force matérielle. Mais la force matérielle n'est rien en elle-même si on est dans l'incapacité de tirer un pouvoir de la puissance accumulée.

Dans l'état de nature, la conservation de la vie reste précaire parce que la désunion des hommes ne leur permet pas de soutenir la vie et de cultiver l'esprit. Ce qui frappe Spinoza dans cet état, outre le conflit qu'engendre le heurt des appétits contraires et des puissances individuelles qui se heurtent les unes aux autres, dans la volonté de satisfaire la convoitise, c'est la misère, la faiblesse de l'homme, et finalement l'impuissance où il se trouve d'atteindre toutes les perfections dont il est capable. **Spinoza en conclut que le droit naturel de chacun n'a de chance de se déployer que dans une société où les hommes sont unis par une législation commune**. La société civilisée est l'instrument fabriqué par l'homme qui permet en général une augmentation efficace de sa puissance individuelle.

L'état civil seul permet de remédier à cet état d'impuissance et d'insécurité auquel condamne le conflit qui caractérise l'état de nature, état de choses qui est à l'origine du pacte social dont Spinoza reprend l'idée puisée dans la culture de son temps. Il s'agit de s'engager à renoncer à l'affirmation purement arbitraire de soi, sans aucune obligation ni aucune sanction, sans institution régulatrice des passions.

En étant contraint de vivre dans la paix et la concorde, en s'y habituant grâce aux institutions qui ordonnent et orientent les passions anarchiques dans un sens positif et non plus destructeur, les individus développent leurs ressources et leur existence. De bonnes institutions induisent en effet un changement d'affects qui transforme le commandement en discipline, réalisant ainsi le lien social dans l'immanence de leurs relations interindividuelles. « Nul pacte ne peut avoir de force sinon pour la raison qu'il est utile. »

3 Le pacte social fondateur de la société civile et de l'État

3.1 L'instauration de la sécurité et de la liberté

« Pour vivre dans la sécurité et le mieux possible, les hommes ont dû nécessairement aspirer à s'unir en un corps et ont fait par là que le droit que chacun avait de Nature sur toutes choses appartînt à la collectivité et fût déterminé non plus par la force et l'appétit de l'individu mais par la puissance et la volonté de tous ensemble », déléguant à la Raison seule de tout diriger pour le bien supérieur de chacun et de tous, les contraignant à « réfréner l'Appétit, en tant qu'il pousse à causer du dommage à autrui, de ne faire à personne ce qu'ils ne voudraient pas qu'il leur fût fait, et enfin de maintenir le droit d'autrui comme le sien propre » (p. 264).

Les insensés, incapables de discerner rationnellement leur intérêt, ont, eux plus que tous, besoin d'engagements qui aient une valeur contraignante. D'autant que Spinoza ne pense pas qu'il suffise qu'un individu se lie par promesse pour qu'on lui fasse confiance : il peut se soustraire à son engagement, ne pas tenir promesse dès lors que les motivations passionnelles qui l'ont motivée disparaissent, dès lors qu'il ne lui est plus utile de la tenir. L'engagement perd alors pour lui toute nécessité. Chacun n'étant tenu de respecter les pactes que par espoir d'un plus grand bien ou par crainte d'un plus grand mal, pour que le pacte ne soit donc pas un vain mot, pour neutraliser les effets dissolvants des passions individuelles et de leur instabilité, il faut donc qu'une force collective, coercitive qui l'emporte sur la puissance de chacun, contraigne cet engagement à l'obéissance. Si un tel engagement permet de vivre sinon spontanément selon la raison, du moins il le fait conformément à la raison qui, elle, l'aide à se maintenir dans la durée. Le droit naturel n'étant déterminé que par la puissance de chacun, « il s'ensuit qu'autant chacun transfère à autrui de la puissance qu'il détient, par force ou de bon gré, autant il abandonne nécessairement à autrui de son droit » Ce transfert de droit, c'est-à-dire de puissance, crée un rapport de force, un pouvoir, qui oblige chacun à tenir son engagement. « C'est de cette façon, sans contredire nullement le droit naturel, que la société peut être formée et que tout pacte peut être conservé avec la plus grande fidélité : si chacun transfère toute la puissance qu'il détient à la société qui conservera donc seule le droit souverain de nature sur toutes choses, c'est-à-dire le pouvoir souverain auquel chacun est tenu d'obéir, librement ou par crainte du dernier supplice » (p. 266).

Le pouvoir de l'État consiste à endiguer, à rendre inoffensif autant que faire se peut l'égoïsme borné et débridé, à neutraliser les instincts les plus bruts et à contraindre à l'hypocrisie la méchanceté influente[1]. Spinoza regarde les hommes avec perspicacité et constate qu'ils aspirent à sauver leur propre intérêt ou bonheur. Il perçoit le mécanisme par lequel il est devenu possible d'ordonner ces intérêts divergents dans une communauté et une continuité relativement fiables. L'organisation de forces factuelles étant supérieure à toute subjectivité, l'État doit être pensé comme l'union de tous qui multiplie la puissance d'agir et la liberté de chacun dans son rapport avec celle des autres.

La fonction de la société civile, comme État de droit fondé sur un pacte, est l'instauration de la sécurité et de la liberté. La liberté est conçue dans la sphère pratique comme l'expression intelligente de la puissance humaine. Les possibilités existentielles de chacun – fussent-elles d'abord passionnelles – ne sauraient être garanties que par le respect d'une loi commune érigée d'un commun accord. Les institutions bien faites équilibreront les passions. Mais l'institution politique doit assumer une seconde fonction, moins urgente mais plus haute : **établir les conditions de possibilité d'une vie qui soit non pas une simple persévérance végétative dans son être, mais « une vie véritable de l'esprit »**, laquelle ne peut être obtenue comme le disait déjà Salomon – que cite Spinoza – que par la connaissance. **L'État**, qu'il soit monarchique, aristocratique ou démocratique, république au sens strict, **a pour fonction de rendre possibles cette connaissance et cette « vie véritable »**. Loin qu'il appartienne à l'État de définir ce vrai bien et le bonheur qu'engendre la libération de la servitude intime, Spinoza impute ce labeur à l'individu à qui il revient de parcourir par lui-même les étapes de l'itinéraire qui conduit de la servitude à la plénitude réfléchie.

3.2 La souveraineté

Or, si Spinoza énonce une théorie de la Souveraineté marquée par la doctrine du contrat social qui en rationalise l'émergence – Spinoza a lu Hobbes – faisant des individus à la fois des citoyens et des sujets, à peine a-t-il rappelé cette grille théorique qu'il l'affirme plutôt vraie en théorie qu'en pratique. En effet, alors que les théoriciens du contrat social décrivent les passions comme liées à l'état de nature, alors qu'une fois l'État institué, ils ne l'envisagent plus que comme des freins à son bon fonctionnement, Spinoza, lui, identifie droit naturel et droit passionnel : les passions sont des parties essentielles, indéracinables de la nature humaine. Une fois la souveraineté instituée, elles ne disparaissent pas par miracle. Ce n'est d'ailleurs pas la raison qui est à l'origine du contrat mais bien le chaos des passions qui s'entrechoquent. Une fois établi, l'État peut bien s'y opposer par la force mais pour assurer sa stabilité et sa pérennité, il lui faut trouver un rempart plus puissant : la satisfaction des besoins et des intérêts de ses ressortissants. Encore faut-il qu'il parvienne à les convaincre que les mesures prises pour y arriver sont adéquates et vont être suivies des effets désirés.

1. Spinoza est loin de tout angélisme : les passions que nous jugeons les plus viles hanteront toujours le corps social. Il faut donc travailler à en limiter les effets et à promouvoir des passions positives.

DE LA SOUVERAINETÉ MONARCHIQUE PENSÉE PAR BODIN À LA SOUVERAINETÉ DÉMOCRATIQUE PENSÉE PAR SPINOZA

Notion interdisciplinaire, la souveraineté qui peut se définir comme un pouvoir de décision ultime – *summa potestas* – concerne tant la philosophie politique que la science juridique. La souveraineté est une force de cohésion, d'union de la communauté politique sans laquelle celle-ci se disloquerait, organisant la relation de « commandement à obéissance » que la nature des choses impose à tout groupe social qui veut vivre. C'est la « puissance absolue et perpétuelle d'une République », disait son premier théoricien, Bodin, au XVIe siècle. Les attributs de la souveraineté sont : battre monnaie, lever les impôts, instituer les titulaires d'office ou fonctionnaires, juger en dernier ressort, décréter la guerre et traiter la paix. La notion de souveraineté ainsi définie allait devenir la notion centrale de la science politique et du Droit public. Toutefois, elle ne fut pensée par Bodin que comme attribut de la monarchie absolue : elle impliquait la hiérarchie entre le Prince et ses sujets. Bodin ne pensait ni possible ni souhaitable le régime démocratique. Spinoza renverse toute la tradition en exposant pour la première fois la théorie du « pouvoir absolu » comme démocratie. Spinoza qualifie la démocratie de régime « absolu » parce qu'à ses yeux, elle représente le seul type de gouvernement réalisant l'identité parfaite de la forme de la souveraineté – le peuple est libre puisque souverain – et de son contenu : le peuple doit obéissance aux lois dont il est la source. À la fois législateur et sujet, il se détermine lui-même en se donnant ses propres règles de conduite. Spinoza démontre ainsi que la désobéissance est quelque chose qui contredit finalement l'intérêt personnel.

3.3 Supériorité de la démocratie

Il y a donc une convention, un pacte à la source de la société politique enracinée dans la décision ferme de diriger tout par le seul commandement de la raison qui nous prescrit le principe de réciprocité dans la recherche de l'utile. Le pacte social n'est respecté scrupuleusement par les sujets contractants que si l'union des hommes exerce collectivement un droit souverain sur tout ce qui est en leur pouvoir, le droit (*jus*) d'une telle société s'appelant démocratie. Sans nier l'obligation d'obéissance due au souverain dans les autres régimes (aristocratique, monarchique), il affirme sa préférence pour le régime démocratique : **il est dans la nature profonde, dans l'essence démocratique de l'État de maintenir l'égalité naturelle des citoyens et de respecter leur liberté dans les limites compatibles avec son propre fonctionnement**[1].

....

1. Si l'on fait une incursion dans le *Traité politique*, on trouve dans le dernier chapitre (inachevé) qu'il préconise l'exclusion des femmes de l'assemblée souveraine, exclusion que Spinoza motive par une sorte d'inégalité naturelle. Or l'exclusion des femmes de l'*imperium democraticum* se révèle en contradiction avec l'égalitarisme de son ontologie, en pleine contradiction avec la théorie du droit naturel. Spinoza affirme qu'il n'est jamais arrivé que « des hommes et des femmes règnent ensemble (*simul regnarent*) […] ; mais partout sur terre où l'on trouve des hommes et des femmes, nous voyons les hommes régner et les femmes être gouvernées, et les deux sexes vivre dans la concorde selon ce principe » (*Traité politque*, XI).

« Des fondements de l'État tels que nous les avons exposés ci-dessus, il résulte avec la dernière évidence que sa fin dernière n'est pas la domination ; ce n'est pas pour tenir l'homme par la crainte et faire qu'il appartienne à un autre que l'État est institué ; au contraire, c'est pour libérer l'individu de la crainte, pour qu'il vive autant que possible en sécurité, c'est-à-dire conserve, aussi bien qu'il se pourra, sans dommage pour autrui, son droit naturel d'exister et d'agir… La fin de l'État n'est pas de faire passer les hommes de la condition d'êtres raisonnables à celle de bêtes brutes ou d'automates, mais il est au contraire institué pour que leur âme et leur corps s'acquittent en sécurité de toutes leurs fonctions, pour qu'eux-mêmes n'usent point de haine, de colère ou de ruse, pour qu'ils se supportent sans malveillance les uns les autres. **La fin de l'État est donc en réalité la liberté**. »

3.4 L'autorité souveraine a intérêt à être juste

Pour Spinoza, une réflexion réaliste sur la politique requiert de considérer les hommes tels qu'ils sont et non tels que l'on voudrait qu'ils soient, ou tels qu'ils devraient être. Si les hommes étaient naturellement guidés par la raison, il suffirait de leur montrer leur intérêt pour qu'ils s'y conforment. Mais l'expérience montre que la raison n'a pas le pouvoir de contrarier les passions qui sont des propriétés constitutives de l'être de l'homme. Dans ces conditions, le salut de l'État ne peut dépendre de la vertu des gouvernants sur laquelle il ne faut pas compter, même s'il peut arriver que certains soient réellement portés à se dévouer à la chose publique. Aussi l'État doit-il être aménagé de telle sorte que les individus qui le servent ne puissent pas faire un usage personnel du pouvoir qui leur a été confié tout en maintenant l'obéissance nécessaire à son bon fonctionnement.

La liberté nuit-elle à la paix et à la sécurité de l'État ? Il s'agit d'établir les limites que celles-ci imposent, donc de déterminer quels sont les droits qui ont été remis à l'État et d'analyser la façon dont ils sont concrètement mis en œuvre, ce pour quoi Spinoza se livre à une étude des conditions du fonctionnement souhaitable du pacte social qu'il veut démocratique.

L'État n'étant jamais menacé par les causes extérieures autant que par ses propres citoyens, le pouvoir théoriquement absolu du souverain échappe en fait à l'illimitation et à l'arbitraire parce que celui-ci n'a aucun intérêt à voir se réveiller chez ses sujets la conscience de leur droit naturel à persévérer dans leur être : lésés par les abus qu'il pourrait faire de la puissance qui lui a été déléguée, ils pourraient légitimement s'insurger contre lui. Le principe de l'utile propre le concerne autant qu'il concerne ses propres citoyens et sujets.

Dans la mesure où l'obéissance est prescrite par l'intérêt personnel, l'autorité souveraine a le plus grand avantage à être raisonnable, à éviter de susciter l'indignation du peuple. Il n'en a pas le droit parce qu'il n'en a pas la puissance : une populace révoltée est une menace pour la puissance de l'autorité souveraine. **L'acte injuste du souverain précipiterait sa propre ruine**. De même que le citoyen raisonnable comprend que sa liberté dépend d'une république forte et unie, que cette force et que cette unité n'est pas en elle-même un obstacle à sa liberté privée de penser et de croire, l'autorité souveraine dans un État raisonnablement institué ne peut que comprendre qu'elle se tromperait en agissant contre les commandements de la raison. Si l'autorité souveraine a la puissance de savoir ce qui est dans l'intérêt général, cette puissance est donc elle-même soumise aux limitations de la passion du peuple. Ainsi, la meilleure république se gagne-t-elle l'obéissance non par la crainte mais par la raison. L'État tel que le conçoit Spinoza met donc la passion au service de la raison grâce à la compréhension rationnelle de la nature passionnée de l'homme. Il tend à concevoir les institutions comme l'incarnation rationnelle du contrôle de la puissance irrationnelle du grand nombre, de la multitude.

4 Rapports du religieux et du politique

CADRE HISTORIQUE DES PROPOS DE SPINOZA

La question du droit relatif aux affaires religieuses (*jus circa sacra*) a été une préoccupation majeure de la pensée théologico-politique du XVIIe siècle. Étroitement liée à la théorie de la souveraineté, elle cherchait à montrer dans quelle mesure le pouvoir civil peut légitimement intervenir dans les choses sacrées.

Depuis la fin du XVIe siècle, les Provinces-Unies étaient traversées par des divisions et des querelles religieuses d'autant plus inquiétantes qu'elles coïncidaient souvent avec des divisions politiques et sociales qui menaçaient l'unité de la République. L'intervention de l'autorité civile en matière religieuse était alors perçue par certains comme une forme d'arbitrage et de modération garantissant la coexistence pacifique entre les Églises et les sectes rivales. C'est ainsi que Grotius (1583-1645), dans son traité *De Imperio summarum potestatum circa sacra*, tente de justifier l'autorité du souverain en matière religieuse, ainsi que la subordination des fonctions ecclésiastiques.

La querelle entre arminiens et gomaristes notamment a contribué à faire avancer l'élaboration et le développement des théories du *jus circa sacra*. Arminius (1560-1609) était partisan de modérer les doctrines calvinistes, notamment l'interprétation de la prédestination au profit de l'affirmation du libre arbitre. **La controverse d'abord théologique présente évidemment une dimension politique puisque Arminius dénonce l'usage de la violence au nom de la religion**. Il invite les chrétiens à surmonter leurs divisions et leurs divergences en matière de dogme ou de culte, et à dégager une série d'articles de foi communs garantissant à la fois l'unité et la paix civile. Ses partisans, les Remontrants, avaient en 1610 adressé une *Remontrance* en ce sens aux États de Hollande.

Leurs adversaires, les gomaristes, disciples de Gomar (1563-1641), hostiles à leur doctrine libérale, avaient de nombreux partisans dans les milieux populaires. La position de ces

calvinistes « orthodoxes » imposait de n'obéir qu'aux hommes qui obéissent à Dieu, qui parlent en son nom et sont légitimés à le faire par la vérité de leur foi bien que *les États généraux – l'organe législatif central des Provinces-Unies composé de représentants des sept provinces – aient publié un édit tolérant les deux parties et interdisant toute contestation ultérieure.* Grotius, qui participe à la controverse en tant que procureur général des Pays-Bas, puis en tant que membre du Comité des conseillers, avait été invité à rédiger un édit afin de définir cette politique de tolérance.
Le conflit s'était toutefois poursuivi et avait été lié à des conflits politiques des Provinces-Unies. Les Remontrants avaient été condamnés par le synode de Dordrecht (1618-1619). Toutefois, **à partir de la moitié du XVIIe siècle, ce sont les partisans de l'indépendance du pouvoir temporel, voire ceux qui voulaient lui subordonner le pouvoir ecclésiastique qui dominent la scène**, réalisant une prise de distance croissante du discours politique vis-à-vis de la légitimation divine du pouvoir des gouvernants.
L'intervention de Spinoza dans le débat sur les droits relatifs aux « choses sacrées » se situe dans le sillage de cet affrontement qui s'était produit dès le début du XVIIe siècle entre la faction conservatrice de l'Église calviniste, secondée par Maurice d'Orange dont elle soutenait les prétentions monarchiques et la classe dirigeante de l'aristocratie mercantile à la tête des principales villes hollandaises, soutenue par les milieux plus libéraux de la religion réformée.

Le *Traité théologico-politique* se fonde sur la reconnaissance que la relation entre la religion et la politique n'est pas seulement un accident de l'histoire mais découle de la nature humaine[1]. S'il est tout à fait clair que Spinoza ne conteste jamais le besoin de la religion pour l'homme, il a une pensée non moins claire sur la différence qu'il y a entre la religion de celui qui pense et la religion de la multitude, sur la distinction à faire entre la religion des philosophes et la religion populaire. L'attitude de Spinoza à l'égard du problème des rapports entre le religieux et le politique, les Églises et l'État, est nuancée. D'un côté il défend la thèse de leur indépendance réciproque, de l'autre il pense qu'il est dans la nature des choses – l'histoire est là pour l'attester – que le mobile religieux renforce la solidité et l'unité de la communauté politique, à condition toutefois que le pouvoir spirituel soit subordonné au pouvoir temporel. Ennemi farouche du fanatisme et de l'intolérance, mais partisan d'une communauté politique fondée sur des bases inébranlables, où la liberté politique va de pair avec une forte

1. Le mot religion a une étymologie incertaine : *relegere*, « recueillir, rassembler », ou *religare*, « relier ». On peut en tout cas définir la religion comme un système de représentations des rapports de l'homme avec le monde manifestant sa dépendance par rapport à des forces qui le dépassent. Ces grands systèmes de croyances, de rites et de pratiques façonnent l'esprit des peuples et sont les piliers de toutes les fonctions d'une civilisation : art, philosophie, droit, politique. C'est parce que la religion est la base de la culture qu'aucun peuple ne l'a pensée comme un phénomène séparable de la vie sociale qu'elle cimente. Il en fut longtemps de même en Europe jusqu'à la modernité. En France, ce n'est qu'en 1905 que fut prononcée la séparation de l'Église et de l'État, la laïcité permettant la coexistence pacifique des confessions religieuses hors des espaces publics et de l'école. La dimension privée de la conscience religieuse, sans pour autant nier son articulation à un ordre communautaire, est un acquis irréversible, fondant la tolérance dans la dimension universaliste de la raison et de la réflexion philosophique. Cela aurait agréé à Spinoza.

intégration de l'individu au sein de cette communauté régulée par l'État, convaincu de l'importance du lien religieux pour la consolidation du lien politique, il est enclin à subordonner, en un sens, le pouvoir spirituel au pouvoir temporel[1].

Souhaitant soustraire l'État aux divers jugements et passions de chacun, il donne à la puissance souveraine le droit de faire toutes les lois qu'elle décidera de faire au sujet de la religion, la forme de la démocratie devant équilibrer le besoin d'harmonie publique, de stabilité et la liberté de parole, de pensée et de foi. **Il n'est donc pas question d'accorder quelque puissance politique au clergé**. Une telle puissance ne peut d'ailleurs que le corrompre et ce au détriment de l'Église comme de l'État.

C'est dans le chapitre XIX qu'il se propose de montrer que « la Religion n'acquiert force de droit que par le décret de ceux qui ont le droit de régir l'État ; que le règne singulier de Dieu sur les hommes ne s'établit que par ceux qui détiennent le pouvoir politique » (p. 313). **Dieu règne par le biais de ceux qui détiennent le pouvoir temporel**. Si l'on ne peut légiférer sur la piété intérieure, il faut toutefois la médiation de l'autorité dûment constituée pour que règne l'ordre juste en matière religieuse pour assurer la paix publique. La puissance qu'a le souverain de légiférer comme il le veut à propos de la religion se double cependant de **la liberté personnelle de croyance religieuse**, d'ailleurs nécessaire au bien-être de cette puissance elle-même. Cela va de pair avec **la liberté de parole, d'expression**. Comme il est impossible de supprimer la pensée, mieux vaut permettre le débat sur la plupart des affaires que de voir les hommes privés de parole contraints de former des factions secrètes pour s'exprimer. La fin véritable étant la liberté, les hommes devraient être libres de discuter même les lois, liberté inséparable de la liberté de discussion religieuse, le débat en général, enfin, étant nécessaire au développement des sciences et des arts (p. 332). Si la liberté de parole n'est pas sans inconvénients pour l'État, elle présente des avantages bien plus importants que son interdiction bien qu'elle ne soit pas sans limites. **Nul ne saurait défendre des doctrines contredisant les lois publiques. L'essentiel est que la loi, instrument de paix civile par excellence, soit préservée**. À la fin de son traité, Spinoza s'applique à lui-même ce précepte : « Il ne me reste plus qu'à avertir expressément que je soumettrai de grand cœur à l'examen et au jugement des Autorités de ma Patrie tout ce que j'ai écrit. Si j'ai dit quoi que ce soit qu'elles jugent contraire aux lois du pays ou nuisible au salut commun, je veux que cela soit comme n'ayant pas été dit. Je sais que je suis homme et que j'ai pu me tromper ; du moins ai-je mis tous mes soins à ne pas me tromper et, avant tout, à ne rien écrire qui ne s'accorde entièrement avec les lois du pays, la liberté et les bonnes mœurs » (p. 336).

....

1. Pour lui, Dieu n'a de Royaume parmi les hommes, il ne règne sur eux que par l'intermédiaire des gouvernants temporels.

5 Modifier les prétentions de la religion au moyen d'une réinterprétation radicale des Écritures

5.1 Spinoza et les Écritures

L'intention de Spinoza est de changer les opinions de l'humanité au sujet de la religion et d'enseigner une nouvelle doctrine politique. Pour obtenir la meilleure république, il faut d'abord **purifier la religion par le biais d'une exégèse intelligente**, d'une analyse scientifique des Écritures en nous débarrassant de l'idée qu'elles puissent avoir autorité dans les questions spéculatives.

Spinoza entend donc revenir à la vérité essentielle de l'Écriture : loin d'être un savoir dogmatique, elle promeut une « foi pratique » qui consiste en des règles de justice et de charité, c'est-à-dire qui prescrit l'amour du prochain.

La philosophie est exercice de la raison qui vise la vérité et la sagesse. La foi demande piété et obéissance. Spinoza répudie toute relation de subordination de l'une à l'autre. La foi est tout aussi nécessaire que la raison. Sa simplicité même opère avec efficience auprès des êtres qui ne consultent pas la raison pour régler leur conduite. Ainsi sauve-t-elle « les croyants dociles » : « Tous sans exception peuvent obéir, tandis qu'une fraction assez faible du genre humain atteint à la valeur spirituelle, sans autre guide que la raison. » **Dans la cinquième partie de *L'Éthique,* Spinoza décrit la religion des sages, redonnant un sens plus pur, moins anthropomorphique au Dieu professé par les Églises traditionnelles**. La religion des Églises devrait d'ailleurs laisser place à la lumière naturelle et à ses réinterprétations, grâce à **une exégèse excluant tout dogmatisme de la lettre, tout littéralisme, tout « fondamentalisme »**. Il est important de comprendre que « la parole éternelle de Dieu, son pacte et la vraie religion sont divinement écrits dans le cœur de l'homme, c'est-à-dire dans la pensée humaine » (XII p. 217). Démontrer la véritable nature de l'Écriture, des « livres sacrés », c'est-à-dire de la Bible et de son message en éliminant les « ornements superstitieux » de la religion populaire lui semblait le moyen permettant de réduire l'influence du clergé qui justifiait ses abus en invoquant la sacralité. Si Spinoza entreprend de reprendre l'examen de l'Écriture, c'est donc pour qu'on ne lui extorque pas des enseignements qui ne s'y trouvent pas. **Pour lui, la vraie religion consiste dans la pratique de la justice et de la charité fondée sur l'amour de Dieu. Cela ne saurait abolir « la liberté individuelle de juger » et d'interpréter des textes hérités de la plus haute Antiquité par une raison éclairée**. Sa conviction profonde est que « l'Écriture laisse à la raison toute sa liberté » et que, si « elle n'a rien de commun avec la philosophie, l'une comme l'autre se tiennent chacune sur son terrain ». Une foi ainsi libérée du pouvoir des clercs ne peut plus s'opposer à une approche renouvelée de la politique.

5.2 Les différentes formes de religion

Spinoza distingue trois formes différentes de religion.

1. **Les religions statutaires** où l'on trouve, outre l'appel à la justice et à la charité, des dogmes relatifs à la nature de Dieu et à ses rapports avec l'univers et avec les hommes, des prescriptions relatives au culte, une croyance littérale aux récits par exemple de miracles, toutes sortes de superstitions. Elles sont susceptibles de favoriser l'intolérance et même le fanatisme. C'est pourquoi, dès lors qu'il s'agit de la pratique, elles ne sauraient échapper au contrôle, à la puissance de l'État qui peut en interdire le culte extérieur dès lors qu'elles s'avéreraient incompatibles avec sa sécurité.

   Toutefois personne ne peut transférer à un autre le droit d'avoir une religion, d'adorer Dieu comme il lui semble bon. C'est pourquoi, dit Spinoza dans son *Traité politique,* il ne faut pas établir de lois relatives aux opinions religieuses à moins qu'elles ne soient séditieuses et sapent les fondements de la communauté politique. Lui qui montrait dans *L'Éthique* le chemin de la sagesse, sachant que « tout ce qui est beau est difficile autant que rare », conseillait la pratique de la religion pour ceux qui ne peuvent avoir accès à l'intelligence philosophique. Il incitait ainsi les enfants à assister souvent au service divin à l'église et leur enseignait combien ils devaient être obéissants et soumis à leurs parents. Lorsque les gens de son logis revenaient du sermon, il leur demandait quel profit ils en avaient tiré, ce qu'ils en avaient retenu pour leur édification. Jean Colerus, ministre de l'Église luthérienne raconte que Spinoza allait même quelquefois entendre prêcher son prédécesseur, le Docteur Cordes, et qu'« il faisait état surtout de la manière savante dont il expliquait l'Écriture et des applications solides qu'il en faisait. Il avertissait en même temps son hôte et ceux de la maison de ne manquer jamais aucune prédication d'un si habile homme ». À son hôtesse qui lui demandait si elle pouvait être sauvée dans la religion qu'elle professait, Spinoza répondit : « Votre religion est bonne, vous n'en devez pas chercher d'autre, ni douter que vous n'y fassiez votre salut, pourvu qu'en vous attachant à la piété, vous meniez en même temps une vie paisible et tranquille. »

2. **La religion révélée universelle**, dégagée de l'Écriture par la méthode de l'interprétation de l'Écriture par elle-même. Elle concerne pour Spinoza non pas les cérémonies du culte mais uniquement la pratique de la justice et de la charité. Sans être fondée sur la raison, elle est cependant universelle parce qu'elle s'accorde avec les vérités morales perceptibles par la raison commune et parce qu'elle retient de toutes les religions révélées qui se recommandent des Écritures, ce qui les unit et non ce qui les oppose. Au chapitre XIV, Spinoza la légitime car, malgré la diversité de leurs intérêts, de leurs fonctions économiques et politiques, et même de leurs opinions philosophiques, elle arrive à créer un terrain d'entente entre les hommes parce qu'elle est une structure de base commune à toutes les religions. C'est à ce titre qu'elle peut intéresser le philosophe qui, lorsqu'il lit la Bible, y reconnaît une structure universelle. Bien que fondée non sur la connaissance mais sur l'obéissance, elle est, en raison de ses caractères d'intériorité et d'universalité, indépendante des institutions politiques d'un État particulier. Elle échappe à la puissance de l'État car personne

ne peut, qu'il s'agisse de la connaissance philosophique ou de la foi religieuse, renoncer à son droit de juger. Chacun a le droit souverain de juger librement de la chose religieuse et par là même le droit de l'expliquer et de l'interpréter, la norme supérieure d'interprétation étant la lumière naturelle.

3. **La religion philosophique**, fondée sur la « connaissance adéquate » des choses, conduisant à la conscience de soi avec l'idée de Dieu comme cause. Il s'agit d'une « religion naturelle », liée à la connaissance de Dieu par la simple « lumière naturelle ». Accessible à tous les hommes doués de raison, elle exclut tout mystère, donne une connaissance certaine et vraie de Dieu dans lequel elle reconnaît sa source et dont elle participe. Dieu est la totalité incommensurable de la réalité et la puissance de vie qui anime les êtres en leur donnant élan et force. Nous sommes en lui, nous nous mouvons en lui comme le disait saint Paul en qui Spinoza voyait un philosophe, ce qui était le cas aussi pour le Christ « qui comprenait les choses dans leur vérité d'une manière adéquate ». « Puis donc que notre âme, par cela seul qu'elle contient objectivement la nature de Dieu et en participe, a le pouvoir de former certaines notions expliquant la nature des choses et enseignant l'usage de la vie, nous pouvons à juste titre admettre que **la cause première de la révélation est la nature de l'âme conçue précisément comme capable de connaissance naturelle**, car tout ce que nous connaissons clairement et distinctement, l'idée de Dieu et la nature nous le dictent, non avec des paroles sans doute, mais en un mode l'emportant de beaucoup en excellence, et qui s'accorde très bien avec la nature de l'âme, comme l'a indubitablement éprouvé en lui-même quiconque a goûté la certitude de l'entendement » (chap. I, p. 32). **Spinoza affirmait que la béatitude, la liberté, la joie ne sont échues qu'à celui qui accède à l'amour intellectuel de Dieu. « Plus nous connaissons Dieu, plus nous sommes maîtres de nos passions** », disait-il, affirmant que « c'est dans cette connaissance, où l'on trouve le parfait acquiescement de l'esprit et le véritable amour de Dieu, que consiste notre salut, qui est la béatitude et la liberté ». **La connaissance vraie transforme notre façon de vivre, en la fondant non pas sur des rapports de conflits et de violence mais sur la générosité et l'amitié**. À ce niveau, l'âme est libre, elle relève d'elle-même et non des puissances souveraines. Être ainsi religieux et être un homme libre, c'est, pour Spinoza, une seule et même chose. Et, plus un homme est libre, plus il observera les lois de la cité, la législation de l'État bien institué.

6 Exemple de la République des anciens Hébreux

Lorsque Spinoza cherche à tirer des enseignements politiques de la grandeur et de la décadence de l'État des Hébreux, c'est à la situation contemporaine et aux Provinces-Unies qu'il pense. Dans le chapitre XVII, Spinoza prend la geste du peuple hébreu, telle qu'elle est relatée dans la Bible, comme exemple caractéristique des rapports possibles entre la politique et la religion, illustrant sa réflexion sur l'inaliénabilité de la totalité du droit naturel propre à chacun. Dans le chapitre IV, il a pris soin de réfuter l'idée de l'exceptionnalité du peuple « élu », le ramenant dans l'universalité du genre humain[1]. **Excluant le préjugé d'une identité ethnique, raciale ou biologique de la nation**, ce qui n'est qu'une invention des sciences balbutiantes du XIXe siècle et qui se trouve aujourd'hui totalement infirmé, **Spinoza rappelle que la nature ne crée pas de nations mais seulement des individus** (p. 295). Ceux-ci ne se distinguent en nations que par la diversité des langues, des lois et des mœurs. La complexion singulière, ce que nous appelons aujourd'hui l'identité d'une nation, cette unité culturelle globale d'une multiplicité dont les individus se sentent apparentés ne vient que des lois et des mœurs, bref de la culture au sens large du terme (p. 295). Les nations sont le produit de l'Histoire qui façonne les peuples. Tel est le peuple hébreu dont les premières institutions lui servent de paradigme pour faire comprendre **ce qu'il entend par des institutions permettant à chacun et à tous de demeurer libres tout en faisant communauté**[2]. Chez les Hébreux de l'antiquité[3], l'articulation quasi fusionnelle entre la piété, la ferveur religieuse portant à l'obéissance et le patriotisme a constitué un puissant facteur d'unification et de cohésion nationales. Fondée sur la croyance religieuse, la théocratie des Hébreux a inventé une intégration originale des individus : **c'est la piété même qui suscitait le désir d'obéir à la Loi, d'adhérer aux règles et aux activités de la vie collective**, un sentiment fort d'appartenance communautaire sans qu'il soit nécessaire de recourir à une contrainte extérieure excessive pour rendre exécutoire et efficace le commandement. L'association put ainsi se consolider alors que les lumières de la raison étaient encore faibles. L'étude de la communauté politique des Hébreux met en évidence :

- qu'il faut séparer les fonctions religieuses et politiques ;
- qu'il ne faut pas relier les questions spéculatives à la loi divine, car le but de la religion est d'abord pratique. Elle vise la rectitude de l'action, de la conduite ;
- que c'est la puissance souveraine qui doit décider de ce qui est légal et de ce qui ne l'est pas ;
- qu'un changement des formes de gouvernement fait plus de mal que de bien.

Il décrit l'état où se trouvaient les anciens Hébreux avant la fondation de leur État comme l'image la plus suggestive de l'état de nature. À la sortie d'Égypte où ils vivaient sous le joug du Pharaon, ils ne relevaient plus d'aucune autorité politique. Comment cette multitude confuse, sans aucune direction, a-t-elle été organisée pour s'unir par le souci commun de l'intérêt collectif ?

....

1. *Cf.* aussi la préface, p. 25.

2. En fait, c'est notamment la question de la relation entre le pouvoir politique et le clergé que Spinoza examine à travers l'analyse de la première communauté politique des Hébreux établie par Moïse dans le Moyen-Orient ancien dont la Bible se fait l'écho. Il a pour motivation d'éclairer la situation qui lui est contemporaine dans les Provinces-Unies.

3. L'Europe est héritière d'Athènes (la raison philosophique), de Rome (le droit) et de Jérusalem (la spiritualité judéo-chrétienne à laquelle on peut ajouter aujourd'hui l'islam, héritier d'Athènes et de Jérusalem).

QUELQUES REPÈRES HISTORIQUES

Véritable bibliothèque de livres très différents – chroniques, écrits juridiques, prophétiques, sapientiaux, écrits à des époques très différentes, la Bible est un témoignage majeur des civilisations du Moyen-Orient ancien. Elle raconte qu'issu d'Abraham, venu de Basse Mésopotamie, après avoir vécu en Canaan sous la conduite des patriarches, ce peuple en fut chassé par une famine et se retrouva en Égypte où il devint bientôt un peuple asservi. Sorti d'Égypte vers le XIVe-XIIIe siècle av. J.-C. environ, les Hébreux reçurent la Loi par le biais de Moïse au mont Sinaï. Ils conquirent Canaan où ils instaurèrent un régime théocratique qui dura environ deux siècles et demi. Vers la fin du XIe siècle, ils établirent une monarchie. Après les règnes de David et de Salomon, vers 931 un conflit provoqua la scission du royaume en deux. Le royaume du Nord, nommé Israël, comportait dix tribus, celui du Sud, nommé Juda, deux dont la capitale était Jérusalem.

En 721/722 av. J.-C., le royaume du Nord est détruit par les Assyriens du roi Sargon II.

En 586 av. J.-C. Juda, le royaume du Sud, tombe à son tour sous les coups des Babyloniens dirigés par Nabuchodonosor II. L'élite est déportée à Babylone. Après sa victoire sur l'empire babylonien en 539 av. J.-C., Cyrus le Grand accorda aux Juifs la liberté, comme à tous les peuples de son empire exilés ou déportés. **Il autorise ainsi les Juifs de Babylone à rentrer en Judée et à y reconstruire le Temple de Jérusalem, appelé désormais « second Temple » (Esdras, 5,13). Lorsque Spinoza dans le chapitre XVII dit qu'il n'a parlé ici que du « premier empire » il entend la période qui va jusqu'à ce retour d'exil**. Ils reconstruisent aussi leur État. Mais, après la fin de l'Empire perse vers 330 av. J.-C. sous les coups d'Alexandre le Grand, la Judée se trouve rapidement plongée sous le joug des royaumes hellénistiques, nouvelles puissances géopolitiques du moment.

Rien ou presque n'est connu de ce long moment dans cette région jusqu'à la révolte dite des Maccabées en 167 av. J.-C., moment où les Juifs réapparaissent sur la scène de l'Histoire, retrouvant une totale indépendance sous les princes hasmonéens de 165 à 63 av. J.-C., date à laquelle le joug romain s'abattit sur le pays. Les révoltes de 70 et 135 apr. J.-C. eurent raison de façon définitive de l'État des Hébreux qui furent dispersés.

Il n'est pas facile de se repérer dans le labyrinthe de l'histoire telle que la restitue Spinoza qui ne pratique pas, dans ce domaine, la rigueur méthodique des historiens modernes. Il lui arrive de décontextualiser ses citations qu'il tronque même parfois et subvertit l'ordre chronologique selon les besoins de sa démonstration comme lorsqu'il cite la période du retour à Babylone (539 av. J.-C.) et l'époque hasmonéenne[1]. Par ailleurs, il utilise un langage politique technique évidemment absent des textes bibliques mais il en a besoin pour sa démonstration. À l'époque de Moïse, il n'y a évidemment pas d'État au sens moderne du terme.

1. On peut se référer sur ce point à l'ouvrage d'Henry Mécchoulan, certes polémique, mais utile pour les précisions qu'il apporte : *Spinoza démasqué*, Cerf, 2022.

LA NOTION D'ALLIANCE DANS LA BIBLE

Pour caractériser les relations de Dieu et de son peuple, les écrivains bibliques ont fait appel à l'expérience sociale et juridique des hommes. Ainsi, le terme « alliance » (*berit* en hébreu) désigne l'engagement mutuel de deux parties, un contrat entre groupes humains, en même temps que les engagements et les obligations qui en découlent. En reprenant ce concept d'alliance, notamment utilisé au Moyen-Orient ancien pour désigner la relation du roi à ses sujets, on rappelait que le véritable et unique partenaire d'Israël ne pouvait être que Dieu (YHWH). La première mention de l'alliance apparaît dans la Genèse dans le récit du déluge (Gn 6, 16-9,17) en lien étroit avec l'annonce du cataclysme (6,18-19). « Je me souviendrai de mon alliance qui est entre moi et vous, et tous les êtres vivants : les eaux ne se changeront plus en déluge pour détruire tout être de chair » (9,15).

Cet engagement est pris immédiatement après la parole de bénédiction (Gn 9, 1-7) qui relance le processus de propagation de la vie (Gn 1,28) L'alliance met en quelque sorte le sceau à la création, concernant donc au premier chef le mystère de la vie, de sa préservation, de sa propagation. Ce que montre d'ailleurs la table des peuples qui suit (Gn 10) où s'épanouit le processus d'engendrement qui donnera naissance à l'humanité. « C'est à partir d'eux (les fils de Noé) que se fit la répartition des nations sur la terre après le déluge » (Gn 10,32). « L'arc dans la nuée », c'est-à-dire l'arc-en-ciel est le signe de cette alliance, rappelant aux hommes l'engagement divin de ne plus renouveler le châtiment du déluge. Dieu est le « Dieu des vivants » et c'est bien la vie qu'il faut désormais préserver et, pour cela, aménager au mieux pour neutraliser le mal, la violence qui avait provoqué la colère de Dieu. Le prophète Ezéchiel l'identifie à « l'alliance de paix » (Ez 34,25 ; 37,26).

Cette alliance se renouvelle avec Abraham et ses descendants puis avec le peuple hébreu, par l'intermédiaire de Moïse, sur le Sinaï, où il reçoit le Décalogue ou les « Dix Commandements » (Exode 24, 3-8).

6.1 Le premier pacte conclu avec Dieu, garant de l'égalité de tous

Au cœur du récit, il y a le peuple, acteur et destinataire principal de l'ordre politique. Sorti d'Égypte, n'étant plus soumis à aucun pouvoir, plus tenu par le droit d'aucune nation, le peuple des Hébreux n'était en rien préparé à exercer le pouvoir collectivement. Les individus étaient « remis » à leur conseil et à « leur droit naturel sur tout ce qui était en leur pouvoir », c'est-à-dire à leur propre puissance. Chacun pouvant décider librement à qui il voulait céder son pouvoir naturel, ils décidèrent de transférer leur pouvoir naturel à Dieu lui-même. C'est ainsi que, sans aucune contrainte, le peuple des Hébreux conclut le pacte avec Dieu. Ils crurent ne pouvoir être conservés que par la puissance de Dieu qui les avait conduits dans le désert par le moyen de la nuée et la nuit par une colonne de feu (*Deutéronome* 32,12 ; *Ps* 78,14). « Le pouvoir de commandement chez les Hébreux appartint donc à Dieu seul » (p. 282). Tous également, comme dans une démocratie « se dessaisirent de leur droit et crièrent d'une seule voix *tout ce que Dieu aura dit (*sans qu'aucun médiateur fût prévu), *nous le ferons,* tous en vertu de ce pacte restèrent entièrement égaux » (p. 283). **L'obéissance à Dieu était la seule règle si bien que droit civil et religion ne se distinguaient pas. La piété passait pour justice, l'impiété pour injustice et l'on n'était citoyen que du « royaume de Dieu ». Ce pacte respectait l'égalité de tous**, chacun ayant le droit de consulter Dieu, d'accepter ses lois, de les interpréter, tous étant responsables du maintien de la cohésion de la communauté (p. 283). « Bien que les Hébreux d'ailleurs aient transféré leur droit à Dieu, ils n'ont pu le faire que par la pensée plutôt que d'une manière effective ; car en réalité, ils gardèrent un droit absolu de commander jusqu'à ce qu'ils l'eussent transféré à Moïse qui, par la suite aussi, demeura roi au sens absolu du mot ; et c'est par lui que Dieu régna sur les Hébreux[1] » (XIX, p. 315). C'est que **ce que nous appelons « politique » se confondait avec la religion**. C'est en ce sens qu'un tel régime peut s'appeler à bon droit *théocratie* car c'est Dieu qui gouverne ; mais cette théocratie n'a rien de commun avec les monarchies, fort peu libérales, qui se prétendent de droit divin. C'est le contact direct avec le numineux qui, les terrifiant, – nul humain n'étant capable de supporter la présence nue de l'absolu sans se sentir menacé de mourir – amenèrent les Hébreux à transférer à un médiateur, Moïse, le droit naturel de chacun, ce qui donna lieu à un second pacte.

6.2 Le second pacte et la médiation de Moïse

Par la loi de Moïse – « législateur et obéissant » selon l'expression de Dante –, « révélée » par Dieu sur le mont Sinaï, s'instaure un second pacte. En lui promettant obéissance, « ils ont clairement aboli le premier pacte et transféré sans réserve à Moïse leur droit de consulter Dieu et d'interpréter ses édits. Ils ont promis non plus comme avant d'obéir à toutes les paroles que Dieu leur dirait à eux-mêmes, mais à toutes celles qu'il dirait à Moïse qui, sans que fût résilié le transfert des droits des individus à Dieu, fut, en tant

....

1. Moïse est une figure mémorielle à qui la tradition avait attribué la paternité du Pentateuque, c'est-à-dire des cinq premiers livres de la Bible. Cela relève bien sûr de la légende car, si la geste de Moïse a commencé à être écrite avant l'exil à Babylone, sa rédaction s'étale sur plusieurs générations de rédacteurs. Il est ainsi possible que les premiers récits concernant Moïse qui lui confèrent une dimension royale et une stature aussi importante que le roi mésopotamien, soient une réplique à la propagande assyrienne, une forme de « contre-histoire » rédigée à la cour du roi Josias, vers la fin du VIIe siècle av. J.-C. La figure de Moïse a été notamment particulièrement travaillée au cours de l'exil à Babylone où toutes les institutions disparues d'Israël et de Juda tant sacerdotales que royales ont été synthétisées et regroupées dans le personnage de Moïse. C'est au Ve siècle av. J.-C. que le récit a reçu sa forme définitive. S'il n'existe qu'une « loi de Moïse » et aucune « loi de Saül », de David ou de Salomon qui furent, eux, de véritables rois, c'est parce que, lorsque – dans l'histoire réelle – la monarchie disparut au moment de l'exil en 587, Moïse prit dans l'imaginaire littéraire la place du roi comme législateur, juge, administrateur et chef religieux. Toutefois, si Moïse n'a, en réalité, jamais été roi, le texte biblique lui fait énoncer des prescriptions relatives au choix ultérieur et éventuel d'un roi, après l'entrée dans la terre promise : « Celui que tu établiras à ta tête devra absolument être un roi choisi par Dieu » et il devra, une fois monté sur le trône, écrire pour lui-même une copie de la Loi que lui transmettront les lévites pour éviter « d'être orgueilleux devant ses frères », ne commettre aucun excès de tout ordre (fortune, femmes etc.) mais garder la tempérance et l'humilité devant Dieu (*Deutéronome* 17, 14-20).

que médiateur, investi de tous les droits de la souveraineté[1]. Moïse demeura donc le seul porteur des lois divines et leur interprète, conséquemment aussi le Juge suprême que nul ne pouvait juger et qui tînt seul chez les Hébreux la place de Dieu, c'est-à-dire eût la majesté suprême, puisque seul il avait le droit de consulter Dieu, de donner au peuple les réponses de Dieu, et de le contraindre à exécuter ses commandements » (p. 284). Le régime instauré par Moïse dut s'adapter à la nature rebelle du peuple qu'il conduisait afin que leur motivation à l'obéissance vienne de leur plein gré plutôt que de la crainte. C'est pour cette raison que « Moïse introduisit la religion dans l'État » (V, p. 108). Si le régime institué par Moïse relève de la forme monarchique, puisque le décret de Dieu est révélé au seul monarque, ce second pacte ne correspond pas dans l'esprit de Spinoza à l'acte de naissance d'un régime monarchique. Ce n'est qu'au cas où Moïse lui-même aurait élu un successeur, que le gouvernement aurait été monarchique. Or Moïse n'a pas fondé de dynastie. N'ayant pas nommé de successeur et le peuple ayant renoncé à son droit de lui en choisir un, il laissa à ceux qui prirent sa succession « un État à administrer de telle façon qu'on ne pût l'appeler ni Populaire, ni Aristocratique, ni Monarchique, mais Théocratique » (p. 285).

6.3 La séparation nette des pouvoirs dans l'État théocratique des Hébreux

Le peuple est le protagoniste de l'organisation théocratico-républicaine ébauchée par Moïse à l'époque du premier État. Il s'agit, dans l'esprit de Spinoza qui utilise un vocabulaire absent des textes bibliques auxquels il se réfère pour les besoins de sa réflexion, d'une sorte de démocratie antique, fondée sur l'imagination prophétique, établie avant tout sur la distinction des fonctions entre l'interprétation des lois et l'exercice du gouvernement, sur la participation de toutes les tribus dans la gestion du pouvoir et sur la milice civique. C'est donc le peuple, s'identifiant aux plus sages et aux plus prudents qui assure tant à l'intérieur qu'à l'extérieur un long état de paix. Selon Spinoza, ce n'est qu'après la mort de Moïse que ses successeurs ont hérité d'un État proprement théocratique[2].

« On peut avec Josèphe, donner à l'État des Hébreux le nom de *Théocratie,* dans ce sens que la loi, émanée de Dieu et ayant pour base le monothéisme, exerçait seule un pouvoir absolu, mais il faut se garder d'attacher au mot *Théocratie* l'idée d'une forme particulière de gouvernement et surtout d'y voir un synonyme de *hiérarchie* et de penser à un *régime sacerdotal*[3]. » Spinoza en expose méthodiquement la structure où **le trait dominant est le souci de l'égalité de tous. Attachés les uns aux autres par le seul lien religieux, nul ne pouvait se permettre de « violer le droit divin de**

....

1. « Il n'est pas contraire au règne de Dieu d'élire une majesté souveraine qui ait dans l'État un pouvoir souverain » (p. 304).

2. C'est Flavius Josèphe (37-100 apr.J.C.) qui a le premier parlé de théocratie à propos du gouvernement des Juifs mais le mot n'existe pas en hébreu. Sur Flavius Josèphe, *cf. infra* note 2, p. 88.

3. Salomon Munk, *Palestine,* Firmin Didot, 1845, p. 192.

l'individu » sous peine de rupture de la communauté qui l'aurait traité en ennemi et légitimement réprimé (p. 291).

- Le pouvoir religieux : **les chefs religieux n'ont aucun pouvoir exécutif**.

C'est le temple qui était la demeure royale (p. 289) Il fut d'abord prescrit au peuple de construire une demeure où serait consulté Dieu, aux frais de tous pour qu'elle fût une propriété commune. C'est par l'intermédiaire du culte rendu au temple que « les hommes de toutes les tribus étaient concitoyens » (p. 289). En assurer le service revint aux lévites dont le chef était Aaron, le frère de Moïse, à qui ses fils succédaient légitimement. La caste des Lévi avait l'exclusivité de l'interprétation des lois. Ainsi, Aaron est le pontife : il a le privilège de consulter Dieu et d'en interpréter les décrets mais il ne dispose d'aucun pouvoir exécutif. Toute la tribu de Lévi fut en effet tenue à l'écart du commandement commun.

Les ministres du culte « tout en étant interprètes des lois, n'étaient qualifiés cependant ni pour juger les citoyens, ni pour excommunier qui que ce fût ; ce droit n'appartenait qu'aux juges et aux chefs élus dans le peuple » (p. 304). Spinoza fait remarquer qu'alors il n'y eut « point du tout de sectes religieuses[1] ». Ce n'est que tardivement que le Grand Prêtre, avant même la construction du second Temple, commença à jouer un rôle politique bien plus important que durant la période précédente, en joignant au pontificat les droits du prince, au point de remplir la fonction de chef de la nation juive.

- Le pouvoir judiciaire : Dieu était leur juge suprême[2].
- Après la conquête de Canaan, la terre fut divisée en douze lots égaux répartis par tirage au sort, processus présidé par douze chefs élus, un de chaque tribu (p. 285).
- Un service militaire à partir de l'âge de 20 ans était obligatoire pour tous. Une armée du peuple était ainsi formée et on « jurait fidélité non à son commandant en chef ni au grand Pontife, mais à la Religion, c'est-à-dire à Dieu », le « Dieu des armées ». Or, une armée de citoyens contrairement à des mercenaires qui se plient sans réserve aux volontés du prince, se laisse difficilement utiliser comme instrument de répression du peuple (p. 290). Les troupes des Hébreux combattaient pour la gloire non des chefs, mais de Dieu.
- Josué, premier parmi les chefs des tribus, n'était qu'administrateur de l'État et chef militaire (p. 286).
- Une vigilance à l'égard des faux prophètes visait à maintenir la stabilité de l'institution (p. 291).
- Enfin, « le prince ne surpassait pas les autres par la noblesse ni le droit du sang, mais c'est seulement en raison de son âge et de sa vertu que l'administration lui incombait ».

....

1. Il pense bien entendu à la multiplication des sectes qui s'entre-déchirent en Hollande à son époque.
2. *Cf. Exode* 18, 16-23 et *Deutéronome* 1, 9-18 ; 16, 18-20.

- Enfin les mêmes hommes remplissant leurs devoirs tant militaires que civils, « nul ne pouvait désirer la guerre pour la guerre, mais pour la paix et la liberté », et, « peut-être, dit malicieusement Spinoza, le chef, pour ne pas être obligé de s'adresser au Pontife », c'est-à-dire au pouvoir religieux, « et d'abaisser sa dignité devant lui, s'abstenait-il, autant qu'il le pouvait, de changer l'ordre établi » et « d'outrepasser les justes limites » (p. 292).

Les pouvoirs étaient donc clairement séparés et répartis. Ainsi, la théocratie qui caractérisait l'organisation tribale de la société était-elle loin d'être totalitaire ; elle rendait même superflue l'émergence d'une puissance souveraine centrale.

JOSUÉ, ORGANISATEUR TERRITORIAL ET TRIBAL D'ISRAËL

« La tradition attribue à Josué l'organisation territoriale et tribale d'Israël. Après la conquête, Josué fait donc établir un cadastre et opère le partage des sols entre les tribus » (*Josué* XVIII, 4-9). La tribu sacerdotale de Lévi ne reçoit point de terre, elle vivra des dîmes prélevées sur les récoltes pour le service de Dieu. Les chefs du peuple, réunis par Josué à Sichem, ratifient le pacte fondamental qui doit régir désormais l'existence des Hébreux sur leur terre. (Josué XXIV). **Le système politique est celui d'une fédération de tribus gouvernées par des magistrats élus, les Anciens d'Israël, et par des assemblées populaires. L'administration est pourvue par élections** : « Tu éliras des juges et des prévôts en toutes tes portes » (*Deutéronome* 16, 18). « En temps de guerre, les tribus élisent un juge pour conduire les armées, le renvoyant à la charrue après les opérations militaires » (*Encyclopedia Universalis*).

6.4 Les facteurs qui contenaient et soudaient le peuple en une communauté

Ce qui reliait les citoyens à la patrie étant un lien sacré, enraciné dans l'alliance avec Dieu, avait dû, dit Spinoza, faire naître dans leur âme « un amour rendant presque impossible que l'idée leur vînt de trahir la patrie ou de faire défection » (p. 292). **Plutôt la mort que la domination de l'étranger !** Se considérant comme fils de Dieu, abhorrant les autres nations qui ne l'adoraient pas[1], il n'y avait « rien de plus horrible pour eux que de jurer fidélité à un étranger et de lui promettre obéissance ; nul opprobre plus grand que de trahir leur patrie, c'est-à-dire le royaume même de Dieu qu'ils adoraient… À part la terre sainte de la patrie, le reste du monde leur semblait impur et profane » (p. 292). Le lien communautaire que créait cette piété, si opposée aux cultes voisins, était tel que nul ne pouvait être condamné à l'exil. Ce clivage engendrait une haine réciproque entre Israël et les autres nations, facteur, on le sait, de renforcement du sentiment d'appartenance à une communauté. Spinoza attribue

1. De fait, les prophètes d'Israël n'ont eu de cesse de poursuivre les fils de leur peuple qui se mettaient à adorer les idoles de ces peuples qui pratiquaient la prostitution sacrée. Le culte de Baal, divinité majeure de Phénicie et de Canaan, était en particulier visé, présent dans les royaumes tant du Nord que du Sud.

même à ce peuple une haine plutôt unilatérale de l'ennemi, mais n'est-ce pas ce que toutes les nations ont fait, en réalité dans l'histoire[1] ? Cela ne concerne d'ailleurs que les rapports interétatiques, politiques, les rapports de force entre puissances et l'État des Hébreux ont été à plusieurs reprises complètement laminés par les grandes puissances voisines : Égypte, Mésopotamie pour mourir finalement sous la riposte des Romains à leurs dernières insurrections. Ce n'est d'ailleurs pas sans difficulté que les Romains eux-mêmes purent venir à bout de cet État[2]. « Jamais, tant que la Ville fut debout, ils ne purent se plier à une domination étrangère, aussi Jérusalem était-elle appelée la cité rebelle » (p. 293).

6.5 Des tribus confédérées comme les États confédérés de Hollande

Au chapitre XVII, Spinoza précise que, bien entendu, personne ne peut plus prendre l'État des Hébreux pour modèle, qu'une telle idée serait déraisonnable, que la théocratie est un régime révolu. Il a même prouvé en quelque sorte que c'est le pouvoir religieux lui-même qui s'est avéré mortel pour la théocratie elle-même… « Il n'en est pas moins vrai, dit-il cependant, que, si une telle forme d'État ne peut être imitée en tout, encore comprend-elle beaucoup de dispositions très dignes de remarque et qu'on aurait peut-être grande raison d'imiter » (p. 303). **Contrastant avec le pouvoir absolu propre au régime monarchique, la théocratie des Hébreux semble reposer en effet sur la séparation des pouvoirs, exerçant sur les âmes « une action modératrice »** et expliquant que « l'une des grandes causes des crimes que commettent les princes ait été supprimée » (p. 289). C'est que **Moïse « élut des administrateurs non des dominateurs de l'État »** (p. 286). Il ne donna à personne les fonctions de celui qui occupe le pouvoir souverain que lui-même avait exercé : établir des lois et les abroger, décider de la guerre et de la paix, élire les administrateurs tant du temple que de la cité (p. 286 et 304). S'il y avait eu besoin d'un Chef suprême comme le fut Josué au temps de la conquête pour combattre un ennemi commun, alors que nul n'avait encore de demeure fixe et que tout appartenait à tous, ce besoin disparut dès lors que la terre fut répartie de façon équitable entre tous. La division équitable des parts d'une chose

……………

1. « Vous poursuivrez vos ennemis, et ils tomberont devant vous par l'épée » dit le *Lévitique* (26,7) mais les *Proverbes* (24,17) : « Ne te réjouis pas de la chute de ton ennemi, et que ton cœur ne soit pas dans l'allégresse quand il chancelle. » Et, en *Exode* 23, 4-5 ; « Si tu rencontres le bœuf de ton ennemi ou son âne égaré, tu le lui ramèneras. Si tu vois l'âne de ton ennemi succombant sous sa charge, et que tu hésites à le décharger, tu l'aideras à le décharger », etc. **Tout dépend du statut politique ou privé de l'ennemi : collectif (*hostis*) ou privé (*inimicus*).**

2. L'agitation anti-romaine était en fait endémique : en moins d'un siècle, il n'y eut pas moins de 26 soulèvements des Juifs contre l'occupant romain, tous suivis d'une répression atroce. Au tournant de l'ère chrétienne, on compte des milliers de crucifiés – 2 000 lors de la seule répression de la révolte de Simon, fils de Juda le Galiléen qui avait lui-même fomenté une révolte suivie de la proclamation d'une république juive, rapporte l'historien juif du Ier siècle apr. J.-C. Flavius Josèphe (37-100 apr. J.-C) dans son ouvrage sur *La Guerre des Juifs contre les Romains*. L'insurrection de 66 déboucha sur l'incendie du Temple en 70. Après la répression, s'était opérée une certaine reconstruction mais une nouvelle révolte éclate en 132 sous la conduite de Bar Kokhba, écrasée en 135. Jérusalem est rasée et sur ses ruines est édifié une cité dédiée à Jupiter Capitolin…

commune assure à chacun la maîtrise de sa part personnelle, les autres renonçant au droit qu'ils avaient sur elle lors de l'indivision.

« À dater de ce partage, les hommes de tribus distinctes durent être réputés confédérés plutôt que citoyens » (p. 287). Ils avaient en fait un double statut :

- **ils étaient concitoyens dans le « Royaume de Dieu », faisant tous allégeance à Dieu** ;
- **ils appartenaient à des tribus qui étaient, elles, confédérées**[1] : unités distinctes les unes des autres, elles associaient leurs individualités particulières pour former un individu supérieur « **presque de la même façon**, dit Spinoza (le temple commun à part) **que les États confédérés de Hollande** » qu'il qualifie de « Hautes Puissances », ce qui est laudatif : des individualités libres associées ont plus de puissance que si elles étaient subordonnées à un monarque commun, prêt à tous les abus de par son statut.

6.6 Les causes du déclin et du passage à la monarchie

Spinoza en vient à se dire que toutes les tribus seraient restées bien plus étroitement unies si toutes avaient eu un droit égal d'administrer les choses sacrées. Mais, au lieu de conférer ce droit aux premiers nés devenus impurs par l'inconduite du peuple au pied su Sinaï, Moïse le transféra à la seule tribu des Lévi[2], celle de son frère Aaron qui ne s'était pas compromis dans l'adoration du veau d'or. **Garante de l'interprétation vraie des lois, la tribu des Lévi fut séparée des autres tribus qui formaient la confédération, devenant ainsi comparable à une caste.** Parmi le peuple, certains « furent indisposés par l'élection des Lévites et saisirent cette occasion de croire que Moïse avait établi toutes ces institutions non par le commandement de Dieu, mais selon son bon plaisir ; il avait en effet choisi sa propre tribu et donné pour l'éternité le pontificat à son frère ; dans leur excitation, ils l'assaillirent en tumulte, criant que tous étaient également saints et que sa propre élévation au-dessus de tous était contraire au droit » (XVII, p. 297). **Moïse avait mis à mal le principe de l'égalité tribale** en réservant à sa tribu la gestion de tout ce qui touchait à la religion.

En insistant sur les effets négatifs de la spécialisation des lévites, **Spinoza pointe du doigt les dangers inhérents à la constitution d'un parti de prêtres, véritable État**

....

1. *Cf.* p. 269 où Spinoza relie l'idée de confédération bien sûr à celle de non-agression entre ses membres mais surtout à celle de mutuelle assistance en cas de besoin, d'agression extérieure par exemple. Là encore, il faut penser à la guerre menée par l'Espagne contre la révolte d'une partie des provinces des Pays-Bas espagnols.

2. Lévi était le troisième fils de Jacob. Moïse et son frère Aaron appartenaient à la tribu de Levi. Chargés du service divin, les lévites ne reçurent aucune terre en partage, les dîmes versées par le peuple pourvoyant à leur entretien L'ensemble de ces privilèges était transmissible par succession héréditaire. C'est en ce sens que les Hébreux perdirent le droit d'élire le successeur de Moïse. Toutefois, quarante-huit villes, dont six étaient dites de refuge et servaient d'asile pour les meurtriers involontaires, leur furent attribuées. Pendant la traversée du désert, ce sont les lévites qui portaient l'arche de l'Alliance et, en terre d'Israël, jusqu'à la construction du temple à Jérusalem, ils officiaient dans divers sanctuaires.

dans l'État, qui provoque des luttes intestines et des dissensions et qui affaiblit le pouvoir politique. C'est en effet la révolte du peuple contre les privilèges des Lévites qui eut pour conséquence la concentration des pouvoirs entre les mains d'un monarque. Le désordre et la désobéissance s'étant installée, les Hébreux rompirent le droit divin et voulurent avoir des rois mortels, que le siège de l'État cesse d'être le Temple mais soit une cour royale, et que tous ne soient plus soumis au pouvoir religieux mais ne soient concitoyens qu'en tant que sujets du même roi. Mais ce changement eut des effets délétères : de nouvelles séditions entraînèrent à la fin la ruine complète de l'État (p. 298). Spinoza fait évidemment un raccourci historique considérable...

L'exemple de la dégénérescence de l'État des Hébreux permet à Spinoza de montrer qu'il faut se garder de conférer à des hommes un pouvoir échappant au pouvoir temporel, même et peut-être surtout s'il s'agit d'un pouvoir spirituel, d'un pouvoir sur les âmes. Dans la théocratie hébraïque telle qu'elle aurait dû être si on n'avait conféré un pouvoir aux lévites, les prêtres n'auraient dû avoir aucun pouvoir. Dès lors que les prêtres usurpèrent le pouvoir politique, les sectes se mirent à se multiplier, chacun voulant imposer aux autres son interprétation des décrets divins.

Si l'État des Hébreux a disparu, cela tient, selon Spinoza, à l'instauration de la monarchie, à l'intervention des prophètes[1] mais surtout à cette institution des Lévites. **Le parallèle est bien sûr à faire avec la situation contemporaine des Provinces-Unies** : même de droit divin, donc prétendument instauré par Dieu, un État est toujours menacé par les rois et les hommes d'Église. **L'allusion aux ambitions monarchistes de la maison d'Orange et aux prédicateurs est claire.** Le régime monarchique a besoin de la guerre, d'ailleurs moyen, outre d'asseoir la grandeur des rois, de détourner le mécontentement du peuple réduit à la passivité.

7 Plaidoyer pour la liberté de penser et de philosopher

Spinoza postule la possibilité d'un autodépassement de l'ordre passionnel. Pour atteindre le sommet de ce qu'un homme peut être, il faut que la raison règle les passions. Elle le fait notamment par l'utilisation judicieuse d'autres passions que celles qui, à l'état de nature, empêchent les individus de faire communauté. Parmi les passions que l'État peut instrumentaliser, utiliser à son profit, on compte évidemment la passion religieuse ; mais il s'agit d'une arme à double tranchant car le personnel ecclésiastique nécessaire

1. Le discours de Spinoza sur les prophètes est sujet à caution sur le plan de l'histoire. Son propos est changeant mais la plupart du temps dépréciatif parce que, comme le dit Henry Méchoulan, il plaque sur eux l'image des prédicants des Provinces-Unies (*Spinoza démasqué*, Cerf, 2022, p. 159 et plus largement le chapitre : Spinoza et les prophètes, p. 151 à 186) Pour la tradition juive, les prophètes continuèrent l'œuvre de Moïse et furent ses fidèles interprètes. Pendant la monarchie, ils avaient la fonction de rappeler aux rois la Loi. Les prophètes sont souvent en conflit avec les rois de leur époque à propos de diverses questions en lien avec le pouvoir. Le roi David reçoit un oracle de condamnation de la part du prophète Nathan, parce qu'il a tué Urie le Hittite et pris sa femme (2 S 12,1-12). Le roi Salomon est condamné par Ahiyya de Silo pour idolâtrie (1 R 11,29-33).

au fonctionnement des institutions religieuses, dès qu'il n'est plus tenu en main, a vite fait de s'autonomiser ou de se mettre au service d'un autre. Il faut donc que, dans un État moderne où l'équilibre des passions ne peut plus venir d'une solution théocratique, que le Souverain garde le contrôle des ecclésiastiques et non l'inverse. Il montre que, **paradoxalement, la sauvegarde de la liberté justifie certaines contraintes, lesquelles engendrent une dynamique positive, pacifiante, permettant à la liberté de se déployer tant qu'elle n'attente pas au pouvoir régulateur qui la rend possible**. Le livre conclut une nouvelle fois sur le rappel de la nécessité d'accorder la liberté de philosopher. Non seulement un État bien institué n'a rien à en craindre, mais en la garantissant – parce qu'elle correspond au droit réel –, il affirme sa véritable puissance.

La théorie contractualiste à laquelle souscrit Spinoza invite donc les autorités à préserver « certaines initiatives qui ne pourraient être retirées aux sujets sans grands dangers pour l'État » et en premier lieu : la liberté de penser et d'exprimer sa pensée. **La liberté de pensée, d'expression et de religion est un droit absolument non négociable**. De quelque type que soit l'État, il se doit de préserver et de développer ces libertés car elles vont de pair avec sa sécurité et sa prospérité. Elles sont non seulement le droit de chacun mais la condition de la paix au sein de la société. Si les communautés religieuses se permettent d'excommunier ceux qui ne pensent pas conformément à ce que les dogmes prescrivent, l'État ne doit pas faire de même. « L'exercice du pouvoir ne va pas sans la pire violence dans un État où l'on tient pour crimes les opinions qui sont du droit de l'individu auquel personne ne peut renoncer ; et même, dans un État de cette sorte, c'est la furieuse passion populaire qui commande habituellement. Pilate, par complaisance pour la colère des Pharisiens, fit crucifier le Christ qu'il savait innocent » (p. 307).

Les lois concernant les opinions menacent les hommes de caractère indépendant : elles ne peuvent que priver la communauté d'hommes libres et « ceux qui jugent saines les opinions condamnées ne peuvent obéir à ces lois », ce qui ne peut que compromettre la paix civile. « Combien de schismes sont nés dans l'Église surtout de ce que les magistrats ont voulu mettre fin par des lois aux controverses des docteurs ! » (p. 333). Le problème fondamental est, finalement, celui de la liberté de philosopher, de savoir dans quelle mesure cette liberté doit être protégée dans une libre république, pour autant que l'autorité et la sécurité de l'État le permettent. Spinoza annonçait d'ailleurs d'emblée dans le sous-titre de l'ouvrage que son but était d'y faire voir « que la liberté de philosopher non seulement peut être accordée sans danger pour la piété et la paix de l'État, mais même qu'on ne peut la détruire sans détruire en même temps la paix de l'État et la piété elle-même ».

Dans le dernier chapitre, Spinoza montre que dans une libre république, il est permis à chacun de penser ce qu'il veut et de dire ce qu'il pense. La liberté de parole prend la place de la prophétie en tant que force politique apte à exercer un contrôle et une résistance réelle bien que non établis sur le plan juridique qui s'opposent au risque de tyrannie. L'objectif de Spinoza y est de déterminer pour la Hollande de son temps où la révélation prophétique a perdu sa fonction politique, une démarche démocratique aussi efficace que l'était la prophétie dans la république hébraïque. Spinoza la situe dans la défense acharnée de la liberté de chacun de penser ce qu'il veut et de dire ce qu'il pense, meilleur moyen de contrer les menaces d'un pouvoir tyrannique. « Plus on prendra de soin pour ravir aux hommes la liberté de parole, plus obstinément ils résisteront », du moins « les âmes fières », « les hommes de caractère indépendant », « ceux à qui une bonne éducation, la pureté des mœurs et la vertu donnent un peu de liberté » (p. 332). « Quelle pire condition concevoir pour l'État que celle des hommes de vie droite, parce qu'ils ont des opinions dissidentes et ne savent pas dissimuler, sont envoyés en exil comme des malfaiteurs ? » (p. 333).

La liberté comme pratique nécessaire et immanente à la société définit les limites du pouvoir de l'intérieur. User de sa propre liberté en commun dans la vie publique comme dans la vie religieuse est le véritable et unique moyen d'obéir à Dieu. **L'autorité politique, sous peine de se nier elle-même, ne peut accorder sa consécration qu'aux religions qui prêchent l'obéissance civile mais il faut respecter la liberté individuelle si l'on veut sauvegarder l'ordre public lui-même**.

La sécurité n'a de sens que si elle est le corollaire de la liberté politique. L'obéissance aux lois, à l'autorité légitime permet aux individus de réaliser leur être dans la paix et la concorde, de constituer une communauté où la puissance effective de chacun se trouve accrue par la sécurité conquise. La sécurité est d'autant mieux assurée que les individus sont plus libres et qu'ils sont mus par un désir de coopérer, comprenant que le consentement à une certaine discipline est la condition d'une liberté véritable, celle où chaque individu comprend qu'il a intérêt à ce que ses semblables le soient aussi. La meilleure sécurité est donc fondée sur le devenir raisonnable des individus, ce à quoi ne peut que contribuer l'échange des pensées et des opinions, lesquelles n'ont pas besoin de s'aligner sur celles du souverain à condition de n'être pas séditieuses, de ne pas compromettre ce qui cimente le corps social : l'obéissance aux lois prescrites.

Conclusion

Le *Traité théologico-politique* est un des plaidoyers les plus éloquents en faveur d'un État démocratique séculier dans l'histoire de la pensée politique classique. Il en montre les conditions de possibilité : l'alliance du refus de tout esclavage, de toute servitude, oppression ou domination tant intérieure qu'étrangère et des instruments juridiques appartenant aux autorités de l'État que les individus doivent respecter. Le peuple est à la fois *vulgus* et *multitudo*, masse d'ignorants pleins de crainte et crédules sur lesquels on ne peut pas compter mais auxquels on ne peut renoncer car ils sont la source immanente de toute souveraineté. On peut donc s'étonner au premier abord que la préférence de Spinoza aille à la démocratie[1]. C'est que **« l'état démocratique est celui qui se rapproche le plus de l'état naturel ». Sa force vient de l'accord des individus, lequel est d'autant plus profond que les individus, par le développement de**

1. Dans le *Traité politique*, il rappelle que les aristocraties, loin d'être naturelles, sont un effet de l'histoire. Elles dérivent de la guerre, des armes maniées au péril de la vie pour former un État. La réduction de la noblesse à un petit nombre de clans qui se déchirent explique sa dégénérescence en monarchies absolues (*Traité politique*, VIII).

la raison, comprennent la nécessité des lois et apprennent à les comprendre comme l'expression de pensées vraies augmentant la puissance de leur liberté au lieu de les subir comme des contraintes insupportables et attentatoires à cette liberté. La démocratie est aussi le plus souple des régimes. Il ne requiert pas l'unanimité, sachant celle-ci impossible du fait de la diversité des hommes et de leurs complexions. Il repose simplement sur la convention de donner force de décret à l'avis qui rallierait le plus grand nombre de suffrages, à charge d'abroger les décisions prises sitôt qu'une meilleure décision paraîtrait pouvoir être prise (p. 334).

La grande diversité de natures des individus et le fait que les philosophes soient en petit nombre imposent que la meilleure société soit adaptée à la nature de la majorité des hommes, ce qui requiert que le contrat social préserve l'intérêt personnel de chacun car il serait insensé de croire à une multitude devenue par le seul décret de la raison une communauté de sages. Qu'est-ce que la civilisation sinon la multitude élevée à la concorde qui est la paix véritable ? **L'État existe pour l'individu, mais c'est pour l'individu qu'il subordonne l'individualité à la puissance commune**, permettant ainsi un pluralisme régulé par la raison instruite des passions qui couvent toujours sous la surface apparemment apaisée des choses. Une saine république ne peut que donner hospitalité à la philosophie parce qu'elle est, pour Spinoza, non seulement la sauvegarde la plus puissante de la conservation de l'individu par lui-même mais aussi le vigile d'une paix soucieuse de ne pas étouffer la liberté des hommes. Toutefois, si les sages sont illuminés par la raison et la loi naturelle, dans la cité, les insensés ne peuvent être disciplinés que par une pédagogie religieuse, sorte de philosophie figurative, narrative. C'est pourquoi la réflexion sur la place de la religion s'avère complémentaire de la réflexion politique comme le titre de l'ouvrage en suggère l'articulation nécessaire car il y va de la liberté des hommes et de l'honneur de la raison.

BIBLIOGRAPHIE

Domenico Collacciani, Blanche Gramusset-Piquois et Francesco Toto, *Lectures du* Traité théologico-politique : philosophie, religion, pouvoir, L'Harmattan, 2021.

Jean-Claude Fraisse, *L'œuvre de Spinoza,* Vrin, 1978.

Guy Laforest et Philippe de Lara (dir.), *Charles Taylor et l'interprétation de l'identité moderne,* Cerf, 1998.

Alexandre Matheron, *Individu et communauté chez Spinoza,* Les Éditions de Minuit, 1969.

Alexandre Matheron, *Le Christ et le salut des ignorants,* Aubier Montaigne, 1971.

Henry Mechoulan, *Spinoza démasqué,* Cerf, 2022.

Pierre-François Moreau, *Spinoza et le spinozisme,* PUF, 2003.

Lucien Mugnier-Pollet, *La philosophie politique de Spinoza,* Vrin, 1976.

Steven Nadler, *Spinoza,* Bayard, 2003.

Léo Strauss, *La critique de la religion chez Spinoza ou les fondements de la science spinoziste de la Bible,* Cerf, 1996.

Léo Strauss, *Le Testament de Spinoza,* Cerf, 1991.

Sylvain Zac *Essais spinozistes,* Vrin, 1985.

Sylvain Zac, *Philosophie, théologie, politique dans l'œuvre de Spinoza,* Vrin, 1979.

PARTIE 3
EDITH WHARTON, *LE TEMPS DE L'INNOCENCE*

SOMMAIRE

Rédaction Marie Bermon

CHAPITRE 1
L'auteur

La vie et l'œuvre de Wharton

Enfance dans la « petite société » new-yorkaise

Edith Newbold Jones naît en 1862 près de la Cinquième Avenue et de la prestigieuse Madison Square, dans une famille de bourgeois qui appartenait à la haute société new-yorkaise. Ses parents, Lucretia Stevens Rhinelander et George Frederic Jones, descendent de colons (marchands, banquiers, avocats) anglais et hollandais. L'écrivaine grandit dans une société new-yorkaise bousculée par la guerre de Sécession (1861-1865) et en proie à de fortes mutations. En effet, la Grande Dépression qui s'abat sur le pays en 1873 laisse place à un boom économique qui change le paysage new-yorkais. Ainsi, dans les années 1880, les vieilles familles traditionnelles sont mises à l'écart par les industriels et les spéculateurs de Wall Street, qui détiennent les richesses, mutation que les personnages du roman perçoivent comme un danger.

Elle passe toutefois une partie de son enfance en Europe, à Paris d'abord, puis à Bad Wildbad en Allemagne et à Florence. Sa famille ne retourne à New York qu'en 1874. Très tôt elle fait preuve d'une intelligence et d'une imagination exceptionnelles. Adolescente, elle écrit des poèmes et une nouvelle, *Fast and Loose*, achevée en 1877. Elle publie à compte d'auteur un recueil de poèmes, Verses, en 1878. Plusieurs de ses poèmes paraissent dans l'Atlantic Monthly à partir de 1880.

À 23 ans, elle épouse Edward (Teddy) Robin Wharton, issu du même milieu qu'elle mais de douze ans son aîné. Ils ne partagent aucun intérêt intellectuel et artistique et finissent par divorcer en 1913, après de nombreuses infidélités de Teddy, dont la santé mentale décline.

En 1890, sa première nouvelle, *Mrs Manstey's View*, paraît dans le *Scribner's Magazine* où elle publiera régulièrement.

En 1907, elle s'installe à Paris. Au fil des années, elle fréquente des écrivains français comme Paul Bourget qu'elle avait déjà rencontré aux États-Unis en 1893 et qui l'introduit dans la haute société parisienne, Jacques-Émile Blanche, Anna de Noailles, André Gide et Jean Cocteau. Elle devient l'amie de Marie-Laure de Noailles.

Parmi ses œuvres – elle a beaucoup écrit –, il faut retenir trois romans majeurs qui composent une trilogie de la condition féminine dans la société américaine de la fin du XIXe siècle : *Chez les heureux du monde* (1905), *Les Beaux Mariages* (1913), *L'Âge de l'innocence* (1920) et, outre des nouvelles remarquables, *Etha Frome* souvent considéré comme son chef-d'œuvre.

Pendant la Première Guerre mondiale, elle fonde les *American Hostels for Refugees,* collecte des dons et visite les hôpitaux du front. Les récits de ses visites sont publiés dans un recueil intitulé : *La France en Guerre* (*Fighting France: From Dunkerque to Belfort* en 1915.

En 1920, paraît *Le Temps de l'innocence* (*The Age of Innocence).* En 1923, elle est la première femme à être faite *Docteur honoris causa* de l'Université Yale.

En 1934, elle publie son autobiographie, *A Backward Glance.* Le 11 août, elle succombe à une crise cardiaque. Ses funérailles sont célébrées à l'église de La Trinité de Paris.

Edith Wharton repose au cimetière des Gonards à Versailles.

La genèse du roman : la résurgence d'un passé lointain au lendemain de la Première Guerre mondiale

Wharton commence la rédaction de *The Age of Innocence* à l'été 1919 et l'achève peu de temps après, en mars 1920 environ. On est alors au lendemain de la Première Guerre mondiale. Pour participer à l'effort de guerre, Wharton a fondé à Paris les *American Hostels for Refugees,* asiles pour réfugiés de guerre, action qui lui a valu d'être nommée Chevalier de la Légion d'Honneur en 1916. Elle a également fait plusieurs expéditions sur le front pour rédiger des articles de guerre. En 1919, elle porte le deuil de plusieurs de ses amis, notamment celui d'Henry James, mort en 1916 après une attaque cérébrale. Comme elle l'explique dans son autobiographie, elle envisage alors d'écrire un roman sur « le monde de l'arrière pendant une longue guerre », roman qui sera achevé en 1921 sous le nom de *A Son at the Front/Un Fils sur le front.* Mais elle déclare devoir auparavant effectuer une parenthèse : « Pour pouvoir rédiger ce récit [*A Son at the Front*], pour pouvoir me mettre à traiter des émotions accumulées pendant ces années-là, j'avais besoin de m'éloigner complètement du présent [...]. Je m'échappai passagèrement en me replongeant dans mes souvenirs d'enfance d'une Amérique depuis longtemps disparue, et j'écrivis *Le Temps de l'innocence*[1]. »

Ainsi, le roman qui lui vaudra d'être la première femme à gagner le Prix Pulitzer en 1921 naît d'un besoin de s'échapper temporairement des événements tragiques du présent par un voyage dans le passé.

The Age of Innocence naît de la conscience du fait que le conflit mondial représente une rupture sans précédent, y compris pour les États-Unis. Ainsi, dans son autobiographie,

....

1. Edith Wharton, *Les chemins parcourus* (trad. Jean Pavans), Flammarion, 1995, p. 266.

Wharton évoque l'« abîme » qu'a ouvert la guerre entre le New York des années 1880 et le New York d'après-guerre : « La vie sociale, parmi nous comme dans le reste du monde, se poursuivait avec des changements guère perceptibles, jusqu'à ce que la guerre détruisît brusquement le vieux canevas, et que des règles jusqu'alors considérées comme inaltérables parussent tout d'un coup [...] bizarrement arbitraires. [...] Dans ma jeunesse, les Américains des États d'origine, qui dans les moments de crise donnaient encore le ton à l'esprit national, étaient les héritiers d'une vieille tradition européenne que le pays a désormais totalement rejetée. Ce rejet [...] a ouvert un abîme entre les deux époques[1]. »

Ainsi, celle qui a cinquante-sept ans à la date de publication du roman (le même âge que son protagoniste Archer à la fin du roman, lorsqu'il constate que son fils aîné, Dallas, « appart[ient] de tout son être à la nouvelle génération » (p. 299)], présente donc la rédaction de *The Age of Innocence* comme un « acte nostalgique[2] », comme le qualifie Cynthia Griffin Wolff, visant à faire revivre une dernière fois un passé lointain – qui est plus encore celui de la génération des parents de Wharton que le sien –, emporté par la violence de la guerre, avant qu'il ne soit définitivement oublié de tous. C'est pourquoi, filant la métaphore de l'archéologie, Wharton écrit dans son autobiographie : « Le monde compact de ma jeunesse a reculé dans un passé d'où le chercheur de reliques assidu ne peut le déterrer que par morceaux ; et sans doute cela vaut-il la peine dorénavant d'en ramasser et rassembler les plus petits fragments, avant que ceux qui ont connu cette structure vivante ne disparaissent comme elle[3]. »

Ainsi, pour celle qui compare ensuite « ce vieux New York, [...] englout[i] dans l'oubli » à l'Atlantide, écrire revient bien à puiser dans des souvenirs lointains pour immortaliser une société appartenant au passé. Aussi, une certaine mélancolie n'est-elle pas absente de *L'Âge de l'innocence* où le renoncement individuel fait écho aux premiers indices du déclin d'un monde voué à la disparition.

L'éveil de la conscience singulière dans sa communauté d'origine : James et Wharton

Le roman de Wharton est écrit en écho au roman d'Henry James, *The Portrait of a Lady/Portrait de femme.* James, décédé en 1916, a été un ami très cher de l'autrice ; alors qu'elle rédige *The Age of Innocence,* elle en porte le deuil. Ce roman de James était, de tous les romans qu'il avait écrits, le préféré d'Edith Wharton. La référence à James dans notre roman est prégnante à divers égards. Tout d'abord, le titre choisi par Wharton, *The Age of Innocence* – qui remplace le titre *Old New York* initialement choisi – fait référence à un tableau renommé du peintre britannique Joshua Reynolds, datant de 1785-1788 : le portrait d'une petite fille. Le titre de Wharton devient un

....

1. *Op. cit.,* p. 16-17.
2. Cynthia Griffin Wolff, *A Feast of Words, the Triumph of Edith Wharton,* NY Oxford University Press, 1977, p. 310.
3. Edith Whartonp, *Les chemins parcourus*, p. 17.

jeu de mots : en effet, la référence à ce portrait d'une petite fille que produit Reynolds fonctionne comme une réminiscence du titre *The Portrait of a Lady* du roman jamesien. De plus, le nom du personnage principal, Newland Archer, renvoie à celui de l'héroïne de James, Isabel Archer.

Le personnage de Wharton et celui de James ont des trajectoires qui au premier abord se ressemblent : si Newland Archer n'est pas le double exact d'Isabel, les deux personnages font toutefois le choix de la fidélité à un mariage insatisfaisant en résistant aux mirages d'une échappatoire. Wharton signale que son roman partage avec *The Portrait of a Lady* une même préoccupation morale : tous deux s'intéressent à la problématique du droit à la « liberté » individuelle face à « l'engagement sacré du mariage[1] ». Toutefois, la trajectoire de l'héroïne de James est un moyen pour ce dernier de mettre en œuvre **la notion d'« heureuse faute[2]** », dans la mesure où, si le mariage d'Isabel avec Gilbert Osmond s'apparente à un pacte avec le diable qui fait suite à son innocence initiale, elle expérimente, à la fin du roman, une réelle renaissance, une détermination à combattre le mal du monde, à travailler à sa rédemption.

En choisissant le renoncement et le sacrifice[3], **les personnages de Wharton mettent, eux, en évidence, un peu à la manière proustienne, l'essence même de l'amour, qui est communion entre les âmes, et la dialectique d'une aventure singulière avec la communauté et ses institutions structurantes, précisément à un moment de genèse et de perpétuation d'elle-même comme l'est un mariage**. Il y a percussion entre la sagesse ancestrale de l'institution et « l'enfant de bohème » qu'est cet intrus : l'amour inattendu qui s'impose au moment le moins opportun. Cette mise en état de crise permet à Wharton de faire le récit d'une autre genèse : celle de l'éveil à soi-même d'une conscience individuelle, celle d'Archer. Quel rapport une conscience singulière entretient-elle avec la communauté dans laquelle il est né et, plus largement, avec le collectif ? « **Quelle dialectique peut se créer entre l'individu et la société et de quelle manière le premier parvient ou non à se dégager assez de la seconde pour exister par lui-même[4]** ? » Si l'« innocence » des Américains est mise en relation avec la « décadence » des Européens, ce n'est pas par souci d'édification morale comme le montre Sarah Fosse, mais plutôt dans un souci ethnologique, l'ethnologie étant à l'époque une science naissante. L'« innocence » des Américains « tient aussi au fait que,

....

1. Cynthia Griffin Wolff, *A Feast of Words, the Triumph of Edith Wharton,* NY Oxford University Press, 1977, p. 310.
2. La notion d'« heureuse faute » (*felix culpa*) provient d'un hymne de Saint-Augustin, l'Exultet. Le passage de ce chant qui y fait référence, « *O felix culpa, quae talem ac tantum meruit habere redemptorem !* », qu'on peut traduire par : « Ô heureuse faute qui nous a mérité un tel et un si grand Rédempteur ! », renvoie à l'ambiguïté du péché originel, promesse du bonheur de la rédemption.
3. Wharton a aussi été inspirée par Mme de La Fayette comme elle le dit elle-même « La fiction moderne commença réellement quand l'"action" de la nouvelle fut transférée de la rue à l'âme ; et cette marche a probablement été gravie pour la première fois quand Madame de La Fayette, au XVIIe siècle, écrivit une petite histoire appelée *La Princesse de Clèves*, une histoire où un amour sans espoir et un renoncement muet dans lequel la majestueuse teneur des vies dépeintes est à peine froissé par les exultations et les agonies qui se succèdent sous la surface » cité par Anne Ullmo, *op. cit.*, p.107.
4. Sarah Fosse, préface à *L'Âge de l'innocence,* Les Belles Lettres, 2019, p. 16.

dans cette société neuve, juvénile, presque primitive, que l'auteur se plaît à rapprocher à plusieurs reprises de ces formes d'organisation tribale archaïque où le collectif – et son intérêt – l'emporte sur l'individu, celui-ci n'existe encore pour ainsi dire qu'à l'état d'ébauche et n'a pas pleinement fini d'émerger. Ainsi, on peut lire nombre des œuvres de Wharton comme des romans de la conscience individuelle naissante, confrontée aux exigences de la collectivité (famille, groupe, société) et de la mise en scène implacable des mécanismes par lesquels la loi du clan étouffe, avec une efficacité redoutable, toute tentative d'émancipation de la part du sujet » (*ibid,* p. 16). Mais, si Edith Wharton est lucide sur la dimension profondément aliénante du milieu social qu'elle décrit, elle est tout aussi lucide sur la difficulté qu'a l'homme à s'en extraire et sur la nécessité qui lui est faite de composer avec. Contrairement à ce que veut croire Archer, l'amour ne saurait se vivre en dehors de la société. Le rêve d'un pays lointain où s'enfuir est illusoire. L'« "île déserte" des amants n'est qu'une chimère romanesque que Madame Olenska se refuse à embrasser, elle à qui la Gorgone a ouvert les yeux à jamais » (*ibid.*, p. 17).

CHAPITRE 2
Analyse de l'œuvre

SOMMAIRE

1 Résumé de *L'Âge de l'innocence*

Le roman débute par la relation du projet de construction d'un nouvel Opéra à New York capable de rivaliser avec ceux des grandes capitales européennes et la réaction des différents publics des années 1870 à ce projet. Le monde élégant, c'est-à-dire l'aristocratie et la haute bourgeoisie avec ses principes rigides, ses immuables conventions et son étouffante atmosphère de caste aimait encore se rassembler dans les loges rouge et or de la vieille Académie, à l'écart des « nouveaux riches » qui commençaient à modifier le paysage social du vieux New York. Le cadre du roman est donc d'emblée celui de la représentation et de la mutation. C'est dans les loges de l'Opéra que nous rencontrons pour la première fois les personnages d'Archer et de May, promis l'un à l'autre par des fiançailles dûment approuvées en conseil de famille, et celui d'Ellen Olenska, cousine de May qui arrivait d'Europe. Or, dans ce monde policé, il y a des choses qui ne se font pas : les Mingott, famille à laquelle appartiennent les deux jeunes femmes, choquent Archer lui-même, produit de ce vieux monde raffiné jusqu'à l'excès. Comment ont-ils pu oser afficher en public Ellen Olenska, une femme qui franchit seule l'Océan après avoir déserté le domicile conjugal et sur laquelle le bruit courait déjà qu'elle aurait été aidée dans sa fuite par le secrétaire d'Olenski, le comte polonais qu'elle avait épousé ? L'exhiber dans leur loge, à côté de May, devant le gratin de la ville ? **D'emblée, la comtesse Olenska est la figure subversive de l'étrangère, introduite inopinément dans la communauté familiale, volant la vedette à l'événement du jour, l'annonce publique des fiançailles**.

Newland Archer a été formé dans ce milieu. Il est un produit de ce vieux monde dont le style châtié et les codes compassés sont déjà décalés par rapport à la modernité naissante. Il est sur le point d'épouser May Welland, jolie jeune fille qui a été élevée selon les meilleures traditions des familles riches de New York, incarnation « de tout ce à quoi il avait cru et qu'il avait révéré », type même de l'idéal féminin de cette société : pure, innocente, d'une politesse sans faille. Cela le remplit de fierté et de contentement lorsque fait irruption dans sa vie cette cousine de May, Ellen Olenska dont le naturel vient déstabiliser les évidences acquises. Newland Archer voit remise en question son échelle des valeurs par l'effet de distanciation que crée le contraste entre le comportement spontané d'Ellen qui n'a pas été élevée dans le même moule et celui d'êtres soumis à un vigoureux conditionnement social. Flotte autour d'elle une aura de sensualité et un parfum de scandale : aidée par son secrétaire, elle a fui dit-on son mari, ce qui nourrit à son propos les fantasmes douteux de la petite société puritaine où elle vient de mettre les pieds. Si, dans un premier temps, elle cherche à s'intégrer avec la meilleure volonté du monde à la communauté qui l'accueille (chap. IX), l'éducation non conventionnelle reçue de la tante Medora qui l'a recueillie – à l'âge de six ans Ellen s'était retrouvée orpheline – l'a rendue peu soucieuse des distinctions sociales, de « ce qui se fait » et de « ce qui ne se fait pas » selon les prescriptions de codes qui signalent une certaine élite sociale, démarquée du vulgaire, c'est-à-dire de tout ce qui n'est pas elle. Archer prend peu à peu conscience du caractère élémentaire de ses principes et prend fait et cause pour la nouvelle venue.

Parallèlement, l'ardeur d'Archer s'impatiente : ne comprenant pas la nécessité du délai imposé par la préparation du trousseau traditionnel de l'épousée, il souhaite hâter son mariage, ce que, dans un premier temps, la mère de May refuse. Insensiblement s'établit en lui une certaine distance intérieure à l'égard de May, de « son innocence » intacte de « toute morsure de l'expérience ». Il se sent « absent » et il lui arrive que le beau visage de celle avec qui il s'est engagé lui devienne étranger. Il n'est pourtant pas sans estime et même sans tendresse amoureuse pour elle, d'autant plus que, si elle est « dans le monde » une femme superficielle et indifférente, elle peut faire preuve de maturité et de compassion, comme lorsqu'elle propose à Newland de lui redonner sa liberté au cas où il y aurait une autre femme envers laquelle l'amour l'aurait engagé. Newland l'assure qu'il n'en est rien, l'attirance fascinée pour Ellen ne s'étant pas encore à ce moment-là installée dans son être. Mais l'admiration pour la façon dont Ellen se joue des conventions, pour la liberté et l'élégante simplicité avec laquelle elle évolue au milieu de ce monde corseté ne fait que croître et lui faire remettre en question son adhésion inconditionnelle aux façons d'être et aux opinions convenues d'un milieu qui par ailleurs s'accommode de toutes les machinations et de toutes sortes d'insinuations d'autant plus fielleuses qu'elles ne sont pas verbalisées, bref d'une hypocrisie qui fait plus qu'entacher ses prétentions à la rigueur morale... L'innocence à laquelle fait ironiquement allusion le titre du roman tolère de subtiles cruautés et de sournoises médisances sans compter les mensonges... Archer voit sa conscience de cette ambivalence s'aiguiser au fur et à mesure qu'avance l'intrigue, essayant de maintenir un équilibre entre son engagement à l'égard de May et l'amour incoercible qu'il éprouve de plus en plus pour Ellen. Le mariage avec May a lieu cependant, en grande pompe, Ellen ayant refusé la proposition d'Archer d'en annuler le projet, la mère de May, peut-être déjà alertée par leur complicité, ayant décidé finalement d'en hâter la célébration. « On dirait une première à l'Opéra » pense Archer, conscient d'être en pleine représentation sur la scène extérieure du monde alors qu'intérieurement, le trouble et le vertige s'emparent de lui.

Ellen faisant partie de la famille de sa femme, Archer est amené à continuer à la rencontrer. Ébloui par cet esprit libre qui traite sa femme de chambre en égale, en lui offrant son propre manteau pour aller faire une course, ou qui fréquente des gens peu recommandables comme Julius Beaufort au risque d'entacher sa propre réputation, il relativise de plus en plus les préjugés qu'il avait intériorisés. Il en vient lui-même à transgresser le savoir-vivre habituel en la rejoignant à Skuytercliff puis à Boston, prêt même à la suivre en Europe, sans jamais se rendre compte des soupçons de l'entourage et de May elle-même. Sa complicité avec Ellen leur fait imaginer qu'ils sont amants, de même qu'Ellen est soupçonnée d'entretenir une liaison avec Beaufort. C'est que l'imagination « innocente » est généreuse… et que le poids de ses insinuations, c'est-à-dire de ses propres fantasmes est lourd…

Faisant le bilan de leur rencontre, Ellen et Archer s'aperçoivent de sa fécondité tragique : ils se sont beaucoup apporté l'un à l'autre en se soustrayant, par un malheureux concours de circonstances, par un contretemps calendaire, à la possibilité de s'appartenir. « Je suis l'homme qui a épousé une certaine femme parce qu'une autre lui a ordonné de le faire » dit Archer, évoquant la scène où Ellen le détourne de l'idée de rompre ses fiançailles pour elle qui est une femme mariée et qu'Archer a empêchée de divorcer. Ils feront le sacrifice de leur amour non sans qu'Archer ait tout tenté pour l'empêcher, conscient que c'est avec Ellen qu'il aurait pu vivre une vie de riche intimité, plus profonde et plus vraie que celle qu'il allait désormais vivre dans la bonne société de New York, avocat brillant et rangé, époux fidèle et bon père de famille répondant strictement aux normes de la respectabilité bourgeoise.

Un jour pourtant, après une fête, Newland décide de dire à May qu'il la quitte pour elle. Elle l'interrompt pour lui dire qu'elle a appris le matin qu'elle était enceinte. Elle lui révèle qu'elle a informé Ellen de sa grossesse deux semaines auparavant. Newland devine que c'est la raison pour laquelle Ellen veut rentrer en Europe. Pris au piège, il décide de ne pas la suivre, de renoncer à cette passion et de rester fidèle à un mariage où domineront la raison mais aussi le respect, le sentiment apaisé de la conjugalité digne. Peut-être la plénitude qu'il avait cru pouvoir connaître auprès d'Ellen en était-elle absente mais, s'il avait eu le sentiment d'avoir connu le sommet de l'amour avec elle, peut-être était-ce dû au fait que ces instants d'éternité avaient été, gracieusement, arrachés au cours insensible du temps. Peut-être aurait-ce pu être plus difficile de vivre dans la durée avec Ellen que ce ne le fut avec la patience, le calme, la retenue et le sang-froid de May ?

Dans l'épilogue, alors qu'une trentaine d'années se sont écoulées depuis le départ d'Ellen, nous retrouvons Newland Archer veuf. Il vit seul avec ses enfants. Il a réalisé un compromis entre la respectabilité et ses idées libérales, sans jamais se laisser étouffer par son milieu. Ces idées libérales, il les doit à Ellen qui avait ouvert ses yeux à la vie. Lors d'un voyage à Paris en compagnie de son fils, il a la possibilité de retrouver l'amour entrevu auprès d'elle dans sa jeunesse, mais il hésite au bas de l'immeuble. Qui sait ce que la vie a pu faire d'elle ? Est-il sûr de la retrouver telle qu'il l'avait connue ? Ne serait-il pas confronté à la nécessité et à la douleur d'un nouveau deuil à faire ? Soucieux de sauvegarder intacte l'effigie d'un amour dont le sacrifice avait meurtri son âme, il n'a pas le cœur de monter de peur que les retrouvailles ne scellent un peu plus le sentiment d'une perte irrévocable. C'est dans la réitération du renoncement qu'il s'éloigne, ne voulant pas effacer les traces de ce que le temps ne pouvait qu'avoir altéré.

Nous avons là comme le dit Cynthia Griffin Wolff[1] un véritable roman d'apprentissage, narrant la trajectoire intérieure d'un jeune homme qui accède à la maturité responsable – comme l'avait d'ailleurs fait pour son compte Ellen –, par l'épreuve du sacrifice d'un amour survenu au mauvais moment, de la douleur et du deuil de l'illusion qu'il y a de croire à la possibilité de vivre l'amour hors-sol, hors de l'acceptation de la finitude, loin de l'exaltation romantique qui, au temps de sa jeunesse, lui faisait préférer le rêve à la réalité, hiérarchie qu'Ellen l'avait, mûrie par sa propre expérience, contraint d'inverser pour la sauvegarde de tous. Mais c'est encore le rêve que choisit de préserver Archer à la fin, par peur du désenchantement que la confrontation avec la réalité aurait risqué de provoquer. Au constat du passage du temps devant lequel il aurait été contraint de s'incliner, il choisit de sauver les inoubliables moments d'éternité qui lui avaient fait aménager dans son cœur un sanctuaire indestructible.

Après avoir analysé le fonctionnement de la structure de base du lien humain qu'est la famille, dans un premier temps, nous passerons en revue, de façon kaléidoscopique, les personnages qui, par leur originalité individuelle, tranchent sur le conformisme de la communauté rivée à ses conventions, avant d'aborder les personnages principaux et les relations complexes qu'ils entretiennent entre eux, toujours sur fond de la communauté familiale et, plus largement, sociale même si la société décrite par Wharton est, comme le dit Winset, l'un des personnages bien individualisés, une société close et minoritaire au sein même de la ville de New York.

2 Familles de la société new-yorkaise de 1870

2.1 Une pyramide sociale

La communauté new-yorkaise que décrit Wharton dans *Le Temps de l'innocence* est composée de plusieurs familles, qui constituent chacune une sorte d'individu collectif au sens où un individu peut se définir comme une unité distincte qui ne peut être divisée sans voir disparaître son intégrité. Véritables tribus, elles ne sauraient tolérer qu'un élément étranger vienne fissurer leur rassurante homogénéité. Or, à une époque où l'Amérique est en pleine mutation, recevant des flots d'émigrants venus d'Europe et devenant le paradis des nouveaux riches, ces familles issues de la haute bourgeoisie et même, pour certaines, de la noblesse, se sentent menacées dans leurs privilèges et dans leur statut social (p. 136). Celles-ci mettent tout en œuvre pour assurer leur reproduction en vase clos et pour maintenir leurs traditions, leurs us et coutumes,

1. Cynthia Griffin Wolff, *A feast of words: the triumph of Edith Wharton.*

leurs façons d'être, leurs fêtes, leur style de vie, bref leur manière de concevoir ce qu'on peut appeler le savoir-vivre. Tout cela, ces familles l'avaient hérité de leurs ancêtres et comptaient bien le transmettre à la nouvelle génération représentée dans le roman par May et Archer sur le point de se fiancer, chargés à leur tour de le remettre aux mains de leurs enfants. On ne doutait pas de la nécessité de préserver ce qu'on considérait comme la valeur immuable de l'ensemble de ces mœurs et de ces habitudes considérées comme « allant de soi », sur lesquelles nul ne songeait à s'interroger.

Chaque famille occupe une place précise dans la hiérarchie sociale new-yorkaise. Ainsi, le narrateur décrit-il le New York de ce temps – celui des années 1870 – comme « une petite pyramide solide et glissante où aucune fissure apparente ne s'était encore produite » (p. 65). « La base [... se compose] d'une majorité de familles honorables, telles que les Spicer, les Lefferts, les Jackson », puis, plus haut dans la pyramide, siège « un bloc compact et brillant représenté par le groupe des Newland, Mingott, Chivers et Manson », tandis que le sommet, lui, est réservé aux quelques familles ayant des origines aristocratiques : les Dagonet, les Lanning et les Van der Luyden (p 65-66). Cette métaphore de la pyramide rend compte de la rigidité qui est celle de cette société : chaque famille a une place précise, qui lui est dévolue par ses origines lointaines, et elle s'ancre dans un ordre social figé. Elle dit également combien la « bonne société » de New York est fermée : cette pyramide recensant le nombre de familles respectables avec lesquelles il est honorable de s'unir, montre à quel point la reproduction s'effectue en vase clos. Ainsi, à l'intérieur de cette structure globale, les familles sont-elles liées les unes aux autres par le jeu nécessaire des alliances, ce qui fait de ce New York-là une grande communauté de gens apparentés, grand ensemble composé de sous-ensembles plus ou moins consanguins. Mr Jackson, dépositaire de « [l']autorité sur le chapitre de la "famille" » (p. 26) et connaisseur de « toutes les ramifications des cousinages de New York », conserve la mémoire de toutes ces alliances, qui font de New York une « forêt d'arbres généalogiques » (p. 27). **New York peut donc être envisagée comme un tissu social complexe, fait d'unions familiales entremêlées qui, obéissant à un instinct de conservation, travaille à sa propre reproduction en favorisant les alliances endogames**. À cet égard, le mariage de Newland et de May, union de deux familles appartenant au même « rang » de la hiérarchie sociale, est idéal.

Newland lui-même, au début du roman, exprime sa satisfaction à l'idée de réaliser une union endogame : au chapitre IV, il « remercie le ciel d'être un citoyen de New York [...] sur le point de s'allier à une jeune fille de son espèce » (p. 49). Consacrant l'union d'un membre Mingott et d'un Newland, l'alliance ne peut qu'être saluée par les membres de ces familles respectives. Ainsi, la perspective du mariage d'Archer et de May est validée par l'ensemble de la famille Mingott, constituée en authentique « conseil de famille » qui en avait dûment délibéré : « La vieille Mrs Mingott se montrait enchantée des fiançailles, qui, depuis longtemps prévues par des parents avertis, avaient été discutées en conseil de famille » (p. 46). Perce ici le poids que prend l'autorité familiale sur les décisions individuelles les plus intimes, mais, une fois cette alliance jugée désirable, se met en place une solidarité entre membres qui trouve peu de limites. Ainsi, pour la nuit de noces d'Archer et de May, « les vieilles tantes de Rhinebeck

[ont] mis leur maison à la disposition des jeunes mariés, avec [...] empressement » (p. 187) et, lorsqu'ils apprennent qu'une fuite dans le réservoir y a eu lieu, les Van der Luyden, cousins de la mère d'Archer, mettent à leur disposition leur propre maison de campagne et font « aussitôt partir une femme de chambre pour [la] préparer » (p. 189) afin d'accueillir les mariés.

2.2 La famille, lieu de transmission des traditions

La famille est le lieu par excellence de la préservation et de la transmission d'un héritage fait de traditions et de rituels comme ici les visites que doivent faire les fiancés à leurs familles respectives, rite de fiançailles immuable, « précis et inflexible ». Il s'agissait pour Newland Archer, accompagné de sa mère et de sa sœur, de rendre visite à Mrs Welland, sa future belle-mère, puis, avec sa fiancée et sa future belle-mère, de se rendre chez Mrs Manson Mingott « pour recevoir la bénédiction de l'aïeule » (p. 44). Ainsi aussi, au chapitre IX, Archer ne peut pas profiter de sa fiancée comme il le souhaite parce que « la tournée des visites de famille [est] loin d'être achevée » (p. 84). Des fiançailles doivent s'accompagner d'une visite des « deux familles dans l'ordre alphabétique » (p. 84), rituel long et lourd, qui pèse sur les individus : il faut aller « d'une porte à l'autre », se réservant de « faire les Chivers et les Dallas » le lendemain de cette laborieuse corvée... « Archer, la tournée accomplie, se sépara de sa fiancée avec le sentiment d'avoir été montré comme un captif dans un "triomphe" » (p. 84). May, produit de ce conservatisme extrême, est l'incarnation de cette détermination à transmettre à l'identique les traditions qui président à l'union des familles et contribuent à leur pérennité à travers la succession des générations, elle qui, à la fin de sa vie s'est « résignée à partir parce qu'elle était certaine que Newland continuerait à inculquer à Dallas les mêmes principes et les mêmes préjugés qui avaient façonné la vie de ses parents, et que Dallas à son tour, quand Newland la suivrait, transmettrait le dépôt sacré au petit Bill » (p. 295). **Ainsi, les familles, à New York, sont-elles du côté de l'immutabilité, se méfiant de l'originalité susceptible de venir des individus singuliers.** On comprend dès lors comment elles abhorrent ce qui s'éloigne peu ou prou du modèle qu'elles suivent, ce qui pourrait provoquer une dislocation des liens familiaux, porter atteinte à la continuation des liens filiaux ou conjugaux, ce qui fait du divorce la menace suprême susceptible d'ébranler l'institution fondatrice qu'est le mariage. Contre-exemple des obligations familiales, les filles de Mrs Mingott, « mariées à l'étranger, [...] ne revenaient jamais voir leur mère » (p. 30). Medora Manson a la tare d'être « une voyageuse » et déroge à la règle par son instabilité : elle revient plusieurs fois à New York « amenant toujours avec elle soit un nouvel époux, soit un enfant d'adoption. Puis, après un certain temps, elle se séparait toujours de son mari ou se querellait avec sa pupille » (p. 75). Cette femme, qui multiplie les mariages et les lieux de vie, est aux antipodes des valeurs que prône la bonne société new-yorkaise dont la communauté familiale d'où elle provient est exemplaire.

Aux antipodes de ce « dévergondage » on peut évoquer la stabilité impeccable du couple des Van der Luyden.

2.3 Conformisme et refus de la singularité

Ces familles tombent dans le piège du conformisme extrême et de la méfiance à l'égard de la singularité, absorbant les individus, lesquels doivent se fondre dans le tout. Or, dès lors que l'on n'agrée que l'individu qui ne dévie aucunement des principes et des traditions, la famille n'est capable de produire que des doubles. Ainsi, « en parfaite harmonie de goûts et d'intérêts », Mrs Archer et sa fille Janey, semblent d'exactes répliques l'une de l'autre : elles « se ressembl[ent] comme deux sœurs » et ont des « manières [...] exactement semblables » (p. 52). La filiation se confond ici avec la reproduction à l'identique. De même, Archer constate, lorsqu'il voit May broder, qu'elle est la copie de sa mère : « May mûrissait tranquillement, exacte reproduction de sa mère » (p. 264). **L'individualité est étouffée sous le poids du conformisme**. L'obligation implicite de répliquer le modèle familial transparaît dans la manière dont Mrs Archer et Mr Jackson supposent qu'Archer, puisqu'il va épouser un membre du clan Mingott, doit en adopter les opinions.

Il en va de même chez les Welland : « Je crains que les idées d'Ellen ne soient pas du tout les nôtres » dit Mrs Welland, la mère de May. Lorsqu'Archer prend la défense d'Olenska devant Mr Jackson et sa mère, qui soulignent combien il aurait été mal vu qu'Ellen paraisse au bal organisé par les Beaufort, Jackson l'assimile au clan Mingott : « Je suppose [...] que c'est le point de vue qu'adoptent les Mingott » dit-il ; ce à quoi Archer, se démarquant de l'unanimité supposée, répond : « Mon avis ne répond pas du leur » (p. 57). Face à la présupposition que font ses interlocuteurs, à savoir qu'il soutient sans distance le clan Mingott, Archer réaffirme son individualité et son indépendance de pensée. « Mais ne pas faire comme tout le monde, dit-il à May, c'est justement ce que je veux ! [...] Nous sommes tous aussi pareils les uns aux autres que ces poupées découpées dans une feuille de papier plié. Ne pourrions-nous pas être un peu nous-mêmes, May ? » (p. 97).

Le couple des Van der Luyden était tellement soudé que Mrs Van der Luyden ne laissait rien paraître de ce qu'elle pensait, laissant toujours « tomber la formule invariable : "Il faut que j'en parle à mon mari" ». « Le mari et la femme étaient si parfaitement semblables qu'Archer se demandait comment, après quarante ans d'intimité conjugale, ces deux êtres pouvaient se dissocier suffisamment pour être jamais d'un avis différent » (p. 69). Cette « similitude » toutefois relève moins du mimétisme critiqué ailleurs que d'une alchimie conjugale apparemment très profonde, d'autant plus profonde qu'elle ne s'étale pas dans l'apparence. Les Van der Luyden d'ailleurs sortaient peu dans « le monde » comme le regrette en soupirant Mrs Archer : « Ah ! Si seulement vous alliez plus souvent dans le monde, Louisa et vous ! » (p. 72).

Cette réticence à l'égard de l'autonomie individuelle, de ceux qui tentent de s'affranchir de l'emprise qu'exerce sur eux la communauté et qui se risquent à s'affirmer, découle d'un instinct clanique à double face : il dicte à la famille de faire bloc pour protéger ses membres des affronts qui peuvent lui être infligés en société, mais il peut se retourner insidieusement et sournoisement contre les membres qui s'affranchissent de ses diktats.

2.4 Solidarité tribale

Pour désigner la communauté familiale, le roman file la métaphore tribale : la famille Mingott est désignée alternativement comme « le clan Mingott » (p. 53, 234 et 288) ou comme une « tribu » (p. 51, 234 et 288). Cette métaphore met en évidence le caractère primitif, instinctif, presque animal, qui régit cette communauté familiale. Clanique, celle-ci se doit de faire bloc pour protéger chacun de ses membres des attaques de l'extérieur. Ainsi, Ellen Olenska elle-même, membre du clan Mingott, bénéficie au début du roman de la solidarité des autres membres, et, par ricochet, de celle de la « tribu des Archer, Newland, Van der Luyden » (p. 51). À l'Opéra, la famille Mingott fait bloc, en public, autour d'elle. Alors même que Mrs Mingott a décidé de faire fi des critiques et de faire apparaître à l'Opéra dans la loge familiale celle dont on croit qu'elle a « décampé avec le secrétaire de son mari » (p. 33), les trois représentantes du clan tiennent bon face à un public indigné : « Mrs Welland et sa belle-sœur faisaient face aux critiques de la salle avec l'aplomb que la vieille Catherine avait inculqué à toute sa tribu » (p. 31-32). **Le roman s'amorce donc sur l'annonce d'un soutien revendiqué à Ellen Olenska par sa « tribu » d'appartenance.** Plus tard, lorsque les Lovell Mingott décident de donner un dîner de cérémonie en l'honneur de Mme Olenska et que l'intégralité des invités refusent de s'y rendre du fait des scandales qu'on lui associe, la mère d'Archer, par solidarité envers son fils et sa future belle-fille, consulte les Van der Luyden, ses cousins, pour remédier à l'affront. Henry Van der Luyden, qui se rappelle que « la comtesse Olenska [...] deviendra [des leurs] par le mariage de Newland » (p. 72), explique alors qu'un affront est intolérable et que, « tant qu'une famille de notre milieu soutient un de ses membres, on doit considérer la question comme résolue » (p. 72). Il s'empresse alors d'inviter la comtesse au dîner qu'ils donneront la semaine suivante. Ainsi, la famille élargie également fait-elle front pour réparer l'affront dont est victime la nouvelle arrivée.

2.5 Ellen Olenska et l'effraction des conventions

a Le revers de la solidarité tribale

Néanmoins, le revers de la solidarité tribale est la violence primitive et concertée à l'égard des individus qui, en son sein, ne suivent pas les stricts préceptes du clan – au premier chef, Ellen Olenska. Elle représente pour le clan Mingott un danger à deux titres : d'une part, par son individualité et son indépendance qui la poussent à faire fi des conventions sociales, elle est une menace de scandale, cette menace devenant particulièrement imminente lorsqu'Ellen décide d'envisager sérieusement de divorcer d'avec son mari Olenski. D'autre part, par sa liaison supposée avec Archer[1], elle devient au fur et à mesure du récit une menace pour le mariage de May. Pour ces diverses raisons,

....

1. Qui n'est que le fantasme de ces « bien-pensants » hypocrites et soupçonneux qui projettent sur les autres ce qu'a de trouble leur mentalité.

Ellen est progressivement mise au ban du clan Mingott. Dès le début d'ailleurs, si la famille fait bloc en société pour résister à tout affront qui lui serait fait, elle fait déjà d'elle une indésirable. Ainsi, lorsque la narratrice évoque la visite rituelle que font les nouveaux fiancés aux Welland et à Mrs Mingott, il témoigne de la marginalisation qui est faite de Mme Olenska par sa famille : « à la satisfaction générale, la comtesse Olenska n'avait pas assisté à la visite des fiancés. [...] Elle épargnait aux jeunes gens l'embarras de sa présence et l'ombre légère que son malheureux passé aurait pu projeter sur leur radieux avenir » (p. 46). Dès le début, donc, Ellen dérange. L'exclusion toute symbolique encore de ce « cas particulier » se traduit par un silence méthodique – elle devient celle dont on ne parle pas. Ainsi, la narratrice remarque que, durant le trajet en voiture qui suit la visite, « personne ne [fait] allusion à Ellen Olenska », qui vient de se déshonorer en se promenant avec Julius Beaufort (p. 49). Ce silence à l'égard de la nouvelle venue, fruit d'un masque social travaillé pour dissimuler une hostilité, parcourt tout le roman[1].

b Le processus feutré d'expulsion d'Ellen

La cruauté du clan à son égard devient plus flagrante, quoique toujours silencieuse, lorsqu'Ellen envisage de divorcer d'avec le comte Olenski. Les Mingott utilisent tout ce qui est en leur pouvoir pour forcer Ellen Olenska à renoncer à son projet. Ainsi, les hommes de la famille s'emparent du « dossier », Archer étant sommé de faire pression sur Olenska et de la dissuader : « Ses oncles s'en sont occupés : la question a été examinée par la famille. Tous sont opposés au désir de la comtesse, mais elle tient ferme » (p. 108). Il s'agit bien donc d'exercer une coercition sur Olenska, ce que suppose M. Letterblair lorsqu'il dit à Archer : « les Mingott comptent sur vous, pour user de votre influence sur Mme Olenska et la détourner de ce projet » (p. 112).

La mise au ban d'Ellen Olenska s'accentue d'autant plus lorsqu'elle refuse de retourner chez son mari alors même que sa famille fait pression pour l'y résoudre. Traduisant bien le paradoxe de cette famille qui s'acharne contre l'un de ses membres tout en préservant une façade de « solidarité », la narratrice dit alors : « Chacun savait que la comtesse Olenska n'était plus dans les bonnes grâces de sa famille. [...] Les Mingott n'avaient pas formulé tout haut leur opinion : la solidarité chez eux était trop forte » (p. 241). En guise de châtiment et pour mettre à la porte insidieusement le membre indésirable, on n'hésite pas à réduire considérablement la rente d'Olenska, car « la famille a tout intérêt à ne pas voir rester ici Mme Olenska » (p. 243). L'exclusion est donc aussi financière.

....

1. On tait ce qui fait problème : « J'ai toujours pensé que tu serais avec nous » dit Mrs Mingott à Archer, après avoir décidé qu'elle resterait pour la soigner ; « Sais-tu pourquoi ? C'est qu'ils ne prononcent jamais ton nom depuis qu'ils ressassent leur antienne au sujet du retour d'Ellen chez Olenski » (p. 268). « Le non-dit fait partie intégrante des modes de communication sur lesquels s'établit l'ordre bourgeois. L'ombre de Lawrence Lefferts, prototype du mari infidèle, plane sur le roman, suscitant ironiquement la réprobation du héros. Les escapades clandestines de Beaufort servent aussi de pierre de touche au système de valeurs épousé par Archer. Quoique connues de tous, ces tromperies font l'objet d'un évitement universellement accepté, sont ignorées dans la mesure où elles ne menacent pas la cohésion sociale » (Anne Ullmo Edith Wharton, *L'art du contretemps*, Ellipses, p. 97).

De fait, Ellen apparaît comme une « victime expiatoire » de la tribu, comme le bouc émissaire [qui permet au clan d'assurer sa cohésion. Anne Ullmo[1] montre comment on peut appliquer à la trajectoire d'Ellen Olenska un schéma analysé par René Girard dans *La violence et le sacré*. Parce qu'elle fait tache dans une famille régie par un code inflexible et qu'elle menace le couple de May, le clan, symboliquement, la met à mort. Le dîner d'adieu qu'organise pour elle le jeune couple Archer est l'occasion pour les Mingott-Welland de mettre en œuvre ce sacrifice : cet événement représente « le dernier ralliement du clan autour du membre qui allait en être retranché » (p. 288). La narratrice souligne avec finesse la manière dont on octroie à cette cousine la place d'honneur pour lui signifier « qu'on ne la [tient] plus tout à fait pour une parente » (p. 288). Ainsi, tacitement, aux yeux de tous, pris individuellement, mais de manière socialement invisible, la tribu procède à son exclusion définitive : « C'était ainsi dans ce vieux New York, où l'on donnait la mort sans effusion de sang ; le scandale y était plus à craindre que la maladie, la décence était la forme suprême du courage, tout éclat dénotait un manque d'éducation » (p. 288). Le crime est perpétré, proprement mais violemment. On remarque notamment l'hypocrisie de ceux qui, ravis du départ d'Ellen pour l'Europe, tiennent à « proclamer leur inaltérable affection envers la comtesse Olenska » (p. 288).

2.6 L'exclusion d'Archer du débat familial

Archer lui-même est progressivement mis de côté, lorsque le clan Mingott comprend qu'il soutient la réprouvée. Lorsque Mr Rivière lui dit qu'avant de consulter Ellen Olenska, il a eu un entretien avec Mr Lovell, Archer comprend qu'il a été exclu des « négociations » familiales : « Archer se taisait, dans la stupeur de découvrir que de telles négociations avaient eu lieu sans qu'il en eût seulement été prévenu. Il comprit que la famille avait cessé de le consulter, avertie par quelque profond instinct de clan qu'il ne la suivrait plus. [...] L'allusion de May n'avait été sans doute que le brin de paille levé pour voir d'où vient le vent. Le résultat avait été communiqué à la famille, et Archer tacitement exclu de leurs conseils. Il admirait la discipline de tribu qui soumettait May à cette décision » (p. 233-234).

Le jour du dîner d'adieu organisé par les Archer pour Olenska, Mrs Welland s'exclame : « On ne pourra pas dire, Newland, que vous et May, ne faites pas à Ellen un beau départ ! » cruauté qui jure avec la bienveillance d'Ellen qui « s'attachait de toutes ses forces à la résolution de ne pas trahir la confiance de May, de toute sa famille » (p. 270). Lorsqu'Archer l'avait priée de partir avec lui, elle avait refusé de briser leurs existences, alors qu'ils l'avaient aidée à refaire la sienne (*cf.* p. 275).

....

1. Anne Ullmo, *Edith Wharton. L'art du contretemps*, Ellipses.

3 Les individualités originales

3.1 La vieille Catherine, matriarche du clan Mingott

Dans ce bloc communautaire apparemment compact émergent cependant quelques personnalités dont on ne peut nier l'originalité. Ainsi, la vieille Catherine Mingott, personnage au physique détonnant, d'une « monstrueuse obésité », est présentée comme une individualité forte et déterminée, véritable cheffe de tribu. De fait, le potentiel comique de la première description du personnage, faite avec beaucoup d'humour au chapitre IV[1], ne prépare pas à la révérence que lui témoigne son entourage. Pourtant, cette apparence, prodigieuse parce que disproportionnée, se présente comme le corrélat du statut social et familial imposant que tout le monde lui reconnaît. Présentée comme « la matriarche de la famille », **elle passe pour le pilier de la tribu, pour celle qui doit en ratifier toutes les décisions**. Rivière perçoit ainsi rapidement qu'elle occupe la position dominante, celle d'une cheffe de clan : « Je crois comprendre [...] que Mrs Manson Mingott exerce une grande influence sur sa famille » dit-il à Archer (p. 233). C'est que l'aïeule à la tête de la tribu des Mingott, est une femme forte, qui ne transige pas, qui ne se laisse pas marcher sur les pieds. Archer le sait qui lui dit, lors de leur entretien final, au sujet des membres de la famille qui souhaitent qu'Ellen retourne auprès de son mari : « Chère grand'mère, vous pouvez très bien tenir contre eux tous, à vous toute seule. »

La vieille Catherine Manson Mingott, peut-être le seul personnage du roman qui manifeste un amour du rire, s'affirme en effet comme une personnalité authentique, pleine de vitalité et d'humour, attachée à son indépendance et capable d'autodérision. Décrite avec légèreté comme « énorme et ravie » le jour du mariage, elle demande « gaîment » à Archer : « Mon cher, suis-je tout à fait affreuse à voir ? » et, lorsqu'il lui répond qu'elle est « mieux que jamais », elle le taquine « malicieusement » « en riant » à propos de son penchant pour Ellen.

Mrs Mingott détonne par ailleurs par son esprit d'indépendance, par son originalité. La narratrice souligne à plusieurs reprises son « audace », terme qui apparaît régulièrement dans le roman pour qualifier ceux qui osent prendre des libertés avec les conventions sociales : « J'espère que la maison sera plus gaie, maintenant qu'Ellen est ici, s'écria Mrs Mingott avec une superbe audace » (p. 48). Loin de se laisser influencer ou contraindre par les normes étouffantes et nivelantes qui régulent et le jugement et la conduite ou les décisions des autres, **dans ce monde où il faut du courage pour être soi-même, cela ne lui coûte guère de se montrer telle qu'elle est et de dire ce qu'elle pense**. Elle met même les pieds dans le plat lorsqu'elle lance à Archer, parlant d'Ellen : « Quel malheur qu'elle ne se soit pas mariée avec toi ! Je le lui ai répété cent fois... » (p. 266, *cf.* aussi p. 159). **Catherine Mingott se moque du qu'en-dira-t-on** : « Ellen va rester avec moi ; la famille dira ce qu'elle voudra. Tu as su comme ils étaient

1. « L'avalanche de graisse qui l'avait envahie dans son âge mûr » et ses « deux petites mains blanches [qui] se balançaient comme des mouettes. »

tous après moi… ; ils voulaient que je lui coupe les vivres, histoire de lui dicter sa conduite » (p. 266). Archer la place très haut dans son estime : « Ma chère grand-mère, vous êtes mieux que personne » (p. 266).

Mrs Mingott s'intéresse aux choses originales. Ainsi, lorsque May montre à sa grand-mère sa bague de fiançailles, dont Mrs Welland dit que la monture « paraît un peu nue à des yeux accoutumés à la vieille mode » (p. 46), Catherine rétorque : « Des yeux accoutumés à la vieille mode ? J'espère que vous n'entendez pas parler des miens, ma chère. J'aime toutes les nouveautés » (p. 46). En revendiquant son goût pour les innovations, elle affirme une indépendance d'esprit dans un monde qui, précisément, n'aime pas ce qui est nouveau. Témoignant d'une originalité qui la démarque du goût asservi à la mode de son milieu, sa demeure ne respecte pas les codes architecturaux prisés par la haute société new-yorkaise. Loin de ressembler aux maisons « du plus pur 1820 » de University Place ou de la Cinquième Avenue, la demeure Mingott, « de construction plus récente », « préten[d] imiter les hôtels de l'aristocratie parisienne » et est peuplée de « souvenirs de Louis-Napoléon » et de « la frivole décoration du Second Empire », avec des « fenêtres [ouvrant] comme des portes à la française ». Cette valorisation de l'architecture française, que partage Ellen Olenska et qui constitue un écart à la norme new-yorkaise, témoigne d'une autonomie et d'une finesse de jugement. En effet, comme le montre Cynthia G. Falk dans son article intitulé « The Intolerable Ugliness of New York : Architecture and Society in Edith Wharton's *The Age of Innocence* », un indice du fait qu'Olenska et Mingott ont la préférence de l'autrice est précisément leur goût de l'architecture française, que Wharton considère elle-même comme une esthétique supérieure.

Or, il semble que c'est précisément le tempérament dominant et l'originalité de Mrs Mingott qui lui permettent, paradoxalement, d'être le pilier d'une société qui déteste l'indépendance et l'originalité. L'aïeule, affranchie de tout préjugé et dotée d'une insolente et insolite indépendance, ne devrait « normalement » pas être acceptée par une société qui déteste la liberté, d'autant plus que son origine sociale est peu flatteuse voire déshonorante. « Sans fortune, ni position sociale suffisante […] » (p. 30), Catherine Mingott est la fille d'un homme scandaleux – Bob Spicer, qui a fui quelques mois après son mariage, supposément avec une danseuse espagnole (p. 27). Or, si étonnant que cela puisse paraître, ce sont précisément la vigueur du personnage, son « courage », son aplomb indubitables qui lui ont permis de se faire une position respectée dans le monde, malgré ses origines modestes. Dès lors, le personnage, en position de domination, a acquis un certain privilège : **elle peut prendre les libertés qu'elle veut avec les normes de la société guindée à laquelle elle appartient sans que cela nuise à sa respectabilité**. Ainsi, « l'audacieuse Catherine poursuivit son chemin sans crainte, se mêla à la société étrangère, maria ses filles dans Dieu sait quels milieux mondains et corrompus, fréquenta des ducs et des ambassadeurs, fraya familièrement avec des catholiques ultramontains, reçut des artistes de l'Opéra, fut l'intime amie de Mme Jenny Lind, – sans que jamais (comme Mr Sillerton Jackson était le premier à le proclamer) aucun souffle eût terni sa réputation ». En énumérant les libertés que prend cette femme toujours tenue en haute estime, il met le doigt, précisément, sur le paradoxe qui est au cœur de cette personnalité. Car, ce qui lui permet d'occuper une telle place d'honneur, c'est certainement son adhésion aux règles morales de sa communauté. La narratrice, en effet, souligne sa « vie irréprochable », ou encore « la décence et la dignité parfaite de sa vie ». Pourtant, son indépendance d'esprit était telle qu'Archer « se disait, non sans admiration, que, s'il avait plu à cette femme intrépide d'avoir un amant, elle se le serait offert sans l'ombre d'une hésitation » (p. 46). Or, **non seulement Mrs Mingott n'avait pas effectué d'écart par rapport au code moral new-yorkais, mais, plus encore, elle incarnait ce code moral**. En est révélateur la réponse qu'elle fait à Regina Beaufort, lorsque celle-ci, salie par la faillite de son mari, vient lui demander de l'aide : « — Je lui ai dit : "L'honneur a toujours été l'honneur, et l'honnêteté, dans la maison de Manson Mingott ; et il en sera ainsi tant qu'on ne m'emmènera pas les pieds devant". » C'est ainsi que Mrs Mingott, grâce à sa personnalité bien trempée, avait su concilier liberté et société. Parce que solidement construite et dotée d'un caractère énergique et dominant – non pas dominateur car, si elle aime sa liberté, elle aime aussi celle des autres –, elle incarne l'individualité et peut non seulement survivre dans cette communauté, mais en prendre les rênes.

Dominante et indépendante, Mrs Mingott manifeste un grand écart par rapport à la société qui l'entoure dans le « cas » Olenska : si elle doit lutter contre son clan qui s'est allié contre Ellen, sa petite fille, l'aïeule apporte à celle qui souhaite son indépendance un indéfectible soutien. Attachée à l'évidence institutionnelle du mariage comme le fait le bon sens populaire (« le mariage est le mariage » dit-elle à Archer lors de leur entrevue finale), elle donne, dans un premier temps, l'apparence de suivre le clan familial relativement au divorce d'Ellen. C'est elle qui a sollicité Mr Letterblair de prier Archer de prendre en charge le dossier du divorce pour la dissuader d'en poursuivre la demande. Néanmoins, elle protège Ellen en qui elle reconnaît son amour farouche de l'indépendance et manifeste clairement son hostilité à l'idée qu'elle puisse repartir chez son mari. « Mais aussitôt que j'ai vu Ellen, j'ai dit : "Toi, mon joli oiseau, t'enfermer encore dans cette cage conjugale ? Jamais !" » Et sa stupéfiante indifférence au qu'en-dira-t-on se révèle quand elle autorise Ellen à rendre visite à Regina Beaufort dans sa voiture, après la faillite de Beaufort : « Aujourd'hui je lui ai même permis d'y aller dans ma voiture ! Après tout, Regina est une femme courageuse, et Ellen aussi : et j'aime le courage par-dessus tout. » Celle qui refusait auparavant d'aider financièrement une femme déshonorée par la faillite de son mari, en valorisant le « courage », balaie d'un revers de la main les préjugés sociaux parce qu'elle fait confiance à Ellen, sa petite fille en qui elle reconnaît son propre amour de l'indépendance. À la fin du roman, s'opposant au clan qui a décidé d'ostraciser l'un de ses membres[1], elle parvient à mener à bout son soutien à Olenska, en s'arrangeant pour assurer son indépendance financière en Europe.

....

1. « Tu as vu comme ils étaient tous après moi » dit-elle à Archer, avant d'ajouter : « Tu vois, nous aurons encore à combattre. À moi toute seule, je ne suis pas de force, il faut que tu viennes à mon aide » p. 266.

LES VAN DER LUYDEN : UN COUPLE AUX ANTIPODES DE MRS MINGOTT

Louisa Van der Luyden née Dagonet était issue d'une ancienne famille de Jersey Elle était duchesse par son mariage avec Henry. Peu souvent présents à New York où ils possédaient un « pompeux hôtel » dans la Madison Avenue, ils « partageaient leur temps entre Travenna, leur terre dans le Maryland, et Skuytercliff, leur grand domaine sur l'Hudson. Ce domaine avait été accordé par le gouvernement hollandais au premier Gouverneur de la colonie, en récompense de ses services, et Mr Van der Luyden portait encore le titre de "Patroon", titre comprenant des droits seigneuriaux et qui avait été conféré par la compagnie de colonisation néerlandaise, vers le milieu du XVIIe siècle, aux premiers propriétaires de l'Hudson » (p. 66-67). Figures tutélaires de leur « tribu », les Van der Luyden, « qui disposent d'une grande influence sur la société de New York » (p. 89) emblématisent la perte, collectivement souhaitée, de l'individualité et le devoir de sacrifice à la cohésion sociale[1] ce qui explique la rapidité avec laquelle ils ont « réparé » la déchirure causée par l'invitation déclinée au début du roman. « Le sort les obligeait à rester les arbitres sociaux de leur petit monde, la dernière cour d'appel du protocole mondain, alors qu'ils eussent préféré vivre dans la simplicité et la réclusion, entretenant les beaux jardins de Skuytercliff et faisant, le soir, des patiences » (p. 71). Nobles par le sang – ce qui les met au sommet de la pyramide sociale avec quelques autres rares familles –, ils ne semblent guère apprécier les mœurs de la bourgeoisie qui les entoure. « Par nature timides et réservés, ayant peu de goût pour le rôle d'arbitres du bon ton que la destinée leur avait dévolu », ils ne manquent pas d'une certaine noblesse d'âme, sublimant la vindicte dont Olenska est la cible en annulant l'offense du boycott du repas prévu chez Mrs Mingott pour fêter sa venue en réincluant la « pestiférée » par l'organisation d'un dîner substitutif et en faisant comme si de rien n'était, comme si l'offense n'avait jamais eu lieu. Nul n'en parle bien sûr et les initiateurs de l'offense sont les premiers à se précipiter à ce dîner qui aurait dû les voir confondus de honte... Le motif est qu'Ellen Olenska est « presque » des leurs « par le premier mariage de Medora Manson » et qu'« en tout cas, elle le deviendra par le mariage de Newland » (p. 72). La solidarité des liens du sang, du nom, compte avant tout : Louisa Dagonet, épouse Van der Luyden était la cousine de Mrs Archer.

....

1. Anne Ullmo, *op. cit.*, p. 23. Mais on peut ajouter aussi, comme le fait remarquer A. Ullmo, qu'« Ellen Olenska, en tant que membre du groupe et extérieure à ses rituels, est la victime expiatoire » dont le sacrifice pourra restaurer l'unité de la communauté tribale menacée de désintégration. Bouc émissaire dont l'expulsion est rituellement organisée.

3.2 Julius Beaufort

a Une réussite exemplaire

Julius Beaufort, comme Mrs Mingott, conjugue le fait d'être très bien intégré à la société new-yorkaise et le fait de prendre de grandes libertés avec les usages de cette communauté.

Comme Mrs Mingott, Beaufort a presque réussi à faire oublier ses origines obscures – « il passait pour Anglais » –, ce qui permet au couple Beaufort d'être au centre de la sociabilité new-yorkaise. Mrs Beaufort, elle, a des origines convenables : née Dallas et cousine de Medora Manson, elle provient « [d']une des plus honorables familles américaines », ce qui lui donne « droit de cité [...] dans la société de New York » (p. 37). La métaphore juridique traduit combien la « citoyenneté » new-yorkaise est réservée à un petit nombre de *happy few*. Néanmoins, Julius Beaufort, pour sa part, fait plutôt partie de ceux dont le « droit de cité » n'est pas évident. Introduit par une lettre de recommandation du gendre de Mrs Mingott, le banquier anglais « s 'était créé rapidement une importante situation dans le monde des affaires » (p. 37). Si le personnage a des qualités (« il était agréable, bel homme, colère, hospitalier et spirituel »), il accumule aussi des tares difficiles à pardonner dans cette société : « Il avait des habitudes de dissipation, une langue mordante, des ascendants inconnus. » Ainsi, outre ses origines obscures, il a une vie de plaisirs et d'amusements et a fait le choix d'une carrière dans les affaires, choix périlleux dans une société comme celle qu'il fréquente. Dans son autobiographie, Edith Wharton décrit en effet combien cette société érige en critère absolu de la morale la « probité scrupuleuse dans les affaires », « l'incorruptibilité financière » : les affaires, louches y sont regardées avec méfiance. Or le déclassement promis à ceux qui contractent une mauvaise alliance n'avait pas affecté Regina Dallas. Pourtant, « ne [...] perdait-on pas [le droit de cité] en épousant un Julius Beaufort ? » clame avec évidence la narratrice. Bien au contraire, par leur audace et leur habileté, les Beaufort avaient réussi à se faire une place de choix à New York, ce qui les rendait fréquentables. Ainsi, ce sont bien eux qui hébergent le grand bal qui ouvre le roman, cérémonie répétée chaque année, et ce sont eux aussi accueillent le beau monde pour la « cérémonie annuelle du Tir-à-l'Arc de Newport » (p. 201). La conquête du monde semble accomplie : « Tout pliait devant Beaufort : tout New York défilait dans ses salons. Il y avait vingt ans qu'on disait : "Je vais chez les Beaufort" sur le même ton de sécurité qu'on aurait eu pour dire : "Je vais chez Mrs Manson Mingott" » (p. 38). Ainsi, le couple Beaufort avait acquis une place de choix, au premier rang de la haute société. La maison Beaufort était devenue la plus recherchée de New York et on avait du mal à comprendre comment ils avaient pu acquérir cette place d'honneur : « Personne ne savait exactement comment le miracle s'était accompli. » Mrs Archer, qui aimait à mettre en axiomes sa philosophie sociale, disait : « Nous avons tous quelques chéris dans la racaille », classe où elle rangeait évidemment Julius Beaufort. Elle n'hésitait pas non plus à qualifier Beaufort d'« homme vulgaire » devant Mr Jackson, révélant l'ambivalence de cette société, qui envahit les salons de quelqu'un qu'elle méprise. « Personne n'aimait véritablement Beaufort », dira la narratrice lorsqu'il fera faillite.

En ce qu'il a su envoûter une société qui les excluait par leurs origines, Beaufort ressemble à Mrs Mingott. De fait, cette dernière apprécie beaucoup Julius Beaufort, qui partage son « audace » (p. 39) et qui doit, comme elle, son « succès [...] à une certaine manière de s'imposer », comme le reconnaît la société entière. C'est pourquoi s'est créé un véritable lien entre eux : « La vieille Mrs Mingott avait toujours professé une grande admiration pour Julius Beaufort ; ils se ressemblaient par une certaine similitude dans leurs manières dominatrices et par les raccourcis qu'ils faisaient à travers les grands chemins des conventions. » Comme Mrs Mingott, également, Beaufort, véritable personnalité influente du couple, est moteur de changement dans cette société qui se voudrait immuable. Ainsi, lors du dîner de Thanksgiving donné par Mrs Archer, Miss Jackson souligne que « c'est Beaufort qui a lancé le nouveau genre, en faisant arborer à sa femme ses toilettes parisiennes dès leur arrivée » à son hôtesse, qui déplore qu'on ne « port[e plus] ses robes françaises qu'après une saison ». Julius Beaufort, par son charisme, est donc créateur de nouvelles normes dans la société new-yorkaise ankylosée !

Ib Beaufort : une distanciation critique

Personnalité habile qui a su conquérir la société de New York, Beaufort est aussi très critique à son égard au point de savoir « donner aux gens qui le gênaient l'impression qu'ils ne comptaient pas, qu'ils existaient à peine ». on le voit arborer, à l'occasion du mariage d'Archer et de May, un « air arrogant ». Hautain, il signale plusieurs fois une distance sarcastique avec le monde : « New York meurt d'ennui ! » déclare-t-il à Ellen Olenska, déplorant l'absence d'activités culturelles. Il n'hésite d'ailleurs pas à lancer des piques au sujet des diverses personnalités fades qui peuplent New York : alors qu'Ellen s'apprête à se rendre à Skuytercliff, il la prévient contre Mrs. Van der Luyden, qu'il appelle « la bonne dame » et qu'il juge plus « froide » que sa maison. De même, lorsque May gagne la compétition de Tir-à-l'Arc à Newport, il fait sur elle une remarque cinglante qui sous-entend qu'elle n'est pas désirable : « Ses flèches n'atteindront jamais d'autre cible ! » (p. 205). En fait, Beaufort méprise cette société new-yorkaise qu'il a su séduire.

Cet esprit critique, cette distance prise à l'égard des normes rigides du monde, favorise l'amitié entre Beaufort et Olenska. Beaufort, homme volage, courtise Mme Olenska et s'affiche avec elle, ternissant du même coup la réputation de la jeune femme aux yeux d'un New York soupçonneux. Beaufort, qui n'en est pas à sa première infidélité – il a même deux ménages (p. 62) –, se présente comme un courtisan d'Ellen : « Il était clair qu'il poursuivait Mme Olenska. » Ainsi, on sait par May, au chapitre X, que Beaufort a envoyé à la comtesse des orchidées. De plus, les deux personnages sont souvent ensemble. Au début du roman, Beaufort accompagne Olenska, qu'il a rencontrée dans la rue, chez Mrs Mingott. Plus tard, lorsqu'Archer se rend chez Ellen pour la première fois, il la voit arriver en compagnie de l'homme d'affaires. Plus tard encore, Beaufort fait le trajet jusqu'à Skuytercliff pour informer Ellen qu'il a trouvé un nouveau logement pour elle. Si le doute sur la nature de leur relation n'est jamais clairement levé, il semble toutefois qu'Olenska ne cède pas à ses avances. Cela n'empêche pas de jaser sur cette relation, au grand dam de la réputation d'Ellen. Ainsi, au début du roman, lorsqu'Ellen interrompt, accompagnée de Beaufort, la réunion des fiancés chez Mrs Mingott, provoquant le départ discret des Welland et d'Archer, ceux-ci se laissent aller, dans la voiture, à des réflexions qui témoignent de l'écart entre le comportement qui semblait naturel à Ellen Olenska et leurs normes habituelles. C'était une erreur de sa part de se promener ainsi, dès le lendemain de son arrivée, avec Julius Beaufort dans les beaux quartiers pensait Mrs Welland tandis qu'Archer, ostensiblement invité par Olenska réprouve en son for intérieur ce qu'il juge comme un comportement déplacé : « Elle devrait savoir qu'un fiancé ne passe pas son temps chez les dames » (p. 49), se dit-il, mettant le doigt sur la méconnaissance, par Ellen, des conventions sociales jugées décentes dans leur milieu. S'il est plus que probable que la relation entre Beaufort et Ellen soit platonique, **ce qui est sûr, c'est que Beaufort compte parmi les alliés d'Ellen précisément parce qu'il ne la juge pas comme les autres la jugent**. Ainsi, Ellen se confie-t-elle à Beaufort, comme elle se confie à Archer. Lorsqu'elle fait part à ce dernier de sa perplexité face aux codes qui régissent la bourgeoisie de New York, elle lui dit : « Il n'y a que deux personnes ici qui puissent me renseigner : vous et Mr Beaufort » (p. 91). Ainsi met-elle tout de suite et sans la moindre hésitation Beaufort au rang de ses familiers, comme elle le fait pour Archer. Plus tard, lorsqu'elle fustige « l'aveugle obéissance à la tradition qui sévit [à New York] », Archer, jaloux, lui demande si « [elle dit] ces choses-là à Beaufort », ce à quoi elle répond : « Certes, et il les comprend très bien » (p. 226). De fait, Olenska et Beaufort partagent beaucoup de choses. Archer analyse ainsi ce qui, selon lui, a pu intéresser Ellen chez Beaufort, à coup sûr « tout ce qui composait son prestige : ses relations à New York et à Londres, son commerce familier avec des artistes et des acteurs, son dédain des préjugés locaux. Beaufort était un parvenu sans éducation, mais les circonstances de sa vie et une certaine vivacité d'esprit naturelle, rendaient sa conversation plus intéressante que celle d'hommes plus distingués, mais dont l'horizon n'avait jamais débordé New York ». Ainsi, outre la connaissance de l'Europe et le goût de la conversation, Beaufort et Olenska ont en commun l'amour des arts et de la culture – deux choses qui ne caractérisent pas vraiment la société qu'ils fréquentent dans l'ordinaire des jours. Par-là, Beaufort, qui sait naviguer entre la petite sociabilité new-yorkaise et ses marges, constitue un soutien certain pour Olenska.

c La faillite

Pourtant, si intégré à la société new-yorkaise qu'il soit, Beaufort n'échappe pas à l'ostracisation complète à la suite de sa faillite. La deuxième moitié du roman présente véritablement la déchéance sociale du personnage. En effet, Beaufort fait faillite à Wall Street, ce qui est à l'origine d'un scandale absolument inacceptable à New York. La narratrice relève le paradoxe qui régit les normes sociales de la haute société : « Le vieux New York d'Archer tolérait l'hypocrisie dans les relations privées, mais en affaires il exigeait une honnêteté complète et inattaquable. » S'il y a un seul domaine où l'honnêteté totale est de mise, c'est dans le domaine des affaires. C'est pourquoi Beaufort se voit irrémédiablement accuser alors qu'il tente un dernier stratagème pour sauver la situation, « en répandant des rumeurs favorables » qui ne font que retarder la faillite : « Cette manœuvre de la dernière heure, tentée par Beaufort, était qualifiée de la façon la plus dure, et sa faillite s'annonçait comme l'une des plus déshonorantes dans l'histoire de Wall Street. » En réalité, si la sentence est si dure, c'est que, la famille Manson Mingott étant liée par le sang à Regina Beaufort, elle ne peut supporter d'être éclaboussée par ce scandale : « Qu'il pût entacher d'un déshonneur financier la famille de sa femme, c'était là un scandale dont ses ennemis eux-mêmes ne pouvaient se réjouir. » Mrs Archer pense que le couple n'a d'autre choix que de quitter New York pour aller vivre en Caroline du Nord : « Ce que les Beaufort ont de mieux à faire [...], c'est d'aller vivre dans la petite propriété de Regina dans la Caroline du Nord » (p. 252). La préconisation de l'éloignement géographique faite par Mrs Archer témoigne d'un désir d'ostracisation totale. Il s'agit d'amputer la communauté d'un membre gagné par la gangrène. De fait, les Beaufort ne font plus partie du monde : c'est une « racaille » que l'on ne chérit plus... La maison des Beaufort, si fréquentée au début du roman, devient un lieu à éviter. Archer, lorsqu'il passe devant la maison, souligne combien la demeure des Beaufort est devenue morbide : « Devant lui, dans la nuit d'hiver, se dressait une grande maison sombre. Que de fois l'avait-il vue flamboyante de lumières, la tente des galas s'avançant sur le perron, une double file de voitures alignée dans la rue ! [...] Maintenant, la maison était noire comme la tombe [...] » La demeure, désolée, n'a plus rien du lieu mondain qu'elle était. Néanmoins, la réaction de Julius Beaufort, qui répond à l'exclusion par « l'aplomb » et ne se résout pas à « quitter [...] la ville » mais préfère « entrer dans une affaire d'assurances », témoigne de la désinvolture avec laquelle le personnage balaie du revers de la main les normes étriquées de cette société.

Cette cruauté avec laquelle les Beaufort se font ostraciser fait ressortir d'autant plus la générosité d'Ellen Olenska. Le clan Manson-Mingott notamment, est inflexible à l'égard de Regina qui lui est pourtant apparentée. L'opprobre tombe sur elle après qu'elle soit venue demander à Catherine Mingott une aide financière : Archer lui-même ânonne que « la place d'une femme [est] à côté de son mari dans l'adversité », et la tribu est sans pitié pour celle que, « depuis sa démarche nocturne auprès de Mrs Manson Mingott, on [... trouve] plus cynique encore que [son mari] ». Le petit monde régi par les Mingott déchaîne encore plus ses fureurs contre Regina, issue de leur clan, que contre son mari qui n'est pour eux qu'un étranger. Au milieu de cet acharnement, la générosité d'Ellen Olenska est remarquable : elle reconnaît en Regina un double parce qu'elle est, comme elle, « la femme d'un misérable », sans se préoccuper des critiques qui, de fait, vont s'abattre sur elles – Mrs Archer déplore son « goût pour les gens tarés » (p. 279) – et rend visite à celle qui est désormais une paria, pour lui témoigner son soutien.

L'heureuse réapparition de Fanny Beaufort à New York, trente ans après l'ostracisation de ses parents, témoigne du changement des mœurs à New York,

dans une société qui intègre dorénavant mieux les individus aux origines dérangeantes. Archer presque sexagénaire au dernier chapitre s'apprête à célébrer les noces de son fils Dallas avec Fanny Beaufort, la fille de Julius et de Regina Beaufort ! Fanny partage de nombreux points communs avec Ellen Olenska. En effet, orpheline de père et de mère, elle arrive tardivement à New York, « sous la conduite de la belle-sœur de May, Mrs Jack Welland, dont le mari était le tuteur de l'enfant », comme Olenska est arrivée, enfant, à New York, entre les mains de Medora Manson, apparentée aux Mingott, qui l'avait recueillie après la mort de ses parents. De plus, Fanny Beaufort, décrite comme « jolie, amusante et douée », lors de son apparition à New York, « [a] conquis les cœurs un peu comme Mme Olenska trente ans auparavant ». Fanny Beaufort est donc, d'une certaine manière, la nouvelle Olenska. Or, plutôt que de lui faire payer le scandale de son père comme elle l'aurait fait trente ans plus tôt, la société s'empresse de l'accueillir : « Au lieu de la regarder avec une sorte de méfiance, la société l'avait joyeusement acceptée. [...] Personne n'avait l'esprit assez étroit pour lui faire un grief du passé de son père, ni de son origine à elle. » La société a donc changé, par une série de modifications imperceptibles, et la prophétie de Lawrence Lefferts qui s'exclamait, face aux changements qu'il percevait : « Si les choses vont de ce train, nos enfants épouseront les bâtards de Beaufort ! » s'est réalisée, pour le meilleur ! Le traitement réservé à Fanny Beaufort, dont le mariage avec Dallas Archer est accepté comme une chose normale, témoigne d'un basculement bienvenu d'une société excluante des individualités originales à une société inclusive qui les accueille.

3.3 Medora Manson : la marquise fantasque

Medora Manson, mère adoptive d'Ellen, jure avec toute la bienséance qu'exige la société new-yorkaise. « Voyageuse » et « vagabonde », sans cellule familiale fixe puisqu'elle « elle rev[ient] toujours à New York [...] amenant avec elle soit un nouvel époux, soit un enfant d'adoption », Medora ne rentre pas dans les normes de la tribu. Mieux, elle « scandalis[e] » lorsqu'elle décide de prendre des libertés avec les règles du deuil après la mort des parents d'Ellen. Elle manifeste un intérêt « inconvenant » pour l'Europe qu'elle a transmis à Ellen : ainsi, elle fréquente l'aristocratie espagnole – elle voit à Cuba des « amis Espagnols, [...] de la plus vieille noblesse de Castille » – et a souhaité changer de nom, de Chivers à Manson, pour devenir, en Italie, la « Marchesa Manzoni ». Elle témoigne également d'un goût pour les arts, qu'elle a transmis à sa fille adoptive : elle fait enseigner à Ellen le dessin et la musique. Cela ne plaît guère : « Tout cela ne menait à rien de bon. » Néanmoins, son lien de parenté avec les bonnes familles de New York lui vaut une certaine clémence : « Comme sa mère était une Rushworth, et comme son dernier et malheureux mariage l'avait enchaînée à un des "Chivers fous", New York se montrait plutôt indulgent pour elle. » Si donc elle fait l'objet de commérages, Medora demeure un membre à part entière de sa communauté de provenance. Toutefois, l'excentrique Medora, vêtue souvent, comme le dit Archer, d'« accoutrements bizarres », devient à New York « l'extravagante », « la folle Medora », « la fantasque Medora » (p. 185). S'ajoute à son caractère fantaisiste le goût qu'elle affiche pour l'ésotérisme, confondant sans doute avec la profondeur les idées étranges du docteur Carver qu'elle admire, fondateur de la communauté de « La vallée de l'amour » et créateur d'une conférence sur le « Contact Direct » – Ellen suppose même qu'elle souhaite l'épouser, Ellen Olenska elle-même soulignant avec bienveillance combien Medora est « incorrigiblement romanesque » et fantasque. Aussi ne faut-il guère s'étonner de la voir souhaiter qu'Ellen retourne chez Olenski, son mari, vraisemblablement à cause du faste et de la vie mondaine brillante dont elle bénéficiait. Mais, comme elle n'est pas à une contradiction près, elle aime à dire que « le mariage est un long sacrifice » (p. 202), ce qui jure quelque peu avec sa propre trajectoire. Cela ne l'empêche pas d'avoir une certaine sagesse ; c'est elle qui a transmis à Ellen un goût de la vie libre : « J'ai toujours dit à mon Ellen : "Méfie-toi de la monotonie : elle est mère de tous les péchés mortels". » Elle témoigne par là du contact qu'elle entretient avec ce qu'on peut appeler le sel de la vie, ce à quoi Archer, précisément, pense devoir renoncer, lui qui est « obsédé par l'idée que jusqu'à la fin de sa vie il fer[a] vraisemblablement toujours la même chose à la même heure, et dans le même cadre » (p. 98). Medora Manson incarne donc, à sa manière, la liberté. **Ellen affirme elle-même sa préférence pour l'excentricité de sa mère adoptive à une obéissance non réfléchie aux règles de la tribu** : « Medora [est] adepte [...] de toutes sortes d'idées sociales, aussi nouvelles que folles. Et pourtant, au fond, ces chimères m'intéressent plus que l'aveugle obéissance à la tradition qui sévit dans notre milieu », dit-elle à Archer, disant une fois de plus la supériorité de l'originalité, de l'intelligence de la vie, de l'élan qui lui est propre sur la soumission automatique et irréfléchie à des conventions sociales trop sacralisées qui introduisent la mécanique dans le vivant.

3.4 Mrs Lemuel Struthers ou l'ouverture

Mrs Lemuel Struthers, contrairement à Julius Beaufort, partage avec Ellen Olenska le fait d'être d'emblée marginalisée par la société qu'abrite la pyramide décrite au chapitre VI. Le fait qu'elle soit la veuve du richissime fabricant de cirage ne lui confère certes pas de titre de noblesse mais la fortune ne lui donne pas non plus au regard de ces tribus le « droit de bourgeoisie[1] ». **Sa réputation se trouve en outre irrémédiablement entachée du fait qu'elle a côtoyé un milieu populaire** : « Elle sort d'une mine, ou plutôt d'une buvette de mineurs », explique Sillerton Jackson, qui mentionne également son activité de « tableaux vivants » en Nouvelle-Angleterre, considérés certainement dans cette société comme un divertissement vulgaire. De plus, elle semble inconnue de ce petit New York de l'entre-soi (« Mais cette Mrs Struthers, qui dites-vous qu'elle est, Sillerton ? », demande Mrs Archer), **l'absence de lien de parenté avec un membre de la communauté en faisant d'office une étrangère** sinon une paria. Il lui sera

....

1. On emploie ici cette expression de façon imagée bien sûr. Le droit de bourgeoisie en Europe était un ensemble de privilèges et d'avantages attachés à la qualité de bourgeois d'une ville déterminée. Au Moyen Âge et sous l'Ancien Régime, le bourgeois d'une ville possédait des privilèges. Le droit de bourgeoisie masculin était un droit de l'Ancien Régime qui permettait à son titulaire de dépendre de la commune et non d'un suzerain autre que le roi. Il permettait aux habitants d'une ville d'être considérés comme des citoyens, avec des droits et des responsabilités spécifiques. Cela incluait parfois le droit de vote et la participation aux décisions locales.

d'autant plus difficile de « faire le siège de la petite citadelle fermée qu'[est] la société de New York », comme pourtant elle le souhaite (p. 48). En témoigne par exemple, dès le début du roman, le fait que Mrs Archer déclare qu'il est « regrettable que les Beaufort l'aient invitée [à leur bal annuel] », ou encore le fait que les Van der Luyden soient « bouleversés » lorsqu'ils apprennent qu'Ellen Olenska est allée au concert qu'elle organisait le dimanche, ce qui en dit long sur la mauvaise réputation qui lui colle à la peau. Les Van der Luyden la trouvent « commune » et « ne sont pas seuls de cet avis » (p. 101). De fait, Mrs Lemuel Struthers aggrave son cas en recevant le dimanche à « la manière française », ce qui est très mal vu des New-Yorkais de souche. Si on y fait de « la bonne musique », on y chante aussi en montant sur la table, on fume, on boit du champagne, art de vivre peu prisé de ces Américains qui portent le puritanisme en héritage… Elle bénéficie toutefois de la bienveillance de Catherine Mingott, personnalité charismatique ouverte à la nouveauté : « J'ai très bien compris que vous ayez invité Mrs Lemuel Struthers, dit-elle à Beaufort à propos du bal. Ma foi, je serais curieuse de la connaître […] Nous avons besoin de sang et d'argent nouveaux ; et on dit qu'elle est encore très bien » (p. 48). Les préjugés à son égard – que ne partage pas la matriarche – semblent d'autant moins légitimes que Mrs Lemuel Struthers apparaît d'emblée comme une femme chaleureuse et ouverte comme le montre la bienveillance dont elle fait preuve lorsqu'elle fait la connaissance d'Olenska. « J'ai tant désiré faire votre connaissance, ma chère ! […] Je veux connaître tous ceux qui sont jeunes, intéressants et charmants », lui déclare-t-elle, manifestant ainsi une bonté fondamentale, dénuée de préventions qu'elle est à l'égard des nouvelles personnes qu'elle rencontre. De fait, comme Beaufort, elle constitue un point de repère et d'appui pour Ellen : après l'entrevue au cours de laquelle Archer l'informe que sa tante, Medora Manson, souhaite qu'elle retourne chez son mari Olenski, Ellen dit qu'elle va se rendre chez Mrs Lemuel Struthers : « Il faut bien que j'aille où l'on m'invite ; autrement, je serais trop seule. » **Ainsi se met en place une sociabilité parallèle, entre marginalisés.**

Comme Beaufort, Mrs Lemuel Struthers, par son indépendance, est, à sa manière, également moteur de changement dans cette société close. Ainsi, lors du dîner de Thanksgiving que donne Mrs Archer, l'hôtesse exprime son désarroi face au fait que « Newland […] autoris[e] la chère May à aller aux dimanches de Mrs Struthers », ce à quoi May répond : « Oh ! vous savez, tout le monde va maintenant chez Mrs Struthers. Elle a été invitée à la dernière réception de grand-mère. » Un fossé s'est déjà insensiblement creusé entre deux générations : celle de Mrs Archer, qui résiste au changement, toute modification lui donnant « le sentiment que la société [est] en train de s'effondrer », et celle de May, qui n'hésite pas à adopter des nouvelles façons d'être.

3.5 Ned Winsett, les gens de lettres et les artistes

Au-delà de la petite société que décrit Wharton, il existe tout un monde qui ne peut pas s'amalgamer à elle. La narratrice décrit ainsi l'univers qui déborde le petit monde dans lequel évolue Archer à travers l'exemple des artistes et gens de lettres. Il n'est bien sûr pas question des faubourgs ouvriers, des dockers du port : ce sont gens et lieux que l'on ne fréquente pas… « Au-delà de la glissante pyramide qui composait le monde de Mrs Archer s'étendait la région hétéroclite où vivaient des artistes, des musiciens et des "gens qui écrivent". » Ainsi, pour elle, le monde se divise-t-il entre, d'une part, le New York de la haute société, et d'autre part, les autres, les artistes, les marginaux, trop différents pour y être fondus. « Ces échantillons épars de l'humanité n'avaient jamais essayé de s'amalgamer avec la société. En dépit de leurs originalités on les disait pour la plupart dignes d'estime ; mais ils préféraient rester entre eux. » Une rupture nette s'est instaurée entre la bourgeoisie new-yorkaise et les artistes qui gravitent autour, à la périphérie. Or, cette scission s'est produite progressivement. Car, a priori, le petit monde décrit par Wharton[1] n'a rien contre les gens de lettres, tant qu'ils se conforment à son moule : « La littérature et les arts étaient hautement appréciés dans l'entourage des Archer ; et Mrs Archer s'évertuait toujours à expliquer à ses enfants combien la société était plus agréable à l'époque où elle comprenait des gens de lettres comme Washington Irving, Fitz Greene Halleck et l'auteur de *The Culprit Fay*. Les plus célèbres auteurs de cette génération avaient été des "gentlemen" » (p. 115). Mrs Archer a la nostalgie d'une époque où la sociabilité était ouverte à des hommes de lettres, tout à fait recommandables, qui ne juraient pas avec la communauté parce qu'ils étaient à l'image de ses membres. Il n'en va pas de même pour les artistes contemporains, qui sont, eux, trop étrangers, trop difficiles à déchiffrer. En parlant d'eux, la narratrice écrit : « Mrs Archer et son groupe éprouvaient une certaine timidité vis-à-vis de ces personnes. Elles étaient d'espèce particulière, difficiles à classer ; on ne connaissait pas l'arrière-plan de leurs vies et de leurs esprits. […] Peut-être [ces] inconnus […] étaient-ils d'aussi honnêtes gens ; mais leur origine, leur tenue, leurs tignasses incultes, leurs relations avec les acteurs et les chanteurs, empêchaient de les classifier d'après le critérium du vieux New York. » Ainsi, si les artistes et gens de lettres ne sont pas réellement des indésirables, si on ne leur impute pas catégoriquement un manque d'« honnêteté », ils étonnent, intriguent, intimident, ils ne correspondent à rien de ce que la petite société d'Archer connaît : **inclassables, ils sont infréquentables. Puisque la haute société de New York finit inexorablement par exclure ce à quoi elle ne peut s'identifier, incapable d'articuler le même et l'autre**, elle a produit, nécessairement, une impossible fusion des deux mondes, tenant à distance ce qu'elle est impuissante à maîtriser. Pour elle, le « semblable » se réduit à ce qui lui ressemble.

La distance entre le monde bourgeois et le monde des artistes est flagrante dans la relation qu'entretiennent Archer et Ned Winsett.

Winsett est l'archétype de ceux que New York catalogue comme les « gens qui écrivent », personnage marginal pour la haute société, il en fait la critique avec beaucoup d'acuité, pointant sa vanité. Il incarne l'homme de lettres qui, parce qu'il n'a pas pu faire de ses écrits un moyen de subsistance, est devenu journaliste. C'est ce

……………

1. Du moins ceux qui gravitent autour de la famille de Newland Archer. Au chapitre V, la narratrice précise que le clivage se fait à l'intérieur de la haute société entre « deux grands groupes fondamentaux : celui des Mingott, des Manson, et tout leur clan, qui appréciait l'élégance, la bonne table et le luxe, et la tribu des Archer, Newland, Van der Luyden, qui, eux, s'intéressaient aux voyages, à l'horticulture, à la lecture des romans sérieux, et affectaient de mépriser les jouissances matérielles » (p. 51).

qu'explique la narratrice lors de sa première apparition : « Né malencontreusement dans un monde fermé aux lettres, il avait une vraie vocation d'écrivain. Après avoir publié un petit livre exquis de critique littéraire, dont cent vingt exemplaires seulement avaient été vendus et trente donnés, il avait abandonné sa véritable voie et pris une situation de petit rédacteur dans un magazine féminin où les réclames se mêlaient aux patrons de robes, aux romans d'amour et aux affiches de boissons anti-alcooliques. » Winsett a donc suivi une trajectoire descendante : il est passé d'un « petit livre exquis de critique littéraire » à « un magazine féminin » rempli de publicités et de romans à l'eau de rose. Or, l'écriture ne paye pas bien à New York : Ned Winsett habite une « maison délabrée », avec sa femme et son enfant, dans le quartier réservé aux pauvres et aux marginaux. Comme Ellen Olenska, qui se moque des critères d'honorabilité des lieux de résidence[1], il habite tout au bas de la Vingt-Troisième Rue, là où habitent « des petites couturières, des empailleurs d'oiseaux exotiques » et des « gens qui écriv[ent] ». Il se trouve ainsi aux antipodes de la haute société dans laquelle a grandi Archer. « **La vie intellectuelle ici meurt d'inanition, dit-il à Archer. Elle ne se nourrit que des restes de la tradition européenne qu'ont apportée vos arrière-grands-pères. Vous n'êtes qu'une pauvre petite minorité** ; vous n'avez pas de centre, pas de concurrence, pas de clientèle. Vous êtes comme dans une maison abandonnée, un portrait resté accroché au mur. » Winsett dépeint une société qui survit plus qu'elle ne vit, et qui étouffe parce qu'elle ne sait pas se réformer – l'un des signes les plus frappants de son caractère moribond étant, précisément, le fait qu'elle refuse les artistes et les intellectuels. Cette « pauvre petite minorité » pense être tout, pense être le centre du monde, un repère par rapport auquel évaluer toute chose, alors qu'elle est en réalité infiniment minoritaire, une exception dans le vaste univers.

Ned Winsett fait l'objet d'une caractérisation positive par l'autrice : en témoigne le fait qu'il compte parmi les soutiens sincères d'Olenska. Une amitié sincère s'est nouée entre Winsett et Olenska. Winsett est ému par la générosité avec laquelle Ellen s'est occupée de son enfant, après que celui-ci a chuté dans les escaliers : « Elle était si belle et si touchante que ma femme en a oublié de lui demander son nom » (p. 134), déclare-t-il, reconnaissant. On peut entrevoir comment Winsett et Ellen ont entretenu, avec d'autres – tels que Mrs Struthers ou encore Medora Manson –, **une sociabilité parallèle à celle de la haute société, affranchie de toutes les normes rigides qui empêchent l'expression spontanée de la liberté**. C'est ce que suggère Ned Winsett lorsque, avant le déménagement d'Olenska, il dit à Mrs Manson qu'il est « attrist[é] de son départ [car sa] maison a été une oasis… » (p. 163), preuve de l'estime qu'il a pour Ellen et l'atmosphère sereine, pacifique qui a été celle de son accueillante demeure.

Si Archer apprécie l'amitié de Winsett avec qui il aime converser, il reste conscient du fossé qui existe entre la communauté qui est la sienne et l'univers des artistes. Archer n'est pas exempt de préjugés à leur égard. Il décrit honnêtement à Olenska la manière dont sa petite société les tient à l'écart : « Les artistes ici ne sont pas un milieu. On

....

1. « Je n'ai jamais vu une ville où l'on ait plus de répugnance à habiter les quartiers excentriques. Quelle importance cela a-t-il ? » dit-elle (p. 88).

les tient plutôt en marge » (p. 120). Archer n'a pourtant pas conscience du potentiel excluant de la société qui est la sienne imputant le devoir de faire communauté aux autres : alors qu'il rencontre Ned Winsett au théâtre et que celui-ci lui dit que « les Mingott ne [...] sont pas [aimables] », il s'agace : « Ils le seraient, si vous les y encouragiez. Allons ! C'était là leur vieille controverse : la mauvaise volonté obstinée des “intellectuels” à fréquenter le monde élégant. » Et, alors que Ned qualifie la société de New York de « fermée » (p. 134), Archer, lui, considère que « si son monde à lui [est] bien restreint, le leur l'[est] encore bien davantage ». Pur produit de la haute-société que critique Winsett, il a du mal à décentrer entièrement le regard : alors que Winsett manifeste « une horreur farouche » pour les usages « du monde », Archer ne comprend pas à quoi elle tient. Comme le souligne la narratrice, il ne « s'[est] jamais rendu compte » que, quand bien même Winsett voudrait s'aligner sur « la propreté et le confor[t] » bourgeois, il ne le pourrait même pas financièrement. Il préfère voir, dans ce refus des mondanités, une « insupportable pose [...] “bohèm[e]” ».

4 De la difficile émergence des individus singuliers dans une société close

4.1 May Welland

a Une pureté virginale

May Welland, fiancée puis épouse d'Archer, se présente comme une jeune femme pure, innocente, presque enfantine, pur produit du système patriarcal extrêmement strict du New York de l'époque victorienne. May est mentionnée la première fois au tout début de l'œuvre, alors qu'elle assiste au *Faust* de Gounod à l'Académie de Musique. Elle est d'emblée décrite comme « une jeune fille en toilette blanche, dont les yeux extasiés ne quittaient pas les amants sur la scène » (p. 23). Le blanc, couleur de la pureté, est la couleur associée dans tout le roman à cette jeune fille qui a bientôt vingt-deux ans au jour de ses fiançailles. Elle est celle des « muguets » qu'Archer envoie quotidiennement à sa fiancée, mais aussi celle des robes qu'elle porte au dîner organisé par les Van der Luyden en l'honneur d'Ellen (p. 81) et lors de la cérémonie de Tir-à-l'Arc de Newport (p. 204), et, évidemment, de sa robe de mariée, qu'elle porte encore à l'Opéra vers la fin de l'ouvrage comme c'était l'usage dans le vieux New York de pouvoir le faire deux ans après le jour de ses noces (p. 280). La blancheur de ses vêtements complète la pâleur de sa peau (la narratrice évoque à la fin du roman « sa peau blanche »), si bien que May en vient à s'effacer derrière la couleur qui la caractérise : « Quelle vie nouvelle il envisageait, avec cette blancheur [...] à ses côtés ! », s'exclame intérieurement le jeune Archer, amoureux. La jeune fille disparaît presque derrière ce qu'elle incarne : le blanc, l'immaculé, la pureté virginale. Archer fait une mention de sa méconnaissance de la sexualité au chapitre VI : « Sans autre préparation, elle devait être plongée, en une nuit, dans ce qu'on appelait "les réalités de la vie". » L'ingénuité, l'innocence de May se lisent dans les « yeux extasiés » qu'elle arbore à l'Opéra, au premier chapitre. Elle s'émerveille comme un enfant. De même, une fois mariée à Archer, elle lui « jet[te] les bras autour du cou » spontanément, comme une enfant, et lui dit son amour avec « un sourire juvénile » (p. 190). Lorsqu'Archer l'embrasse à Saint-Augustin, elle rougit : était-ce pruderie ou premier éveil inattendu des sens ?

Cette pureté de May est à rapprocher de son éclatante beauté qui, faisant penser à une œuvre d'art, confinait à la perfection. Archer y est très sensible : « Il se délectait de la beauté radieuse de sa fiancée. » Lors de son voyage de noces, il se fait la réflexion que « jamais elle n'avait été plus belle ». Alors qu'elle tire à l'arc chez les Beaufort, elle est décrite comme une peinture classique, ou bien comme une sculpture grecque. La beauté de son visage était si parfaite qu'il « semblait appartenir à un type plutôt qu'à une personne » et Archer était fier d'avoir une si belle créature pour femme. Mais un type est un modèle générique par définition non singularisé.

Cette beauté marmoréenne est toutefois le corollaire de son inexpérience : contrairement à Ellen, dont la beauté, expressive, est celle d'une femme qui a vécu, May est intacte, immaculée. Son visage ne porte pas le sceau des « incendies de la vie ». Elle a presque la beauté d'un corps sculptural que ne semble pas vraiment animer l'ardeur vitale : en témoigne la description qui en est faite lorsqu'Archer la retrouve à Saint-Augustin : ses cheveux fous brillent comme des fils de métal, ses yeux ont une clarté, presque une pâleur dans leur transparence et son visage est « empreint de la sérénité vide de pensées que l'on voit aux jeunes athlètes des frises grecques ». La comparaison de sa chevelure au métal, matériau rigide et inerte, la mention de ses yeux diaphanes et privés de couleur ainsi que l'absence de vie intérieure que lui suppose Archer signalent presque un corps que l'âme n'a pas encore investi, une « âme succincte » comme le dit Archer… Mais le nom du lieu de villégiature de la famille de May n'est-il pas, à son égard comme à l'égard de tout être juvénile, une prescription : n'est-ce pas **Saint Augustin qui prescrit à chacun : « Deviens ce que tu es »** ?

Ib May : un pur produit de la structure sociale

Archer est saisi de vertige en voyant May, « jeune fille qui, ignorant tout, espèr[e] tout », comme le « produit redoutable du système social dont il [fait] partie, et auquel il croi[t] ». Il met ainsi le doigt sur la force de conditionnement par un rigorisme moral austère sur les individus, et plus spécifiquement les jeunes femmes, maintenues dans une ignorance et sous une tutelle qui les maintient fort éloignées des réalités et leur interdit toute velléité ou même toute idée d'émancipation. Il est « découragé à la pensée [de la] pureté factice [de May], si adroitement fabriquée par la conspiration des mères, des tantes, des grand-mères, jusqu'aux lointaines aïeules puritaines, [qui] n'exist[e] que pour satisfaire ses goûts personnels ». En faisant de l'ingénuité de sa fiancée le résultat de l'action concertée de toutes les femmes qui l'entourent, et même d'autres qu'elle n'a pas connues, il révèle combien **ce sont les individus eux-mêmes qui, alliés en une communauté, reproduisent un schéma patriarcal et puritain**

qui les uniformise. Cette concertation qui vise à faire des filles des êtres dociles et ingénus fait écho à la remarque que fait Archer à May, lorsqu'il la prie d'avancer la date de leur mariage, et ainsi, de faire preuve d'originalité : « Nous sommes tous aussi pareils les uns aux autres que ces poupées découpées dans une feuille de papier plié. Ne pourrions-nous pas être un peu nous-mêmes, May ? » Archer met le doigt sur le moyen par lequel passe cette uniformisation des êtres, en se concentrant sur le cas des jeunes filles comme May : l'éducation. Il comprend qu'il ne pourra pas compter sur « une expérience, une adaptabilité d'esprit, une liberté de jugement, que son éducation [lui] a soigneusement refusées » comme elle le refuse aux jeunes filles en général dans le monde qui est le sien.

De fait, tout au long du roman, May manifeste une fidélité au cadre de pensée qui lui a été inculqué, qui la fige dans le rôle qui a été prévu pour elle dès sa naissance. Elle l'a parfaitement intériorisé et ne cherche pas à s'en émanciper. Aucune tentation de se soustraire à l'obéissance aux conventions établies par le milieu où elle a grandi ne lui vient à l'idée. Si elle ne comprend pas qu'Archer veuille hâter leur mariage ni pourquoi, c'est que pour elle, se conformer avec docilité au rite et au délai tenu pour décent, requis surtout par le temps nécessaire pour broder le trousseau selon les normes immémoriales de la tribu, va de soi. Elle explique donc à son fiancé que « sa mère ne comprendrait pas qu'on pût désirer ne pas faire comme tout le monde » (p. 97). Cette obéissance inébranlable à l'instance familiale lui procure d'ailleurs une satisfaction certaine : celle de faire son devoir, qui est de ne compromettre en rien la pérennité de la cohésion de la communauté. Aussi se conforme-t-elle instinctivement au modèle et à la pratique qu'elle a toujours eus sous les yeux comme on le voit notamment à la fin du roman, lorsqu'elle brode un coussin pour son mari : « Elle n'était pas trop habile ouvrière [...]. Mais toutes les femmes brodant des coussins pour leurs maris, elle n'aurait pas manqué à cet acte de dévotion conjugale. » Elle partage également certains préjugés qui sont ceux de son monde à l'égard de tout ce qui dévie de sa « norme ». Par exemple, lors du même échange avec Archer, elle finit par lui demander si se marier plus tôt pour voyager en Europe – prétexte qu'il avance pour justifier son impatience – ne les ferait pas paraître « mauvais genre », ce dont elle « serai[t] fâchée ». De même, lorsqu'elle rencontre M. Rivière à Paris, qu'Archer tient en haute estime intellectuelle, elle le trouve « commun », lui appliquant les critères de classification sociale en cours dans son milieu : « Les gens de cette sorte manquent toujours d'usage. » Elle ne prend donc, en apparence du moins, aucune distance avec les opinions de la société qui l'a modelée. En somme, Archer résume bien ce qui caractérise May : « Elle avait toujours eu le même point de vue : celui du monde qui [l'] entourait. » De fait, May se conforme dans tout le roman, scrupuleusement, à ce que le milieu auquel elle appartient attend d'elle. En découle un rétrécissement de son champ visuel, une incapacité à étendre ses intérêts à ce qui le déborde. Ainsi, Archer remarque-t-il qu'à Paris, lors du dîner chez les Carfry, « May ne parl[e] guère que de son pays, de choses locales ».

Cela déçoit Archer, qui désespère de plus en plus de ce qu'il perçoit comme un manque d'imagination. En observant la mère de May, Mrs Welland, en laquelle il perçoit une « maturité à la fois lourde et innocente », Archer déplore que sa fille soit destinée à lui ressembler pour toujours : « Oh non ! il ne voulait pas que May eût l'innocence qui se refuse à la fois à l'expérience et à l'imagination » et, lors de leur voyage de noces, on le voit déplorer que « [la] profondeur de sentiment [de May puisse] s'allier à une telle absence d'imagination », l'imagination étant du côté des fantasmes et de la nouveauté, de l'originalité, comme les incarne Olenska. De fait, à la fin du roman, lorsqu'Archer observe May broder et qu'il a le sentiment d'étouffer dans son mariage, il se dit « que jamais, au cours des années à venir, elle ne le surprendr[ait] par une fantaisie, une idée nouvelle, une faiblesse, une violence ou une émotion ». Mais ce portrait qui insiste sur la quasi-automaticité d'un mimétisme intra-communautaire, à l'opposé d'Ellen Olenska qui est capable d'expression non contenue de ses émotions, rend-elle vraiment compte de façon exhaustive de la personnalité de May ?

c La face cachée de May

Si May semble effectivement le résultat parfait du conditionnement par le milieu patriarcal et puritain dans lequel elle a grandi, il semble qu'Archer ne voit pas tout de sa femme, qui n'est dénuée ni de perspicacité ni même d'imagination. La narratrice souligne en effet à plusieurs reprises que May demeure mystérieuse, qu'elle a une vie intérieure développée quand bien même, certes, la pudeur l'empêche de l'extérioriser. May, notamment, malgré son manque d'« expérience », connaît la profondeur du sentiment amoureux, et elle le fait primer sur le respect des conventions. Ainsi, par exemple, lorsqu'elle discute avec Archer des fleurs que celui-ci lui offre quotidiennement depuis leurs fiançailles, elle manifeste un intérêt pour ce qui est au-delà du geste, pour la profondeur du sentiment. Alors qu'Archer lui a envoyé son bouquet de muguet en retard la veille, elle lui répond : « C'est la preuve que vous les choisissez vous-même chaque jour. Pour rien au monde je ne voudrais que votre bouquet arrivât toujours à la même heure, comme un professeur de piano, car je saurais alors que vous l'avez commandé d'avance une fois pour toutes. Ainsi avait fait Lawrence Lefferts, lorsqu'il s'est fiancé avec la pauvre Gertrude. » Ainsi, May, au courant de la vacuité, de la mystification et de l'imposture finalement que constituait le couple des Lefferts[1], exprime par là son souhait de remplir ce qui peut n'être qu'un cadre creux. En préférant un bouquet arrivant à heures irrégulières mais choisi chaque jour, à la monotonie d'un bouquet arrivant à heure fixe, elle dit son souhait que les gestes des fiancés soient remplis d'une intention, de l'authenticité de l'amour, plutôt que de gestes mécaniques qui seraient ceux d'un automate. Elle est consciente de l'ambivalence et de la subtilité de la vie des sentiments. Ainsi, alors qu'elle exprime des doutes sur l'existence d'une autre femme dans la vie d'Archer, elle fait montre

....

1. *Cf.* p. 61. Archer frissonne à l'idée « qu'un jour leur union, comme tant d'autres, pourrait se réduire à une morne association d'intérêts matériels, soutenue par l'ignorance d'un côté et l'hypocrisie de l'autre. Lawrence Lefferts se présentait à son esprit comme étant le mari qui avait le mieux réussi à tirer de ce genre d'association tous les bénéfices qu'il comportait. Devenu le grand-prêtre du bon ton, il avait si bien façonné sa femme à sa convenance que, malgré ses liaisons affichées, elle se plaignait en souriant du "puritanisme de Lawrence" et baissait pudiquement les yeux quand on faisait allusion devant elle aux deux ménages de Julius Beaufort » (p. 61-62).

d'une compréhension de ce qui échappe à la norme apprise : « Je voulais vous dire que, quand deux êtres s'aiment véritablement, je comprends qu'il puisse y avoir des situations qui donnent le droit d'agir contre l'opinion publique… » Elle invite même Archer à rompre ses fiançailles avec elle pour rejoindre cette autre femme dont elle sent la présence dans la vie de son fiancé, fût-ce au prix d'un divorce. Si elle fait référence ici à une liaison précédente d'Archer, a-t-elle déjà deviné qu'Archer n'est pas indifférent à Ellen Olenska ? Elle fait là preuve en tout cas d'une largeur d'esprit inattendue chez une personne censée être privée d'« imagination » et de jugement personnel ! Ainsi, May comprend l'amour, et elle comprend qu'il déborde les conventions et les qu'en-dira-t-on. Par générosité pour Archer et au nom de l'amour, elle est même prête à rompre ses fiançailles avec lui, ce qui – elle le sait bien – ne serait pas sans susciter les médisances dans son milieu. Le meilleur exemple de la fine compréhension qu'a May du sentiment amoureux apparaît dans le dernier chapitre du roman, lorsque Dallas explique à son père ce que lui a dit May, la veille de sa mort : « Elle m'a dit qu'elle était tranquille en nous quittant parce qu'une fois, quand elle vous en avait fait la demande, vous lui aviez sacrifié la chose à laquelle vous teniez le plus. » Apparaît ici, à travers ces paroles de son fils, la perspicacité de May, qui a été suffisamment sensible pour comprendre l'intensité de l'amour que portait Archer à Ellen Olenska. « Quelqu'un avait donc deviné, avait eu pitié », conclut Archer, comprenant que May était peut-être la seule qui ait pu comprendre le sacrifice auquel il avait dû consentir. Plus encore, May a une autonomie de jugement. Au cours du même échange, elle témoigne ostensiblement d'une certaine indépendance d'esprit : « Ne croyez pas que les jeunes filles soient aussi ignorantes que l'imaginent leurs parents… On écoute, on observe ; on a ses sentiments et ses idées… » (p. 154). En s'exprimant ainsi, elle explique précisément à Archer qu'elle n'est pas réductible à ce que son apparence dit d'elle, message que n'entend pas véritablement celui qui, encore à la fin du roman, se dit avec orgueil et désespoir à la fois, qu'il saura toujours toutes les pensées que recèle le « front pur » de May.

d May ou la dévotion familiale : « l'image incarnée de la famille »

May choisit de se conformer à ce qui est attendu d'une femme de son milieu. Elle adhère pleinement au programme que doit suivre une femme de la haute société de New York, notamment, au mariage et à la maternité et, aussi conditionnée soit-elle et aussi rigide soit le cadre, elle habite ce cadre moral, elle l'incarne, lui donne chair avec une certaine grâce. C'est que son mariage est source de bonheur pour elle : elle aime profondément Archer. À plusieurs reprises, elle exprime le bonheur qu'elle expérimente à ses côtés. Lorsqu'elle constate la véhémence avec laquelle il la presse de rapprocher la date de leur mariage, elle s'exclame : « Comme vous m'aimez, Archer ! Je suis si heureuse » (p. 97), et Archer constate lui-même « le rayonnement de son bonheur qui éclair[e] son visage » au lendemain de leurs noces. Décrite comme « primitive et pure » dans le train qui emmène les nouveaux mariés à Rhinebeck, May est comparée trois fois au moins à Diane[1], déesse associée à la chasteté mais aussi à la procréation et de la fertilité, la jeune femme est, dans sa primitivité, reliée aux processus naturels. Comme le souligne Cynthia Griffin Wolff, « dans sa pureté "primitive", [May] est engagée envers les processus humains les plus fondamentaux, et, dans cet engagement, elle est aussi impitoyable que la nature elle-même. **La dévotion de May à un ordre par lequel la famille peut se perpétuer est absolue**[2] ». May adhère sans réserve aux valeurs morales qui régissent son milieu social et elle est prête à tout pour les protéger. Son engagement envers le mariage et la famille n'est pas sans teneur sacrée, comme le témoigne le fait qu'Archer la voit comme « la divinité tutélaire de toutes les traditions qu'il avait révérées ».

Un premier signe de sa dévotion à la famille est sa piété filiale qui va jusqu'à l'abnégation. Lorsqu'Archer lui demande de faire ce qui est en son pouvoir pour que ses parents acceptent d'avancer la date de leur mariage parce que « [ses] parents [lui] ont toujours cédé depuis [son] enfance », May répond : « C'est bien pour cela qu'il me serait dur de leur refuser la dernière chose qu'ils aient à me demander, avant que je ne les quitte. » Généreuse et loyale, May fait passer les souhaits de ses parents avant les siens. Dès lors, si elle est prête à se sacrifier pour la famille, chacun doit être prêt à faire de même. C'est précisément ce sacrifice qu'Archer est poussé, et même forcé, par May et son clan[3], à faire. Si autrefois elle lui avait proposé, par abnégation, de rompre les fiançailles pour lui rendre sa liberté au cas où il serait lié à quelqu'un d'autre, une fois rejetée l'offre de rupture, « elle se dévoue à la tâche de le maintenir attaché à la moralité implicite dans la régulation que fait le vieux New York du processus de procréation », explique Cynthia Griffin Wolff. Lors de la deuxième soirée à l'Opéra, alors qu'il rentre avec elle pour lui demander la liberté qu'autrefois, il avait refusé de prendre, cette fois-ci, il n'en est plus question. May s'empresse d'annoncer à Ellen qu'elle est enceinte alors même qu'elle n'en est pas sûre, et ce, avant de le dire à Archer : « Je n'étais pas sûre, en effet ; mais j'ai fait comme si je l'étais », lui avoue-t-elle, sachant que cela inciterait Ellen à s'éloigner de leur foyer (p. 291). **Avec le soutien énergique du clan familial solidairement soudé pour renvoyer Ellen en Europe, elle préside jusqu'à la fin à l'expulsion avec une maîtrise sûre d'elle-même** comme en témoignent les « yeux triomphants » qu'elle arbore lors du dîner d'adieu organisé pour sa cousine, et ce, sans mot dire. Rien ne s'est dit en effet entre Archer et May qui puisse confirmer la réalité de la relation entre Archer et Ellen : lorsqu'il veut lui parler d'Ellen, elle l'empêche d'aller plus avant. « — Mme Olenska…, dit-il. Mais à ce nom, sa femme leva la main

....

1. Fille bien-aimée de Latone et de Jupiter, Diane est venue au monde avec son jumeau Apollon. Sa mère ayant accouché dans une souffrance extrême, Diane fait très jeune le vœu de chasteté mais, par l'expérience de l'accouchement de sa propre mère, elle est une Déesse qui est également associée à la fécondité et aux nouveau-nés. Diane est une Déesse bénéfique, d'une grande beauté. Mais ceux qui s'opposent à elle, Dieux ou mortels, ont fort à faire avec sa vengeance et sa cruauté.

2. « May might well be ignorant of the more refined customs of decadent European culture; but in her "primitive" purity, she is committed to the most fundamental human processes, and in this commitment she is as ruthless as nature itself. May's devotion to an order by which the family can perpetuate itself is absolute. »

3. Mais aussi par Ellen qui s'attache « de toutes ses forces à la résolution de ne pas trahir la confiance de May, de toute la famille » (p. 270).

comme pour lui imposer silence. » L'adultère – fût-il non consommé –, écart suprême à la moralité qu'exige le mariage pour May, ne doit pas être confirmé. May orchestre l'intégralité de son plan sans le verbaliser, en envoyant à Archer des signes qu'elle a compris (comme lorsqu'elle lui dit de façon ironique de ne « surtout, pas [oublier] d'aller voir Ellen » à Washington), signes qu'Archer est souvent trop aveugle pour comprendre.

Maîtresse d'elle-même, n'ayant en tête que la sauvegarde de la fécondité et de la stabilité de son foyer, May orchestre avec une souveraine maîtrise de ses propres émotions le sacrifice de l'amour d'Archer et d'Ellen dont elle a compris la profondeur donc le danger. Elle meurt « emportée par une pneumonie infectieuse prise au chevet de son plus jeune fils » (p. 294), ce qui dit bien comment elle-même s'est sacrifiée par amour maternel.

4.2 Ellen Olenska : une femme libre confrontée à une société victorienne

a Une femme en fuite qui désire se réintégrer à sa communauté d'origine

Ellen Olenska, ayant fui un mari destructeur, rejoint New York en espérant trouver parmi les siens le soutien dont elle a besoin : elle a hâte de s'intégrer à cette communauté de sa ville d'origine. Si elle lui est en partie devenue étrangère, du fait de sa vie errante avec sa tante Medora puis de son mariage avec ce riche comte polonais Olenski dont elle se sépare aujourd'hui, elle se considère tout de même chez elle aux États-Unis : de sa maison, elle dit qu'elle l'aime « parce qu'elle est dans [s]on pays, à New York » (p. 88). Elle désire sincèrement s'assimiler à la société de sa ville natale, et vivre auprès de ceux qu'elle considère comme les siens. Ainsi, Américaine de naissance, Ellen rentre dans son pays d'origine pour y trouver du soutien dans une phase difficile et douloureuse de sa vie. Exprimant un besoin de sécurité, de chaleur humaine, et d'intégration : « Je veux faire ce que vous faites tous : je veux sentir de l'affection et de la sécurité autour de moi », dit-elle à Archer lors de leur première entrevue chez elle (p. 89) ; ou encore : « Je veux rompre tout à fait avec ma vie passée ; devenir comme tout le monde ici » (p. 121) lors de leur deuxième entretien. Ainsi, Ellen, en recherche de soutien, veut « s'assimiler », abolir petit à petit ce qui la différencierait trop des autres, pour devenir une citoyenne de New York parmi d'autres. C'est pourquoi elle demande à deux reprises à Archer de la guider, de lui dire comment faire pour s'intégrer : « Vous m'expliquerez tout : vous me direz tout ce que je dois savoir » (p. 90). Bref, elle voudrait se prêter à ce que les sociologues appellent l'inculturation, assimiler une façon d'être et de se comporter qui n'est pas celle qu'elle importe d'Europe dont les sociétés qu'elle y a traversées et où elle a vécu l'ont formée.

b L'originalité d'Ellen et son impossible assimilation

Or, la jeune femme, bien qu'elle veuille « devenir comme tout le monde », ne fait rien comme tout le monde, et elle choque son entourage, ce qui conduit à sa marginalisation.

De fait, la société de New York, plutôt que de voir en Ellen une familière, voit en elle plutôt une étrangère. Mrs Welland, à Saint-Augustin, s'exprime ainsi à son sujet : « Je crains que les idées d'Ellen ne soient pas du tout les nôtres ; elle avait à peine dix-huit ans quand Medora Manson l'a emmenée en Europe. [...] Depuis, Ellen n'[est] jamais revenue en Amérique. Rien d'étonnant à ce qu'elle soit si complètement européanisée » (p. 151). Au lieu de voir en elle une Américaine que les circonstances contingentes de la vie ont éloignée, la petite société new-yorkaise où elle vient de mettre les pieds voit en elle ce qu'elle est réellement, à savoir une femme qui n'a plus grand chose de commun avec eux. **Européenne, Ellen ne peut que leur apparaître subversive de leurs *habitus*[1] coutumiers**, ce qui est manifeste dès le début du roman : Ellen porte une « toilette originale », composée d'une coiffure lui donnant une « allure Joséphine » et d'une « robe de velours bleu corbeau, serrée sous la poitrine par une ceinture que ret[ient] une grande agrafe ancienne » (p. 26).

Lorsqu'elle débarque à New York, elle a environ trente ans mais paraît même un peu plus âgée, là où May en a vingt-deux. C'est une femme qui a vécu et dont le visage qui exprime l'expérience de la vie, tranche évidemment avec celui de May, ce qui est normal étant donné sa jeunesse, mais aussi avec ceux des convives plus âgées lors du dîner organisé par les Van der Luyden pour « sauver » l'affront fait à la fois à Mrs Mingott dont on avait refusé l'invitation et à la nouvelle venue dont on devait saluer l'arrivée. La narratrice traduit ainsi l'impression d'Archer : « La comtesse Olenska était la seule jeune femme. Cependant, en examinant les visages des dames mûres avec leurs colliers de perles et leurs panaches de plumes, Archer fut frappé de les voir si enfantins, comparés à celui d'Ellen Olenska. Il pensait avec un frisson à ce qu'elle avait dû traverser pour en revenir avec ces yeux-là ! » (p. 78). Avec un jugement sûr, Archer impute immédiatement l'apparence mature de la jeune femme à son expérience de la vie. Sa silhouette se détache de toutes celles des femmes invitées au dîner, qui témoignent du fait que la société rangée et puritaine de New York n'est pas propice à la maturation de l'âme même si elle n'épargne pas le vieillissement des corps... L'aisance avec laquelle elle évolue dans ce monde guindé, le naturel avec lequel elle habite son corps sans lui faire subir la contention qu'exerce un être en perpétuelle représentation montrent que c'est une femme libre qui ne censure pas ce qu'implique de sensualité toute incarnation sainement assumée, au rebours du puritanisme de ses hôtes new-yorkais, plutôt soucieux de le gommer sous la solennité de l'apparat. Or, cette femme marquée par l'épreuve, à la différence de May du fait de sa juvénilité, des « matrones embrocardées »

....

1. Dans *La Société des individus*, Norbert Elias utilise le terme latin d'*habitus* – terme et thème repris par Bourdieu – pour évoquer une « empreinte » de type social laissée sur la personnalité de l'individu par les divers systèmes d'interdépendance au sein desquelles celui-ci a été formé et agit. L'*habitus* est le « savoir social incorporé » qui se sédimente au cours du temps et façonne, telle une « seconde nature », l'identité tant individuelle que collective des membres d'un groupe humain.

entrevues à l'Opéra, mais aussi des femmes mûres aux visages enfantins qui évoluent dans le salon des Van der Luyden, *habite* sensuellement son corps. Elle a déjà vécu et a dû être à l'école de l'élégance européenne, loin de la pudibonderie américaine. Elle revendique d'ailleurs aussi une autonomie dans ce domaine : « Pourquoi ne pas se faire sa mode à soi ? » (p. 88). Ainsi, lors de sa première apparition à l'Opéra, on la voit arborer une tenue légèrement plus décolletée que ce que les normes de New York requièrent : « Se penchant en avant, elle révélait un peu plus de poitrine et d'épaule que New York n'était accoutumé d'en voir » (p. 32). Cette première description la présente d'emblée à l'aune de la sensualité, à travers le prisme des normes puritaines américaines, alors même que sa tenue – une robe Empire[1] – ne révèle en réalité qu'un style que la mode en Europe, si elle a évolué, n'a pas renié, le second Empire aidant... (p. 28). Plus tard, lorsqu'Archer se rend chez elle pour évoquer son divorce, il la trouve en compagnie de Beaufort, « à demi étendue, la tête appuyée sur sa main, faisant voir par une large manche ouverte, un bras nu jusqu'au coude » (p. 118). C'est la position de Madame Récamier peinte par David, Madame Récamier ayant les bras plus dénudés d'ailleurs... Mais, à New York, ce qu'il faut à une femme qui reçoit des hommes après le dîner, ce sont « des manches étroites découvrant tout juste [le] poignet ». Aux matériaux classiques que sont la « dentelle » et le « velours noir » que recommande la sociabilité new-yorkaise, Mme Olenska préfère « un long fourreau de velours rouge, bordé autour du cou d'une haute fourrure noire ». La couleur de la robe, rouge[2], est la couleur de la vie, de la passion, de la séduction, et la fourrure, comme le remarque Archer, avait « quelque chose de pervers et de provocant en plein salon surchauffé » pour un public non initié aux paradoxes de la mode européenne. L'alliance de la nudité des bras et de la fourrure cerclant le cou ne pouvaient, par leur contradiction apparente que désarmer les intelligences américaines dépourvues de fantaisie et de sens dialectique... Ainsi, Mme Olenska, loin de répondre aux normes puritaines de New York voulant qu'une femme n'exhibe pas une sensualité trop affirmée, s'habille comme elle le souhaite c'est-à-dire comme elle en avait l'habitude en Europe avec la garde-robe qu'elle en a apportée. De fait, elle est souvent habillée en rouge dans le roman, suggestion de la passion qui l'anime et qu'elle suscite, ce qui la différencie fortement de May, associée à la pureté virginale du blanc : lorsqu'Archer la rejoint à Skuytercliff, il aperçoit « une mince silhouette en manteau rouge » (p. 140), et son visage, lui-même, se teint de rouge plusieurs fois. Lorsqu'il se déclare chez elle, Archer « [voit une] rougeur brûlante [...] envahir son cou et son visage » (p. 173). Olenska est une femme désirable, ce dont témoigne l'empressement de Beaufort à son égard et les réactions d'Archer, d'abord choqué et troublé par la tenue qu'elle arborait à l'Opéra, est forcé de reconnaître « l'effet [...] agréable » de sa tenue lorsqu'il la trouve avec Beaufort (p. 118).

....

1. La robe style Empire se caractérise par un corsage ajusté se terminant juste en dessous du buste, donnant l'apparence d'une haute taille, et une longue jupe lâche et froncée qui effleure le corps au lieu d'être soutenue par des jupons volumineux.

2. On reconnaît habituellement au rouge une symbolique du sang, du feu, du danger et de l'interdiction... mais aussi de la vie, de l'autorité et de la beauté. Lorsque les monarchies européennes ont commencé à vaciller à la fin du XVIIIe siècle, le rouge a été associé à la rébellion. C'est une couleur qui résonne avec la vitalité du sang, intimement lié aux notions de sacrifice, de courage et de violence.

Par ailleurs, Ellen porte aussi en elle sa communauté culturelle d'origine : elle témoigne de goûts artistiques et littéraires européens, éloignés des canons new-yorkais. Si Archer s'adonne à des lectures variées – Goethe (p. 24), Homère, Tennyson (p. 62) etc. – elles demeurent classiques. Mme Olenska, elle, lit des écrivains contemporains français : « Paul Bourget, Huysmans, les frères de Goncourt », qui sont autant de « noms nouveaux » pour Archer (p. 117). Elle est donc au contact des actualités littéraires, là où New York est à la traîne. Habituée à une vie artistique effervescente, alors qu'Archer lui propose de rencontrer des peintres, elle rétorque : « Je pensais à des artistes, à des chanteurs, des acteurs, des musiciens. La maison de mon mari en était toujours pleine. [...] J'aimais beaucoup [les arts...] Ils remplissaient ma vie » (p. 119). « À part la dernière soirée de Mrs Struthers, je n'ai pas rencontré un seul artiste depuis que je suis ici » (p. 119). Quand on sait le mépris de la tribu pour Mrs Struthers, on peut avoir une idée du jugement que les membres « comme il faut » de la famille peuvent porter sur elle... **Trop singulière, trop Européenne, Ellen ne cesse de choquer**. Par exemple, elle interrompt la visite des fiancés chez Mrs Mingott, en arrivant en compagnie de Julius Beaufort (p. 47), ou bien elle arrive « assez tard, une main encore dégantée [...] sans hâte ni embarras dans [le] salon [des Van der Luyden] » (p. 77), à l'occasion du dîner organisé pour elle. Sa nonchalance et son retard jurent avec l'attitude discrète et effacée qu'attendent d'elle ses hôtes et leurs invités. Lors du même dîner, elle « se lè[ve] et, traversant seule la pièce, elle [va] s'asseoir près de Newland ». Le jeune homme n'est pas sans se rappeler que cela transgresse les règles de « l'étiquette à New York, [qui veut] qu'une dame atten[de], immobile comme une idole [car c'est] aux hommes à se succéder à ses côtés » (p. 79). Chacun des faits et gestes de cette femme pour qui l'indépendance est naturelle choque : ainsi, elle froisse les Van der Luyden parce qu'elle s'est rendue un dimanche chez Mrs Struthers, « qu'ils jugent commune » (p. 101). Ellen est donc rapidement étiquetée comme indésirable. **Celle qui veut faire comme tout le monde se retrouve ostracisée précisément parce qu'elle ne fait pas comme tout le monde : « Quand on vient parmi nous, on doit respecter nos habitudes » martèle Mrs Archer** (p. 101), et, si fort que soit le désir d'Ellen pour respecter les habitudes new-yorkaises, elle ne parvient même pas à donner l'impression qu'elle souhaite les suivre. De fait, Archer le lui dit : « Vous ne serez jamais comme tout le monde » (p. 121). Ellen Olenska est trop singulière pour espérer pouvoir se fondre dans le moule de conventions qui lui sont si étrangères. Quoi qu'elle fasse, ses choix creusent l'écart avec la communauté où elle évolue et font figure de faux pas dans la chorégraphie des rituels bourgeois. **Elle finit par se reconnaître elle-même « trop "autre" », inassimilable à cette société à laquelle elle avait pourtant souhaité s'intégrer** (p. 225).

c Une femme indépendante, vivante et sincère

Or, cette beauté sensuelle est celle d'une femme indépendante, profondément vivante et sincère. Née de parents new-yorkais, Ellen a toujours mené une vie errante en compagnie de sa tante, Medora Manson qui l'avait recueillie à l'âge de six ans lorsqu'elle était devenue orpheline (p. 75). Au début du roman, elle arrive d'Europe, ce qui en fait une étrangère au système social fermé de New York qui est pourtant sa ville natale.

Enfant curieuse, « hardie », « amusante avec ses questions imprévues et ses réflexions précoces », il n'est pas étonnant de la retrouver spontanée, libre, indépendante et singulière devenue adulte. Sa liberté et son naturel tranchent sur le formatage des femmes conditionnées de New York. Archer, lorsqu'il la voit pour la deuxième fois, chez les Van der Luyden, perçoit ainsi son allure : « Il y avait en elle ce je ne sais quoi de dominateur que donne la beauté, le port de tête était assuré, et dans la liberté du regard se lisait la conscience de son pouvoir. » À l'opposé du canon féminin new-yorkais, Olenska a l'assurance d'une femme qui, loin d'être timorée et effacée en impose par sa présence et d'abord sa présence à elle-même. Elle peut être impérieuse comme le montre la manière dont elle prend congé de Beaufort, lorsqu'elle doit évoquer avec Archer son divorce : « Elle lui parlait en souriant, mais il y avait dans le ton de ses paroles une imperceptible invite à prendre congé », puis, Beaufort poursuivant la discussion, elle lui répond « froidement » qu'elle doit « parler affaires avec Mr Archer » (p. 120). Ainsi, la jeune femme dicte les règles aux hommes qu'elle côtoie, c'est elle qui commande ! Ainsi, lorsqu'elle se rend compte qu'elle a reçu des fleurs de quelqu'un avec qui elle avait eu un entretien d'égal à égale, elle appelle sa servante et lui demande de les jeter à la boîte aux ordures et, voyant la protestation de Nastasia, elle revient sur cet ordre dû à l'indignation : « Après tout, ce n'est pas la faute de ces pauvres fleurs. Dites au groom de les porter dans la maison de ce monsieur qui a dîné ici ce soir. Sa femme est malade. Elles lui feront peut-être plaisir… Je veux que ces fleurs sortent de la maison immédiatement ! Et sur votre âme, ne dites pas que c'est moi qui les envoie » (p. 168). Le « pâle éclair de colère » qui émanait d'elle et ses yeux qui « brillaient comme un ciel d'orage » plurent à Archer qui « goûtait un plaisir d'une qualité rare à se trouver dans un monde où l'action jaillissait de l'émotion » (p. 168).

Dispensée par sa formation de la retenue qu'impose le code de la bourgeoisie au milieu de laquelle elle a atterri, elle se différencie vivement, aux yeux d'Archer, de la contention intérieure de May dont il dit qu'elle ne « le surprendr[a] jamais par […] une violence ou une émotion », parce qu'elle contrôle et censure ses propres réactions. Mme Olenska est surprenante, imprévisible, parce qu'elle est éminemment vivante, ce que saisit Archer. Aussi, lorsqu'il aperçoit un bouquet de roses « d'un jaune […] doré, […] lumineux », il se dit qu'elles ne conviendraient pas à May, mais bien à Ellen Olenska parce qu'elles « [ont] quelque chose de […] riche, de […] fort, dans leur chaud éclat » (p. 94). À l'opposé de May, qui présente un tempérament pudique et réservé, conforme en tous points à ce que requiert d'une jeune femme la haute société new-yorkaise, Ellen Olenska est vivante et chaleureuse dans l'expression de sa vitalité. La manière dont elle a meublé son domicile témoigne aussi de la richesse de sa personnalité, de son goût pour la confidentialité, de sa capacité à habiter profondément sa solitude. Lorsqu'il pénètre la première fois chez elle, Archer est impressionné par « l'atmosphère […] si particulière, […] si exotique et si intime » (p. 86) de son salon et par « l'accent personnel » qu'elle a donné à « cette pauvre pièce misérablement meublée ». « Ma petite cabane vous plaît-elle ? » lui demande-t-elle (p. 87).

d Un regard acéré et critique

Par ailleurs, **femme franche et éclairée, elle met ingénument le doigt sur la vacuité des conventions qui sévissent à New York dans le milieu qu'elle voit vivre**. Ses remarques impromptues démystifient les traditions dont on s'enorgueillit le plus à New York. Aveugle qu'elle est au début sur la réserve de ceux qui l'accueillent, Ellen Olenska, avec une spontanéité intrépide, met en relief non sans un naturel désarmant, la vacuité des conventions arbitraires qui y sévissent, n'hésitant pas à faire tomber de leur piédestal des codes qui lui semblent ridicules. Ainsi, dès le second chapitre, au moment précisément où son apparition en public est l'objet d'une commune réprobation, promenant son regard sur les loges de l'Opéra, elle s'exclame devant Archer : « Ah ! Comme tout ici me rend le passé ! Je revois tous les hommes en costumes d'enfant, et les femmes en petits pantalons brodés dépassant de leurs jupes courtes » (p. 35). La mode a peu changé depuis son enfance dans cette société immobile, où pourtant l'obsession de la toilette engendre des rituels contraignants et où on n'hésite pas pour les grandes occasions de faire venir de chez Worth[1], la maison de haute couture parisienne renommée dans toute l'Europe, des robes que, bizarrement on laisse dans les placards deux ans avant de les porter… Plus tard, avec « audace », elle n'hésite pas à faire tomber de leur piédestal les Van der Luyden, en disant que sa maison est « moins triste que chez [eux] », puis en suggérant que « la raison […] de leur grande influence [est] qu'ils se fassent si rares » (p. 90). Enfin, **elle ironise sur « l'aveugle obéissance à la tradition qui sévit dans [leur] milieu… Et quelle tradition ? Celle des autres. C'est un peu bête d'avoir découvert l'Amérique pour en faire la copie des autres pays ! »**. Ces jugements ont en commun de révéler, par le regard d'une étrangère, la vanité de certains codes de cette petite société qui se croit la crème du monde et qui regarde avec condescendance tout ce qui n'est pas elle. Ces jugements prennent une résonance d'autant plus authentique qu'ils ne comportent aucune charge réellement malveillante à l'égard des individus, ce qui jure, encore une fois, avec la mesquinerie de la communauté à son égard.

e Une femme qui revendique inconditionnellement sa liberté

La liberté qu'Ellen Olenska revendique, c'est d'abord la possibilité d'être séparée de son mari, d'en affirmer la nécessité et la légitimité indiscutables dès lors qu'on essaie de faire pression sur elle pour qu'elle y renonce. Lorsqu'Archer se rend chez elle pour aborder la question du divorce, elle exprime ce que signifierait pour elle cet acte :

……………

1. Le succès de Worth s'inscrit dans la trajectoire du Second Empire. Avec Napoléon III, Paris était redevenue une capitale impériale. L'empereur voulait en faire une vitrine pour l'Europe. La demande en articles de luxe, y compris les vêtements et robes à la mode, atteint des niveaux inconnus depuis la Révolution. Quand Napoléon III épouse Eugénie de Montijo, les goûts de la nouvelle impératrice donnent le ton de la cour : Worth y est en faveur et devient un couturier très demandé dès les années 1860. Il compte dans ses clientes des membres de la haute société parisienne et de l'aristocratie venue de toute l'Europe comme Elisabeth d'Autriche, la fameuse impératrice Sissi. Le style inspiré des époques passées est la marque de fabrique de Charles Frederick Worth.

« Je veux être libre ! Je veux que tout le passé soit effacé ! » (p. 121). En femme qui a souffert, Ellen Olenska souhaite divorcer pour s'émanciper. Dans un premier temps, Archer se méprend sur les raisons de cette liberté qu'elle revendique, méprise due à la rumeur d'adultère avec le secrétaire et à l'accusation portée par son mari dans une lettre qu'il a pu lire en accédant au dossier de divorce : « Ellen espérait-elle épouser le complice de sa faute ? » (p. 124). Mais c'est bien à une liberté synonyme de solitude qu'aspire Ellen, elle qui aime la solitude, comme elle le suggère lors de la première entrevue qu'elle a avec Archer : « J'aime cette petite maison [...] surtout, je crois, parce qu'elle est dans mon pays, à New York, et... et que j'y suis seule », dit-elle, avant d'ajouter qu'elle aime être seule puisque ses amis l'empêchent de sentir sa solitude (p. 88). Or, alors même que son entourage la pousse à retourner chez son mari, Ellen Olenska est résolue à ne pas le rejoindre, préférant sacrifier le faste de sa vie antérieure pour son indépendance. Medora Manson énumère devant Archer tous les biens matériels auxquels Olenska renonce en quittant son mari : « Les bijoux, les perles historiques, les émeraudes de Sobjeski, les zibelines. Bah ! elle ne se soucie pas de tout cela. » Lorsqu'Archer la rejoint à Boston, elle vient de prendre la décision avec assurance (« mon parti est pris », dit-elle) de ne pas accepter la proposition d'une « somme considérable » faite par le comte Olenski en échange de quelques dîners partagés « de temps à autre » (p. 219). Partagés ? En réalité, la clause du contrat était de « s'asseoir en face de lui à table », autrement dit de faire de la figuration de façon occasionnelle en fonction de ses besoins de représentation mondaine de manière à continuer à faire croire à leur alliance, à gommer le scandale de la séparation. Intègre et entière, Olenska refuse de se laisser acheter comme une esclave. C'est la liberté qu'elle a irrévocablement choisie, refusant la servitude volontaire.

Ce qui choque surtout à New York, c'est la revendication d'Ellen Olenska d'être une femme libre, dans une société qui refuse aux femmes l'émancipation. Mme Olenska, lorsqu'elle arrive à New York, est avant tout, aux yeux de ceux qui la reçoivent, une femme qui a quitté son mari. C'est ce qui choque à New York où les femmes n'ont même pas conscience du joug auquel elles sont soumises et n'ont, par là même, aucun désir de s'en affranchir comme Archer s'en fait la remarque. C'est parce qu'elle a fui son mari, rompu les liens qui la contraignaient à faire communauté avec un homme débauché qui n'avait guère souci d'elle que son apparition à l'Opéra fait scandale, d'autant plus qu'elle partage la loge de May, jeune fille immaculée comme sa robe blanche et promise aux fiançailles. « C'est osé d'avoir amené Miss Welland le même soir » (p. 33). C'est que Catherine Mingott, peu soucieuse des ragots, est leur grand-mère commune, une femme qui n'aime guère qu'on lui dise ce qu'il faut faire ou ne pas faire ! Une femme qui reprend sa liberté serait-elle donc immanquablement vouée au déshonneur ? Les hommes présents reconnaissent pourtant le caractère nocif de son mari, le comte Olenski : il est « la pire des brutes, dit Lawrence Lefferts qui l'a connu à Nice [...] Un individu [...] cynique, méchant, [... qui collectionnait] les femmes » (p. 32). Néanmoins, la rumeur selon laquelle « elle a décampé avec le secrétaire de son mari[1] » jette sur elle l'opprobre, comme si cette liberté qu'on lui suppose

1. Rumeur qui s'avère fausse dès qu'entre en scène M. Rivière, le fameux secrétaire, homme droit s'il en est.

avoir prise était nécessairement plus grave que le comportement de son époux. Alors que Lawrence renchérit en disant qu'il ne voit pas « la nécessité de la faire parader à l'Opéra », Archer entend un tout jeune homme, situé derrière lui oser dire qu'elle est peut-être « trop malheureuse pour qu'on la laisse seule à la maison » (p. 33). Cette figure fugace, anonyme, illustre à merveille la façon dont la fraîcheur et les réflexes sains de la jeunesse sont étouffés par la mentalité ambiante : alors que sa remarque a suscité un rire dans la loge, « le jeune homme rougit et fit semblant d'avoir voulu risquer une insinuation malveillante » pour faire comme tout le monde (p. 33).

Ellen Olenska est donc d'emblée perçue comme une femme aux mœurs douteuses ; N'a-t-elle pas « plaqué » son mari en compagnie de son secrétaire ? Dès lors, elle paie le prix fort, parce qu'à New York sévit une règle qu'elle ne perçoit pas d'emblée, et qui veut qu'« en somme la vraie faute vie[nne] toujours de la femme ». De fait, **la rumeur lui vaut d'être sacrifiée socialement**, car, comme le lui dit Archer « si une femme, même calomniée, même irréprochable, a la moindre apparence contre elle, [...] si sa conduite prête à des insinuations... », le déshonneur ne peut que s'abattre sur elle, qu'entacher sa réputation. Toute la communauté qui gravite autour d'elle, sourde aux difficultés qui l'attendraient si elle rentrait chez son mari, œuvre à lui faire renoncer au divorce, dans un premier temps, puis l'incite à retourner chez lui. Même le clan Mingott fait bloc pour la dissuader de divorcer. « **Toute la famille est contre le divorce**, dit Mr Letterblair qui demande à Archer d'étudier le dossier, **et je crois qu'elle a raison** [...] Un divorce est toujours une chose pénible » (p. 111-112). Archer réagit en accusant à juste titre une société « ne songeant qu'à se barricader contre tout ce qui [peut] être “pénible” et qui se refuse à comprendre les situations humaines complexes. Alors même qu'Olenska renonce finalement à divorcer, la communauté renferme sur elle son étau, l'enjoignant de retourner chez son mari, et refusant de continuer à lui dispenser ses “bonnes grâces” » (p. 240) lorsqu'elle refuse de le faire, signe que, quand bien même une femme libre peut faire des concessions à cette société qui ne veut pas de femme émancipée, ces concessions ne seront jamais suffisantes.

f La bienveillance contre la médisance

Or, Ellen, répond à la mise à l'écart par la bienveillance, laquelle contraste avec la violence hypocrite de son expulsion finale. Ellen Olenska fait preuve au début d'une certaine ingénuité à l'égard du monde dans lequel elle arrive. Elle se confie ainsi à Archer : « Je ne m'apercevais pas tout d'abord qu'on ne m'accueillait qu'avec réserve, qu'on me trouvait compromettante. [...] J'avais l'impression, en arrivant ici, que tout le monde était pour moi plein de bienveillance, heureux de me voir. » Au début de son séjour, la jeune femme ne voit pas l'animosité qui affleure sous l'apparente bienveillance de ceux qui l'accueillent. Jusqu'à la fin du roman, elle témoigne d'une reconnaissance à l'égard de ceux qui l'ont accueillie, qui contraste avec la teneur réelle de cet accueil : elle dit elle-même à Archer qu'elle « n'oublier[a] jamais l'accueil qu'elle [a] reçu à son retour d'Europe » (p. 225) et fait preuve d'une gratitude sans équivoque. Le contraste entre sa bienveillance et la méfiance que lui opposent certains est patent, par exemple, dans la façon dont Mrs Archer la reçoit. Alors qu'elle se présente d'elle-même chez les Archer, disant « vouloir [les] connaître, parce qu'[Archer a] été si bon pour elle » , Mrs Archer perçoit chez elle un « manque de simplicité » et une certaine hypocrisie : « Elle fait certainement tout ce qu'elle peut pour être aimable et se rendre agréable », dit-elle, semblant insinuer par là que la bonté d'Ellen relève davantage d'un calcul (p. 157).

Par ailleurs, Ellen Olenska témoigne d'une supériorité morale sur tout ce monde par sa bonté à l'égard des individus jugés subalternes ou indésirables. Familière des sociétés européennes « certainement moins fermée[s] » (p. 134) comme le suppose Ned Winsett, Ellen Olenska ne voit pas les différentes catégories sociales et la ségrégation mentale qu'elles induisent : « Elle passe devant nos petites catégories sociales sans même s'en apercevoir », dit Archer à son ami journaliste (p. 134). Ellen fait voler en éclats les normes régissant les rapports hiérarchiques. Ainsi traite-t-elle sa servante comme une égale tout en lui donnant des ordres : « Ma chère, courez-y vous-même. Tenez, mettez mon manteau et filez ! » (p. 168). Archer note alors qu'« une femme du monde, à New York, n'aurait pas appelé sa servante "ma chère", et ne l'aurait pas envoyée faire une course en lui prêtant sa sortie de bal » (p. 168).

La façon spontanée dont elle se précipite pour relever l'enfant des Winsett témoigne aussi d'un naturel dans ses relations de voisinage : « Elle a été si bonne pour mon petit garçon ! L'enfant avait dégringolé du perron dans la cour, et s'était fait une mauvaise écorchure. Elle s'est précipitée pour le relever, et, tête nue, elle nous l'a rapporté dans ses bras après lui avoir fait un beau pansement » (p. 134). Dans sa précipitation, elle n'a pas pris la peine de se couvrir la tête, comme il était certainement de rigueur dès lors qu'une femme sortait de chez elle pour aller chez quelqu'un… « Elle était si belle et si touchante que ma femme en a oublié de lui demander son nom. » Le jugement que porte sur elle Winsett, étonné qu'elle soit une « comtesse », dit combien cette bonté qui s'applique à tous ceux que la haute société de New York ne regarde même pas, est supérieure à la clôture de leur entre-soi. Enfin, Ellen Olenska témoigne d'une grande générosité à l'égard de Regina Beaufort, que toute la société a ostracisée à la suite de la faillite de son mari. Ainsi, avec une belle solidarité féminine, faisant fi des préjugés qui clouent Regina Beaufort au scandale qui frappe son mari, elle va la voir « avec son plus beau chapeau [et] avec un parfait sang-froid », pour porter secours à une « femme malheureuse » (p. 268).

g Le sacrifice final

La supériorité morale d'Ellen Olenska sur la mesquinerie et l'hypocrisie de ses censeurs clandestins se manifeste dans la manière dont **elle se sacrifie pour la communauté, afin de préserver le mariage de sa cousine May et d'Archer**. Celle sur qui, comme elle le dit, « on […] dit de bien vilaines choses » (p. 172), procède à une série de sacrifices très nobles pour préserver la famille qui l'a accueillie à New York. Ces renoncements s'inscrivent dans le cadre d'un profond changement qui s'est opéré en elle. Au chapitre XVIII, alors que le mariage n'a pas encore eu lieu, Ellen et Archer s'aperçoivent que leur amour est réciproque et qu'un malheureux concours de circonstances et de malentendus n'a pas rendu possible un aveu qui aurait clarifié la situation et qui aurait pu, peut-être, la changer. Mais il est trop tard : ils sont mis face à l'irréversible et à l'irrévocable. Ellen sait que tout n'est pas maîtrisable dans la vie. Ayant perçu chez Archer la déstabilisation interne des certitudes reçues de ces gens programmés par une rigueur morale formelle qui confondent d'ailleurs loi morale et code social, elle formule de façon concise les conclusions qu'elle a tirées de ce spectacle : « Les gens trop sages ne me persuadent pas : ils n'ont jamais été tentés... Mais vous, vous compreniez ! Vous saviez comment la vie vous tire à elle avec ses mains tentatrices ; et pourtant vous haïssiez les concessions qu'elle suggère, vous haïssiez la jouissance achetée au prix du mensonge, de la cruauté, de l'indifférence ! Jamais je n'avais connu personne qui vous ressemblât, qui fût aussi loyal, aussi généreux » (p. 175). Ainsi, Ellen Olenska, sensible à l'honnêteté d'Archer, à sa « loyauté », a appris à son contact à regarder de façon distanciée et critique ses propres conceptions antérieures. Ce changement est tel que « [les choses] à quoi [elle tenait] le plus dans [son] ancienne vie [lui] semblent médiocres en comparaison ». Elle ne veut pas revenir dessus : « Ne détruisons pas ce qui est votre œuvre ! [...] Je ne peux pas revenir aux manières de penser que j'avais avant vous » (p. 175), dit-elle à Archer, insistant par-là sur le caractère définitif de cette révolution intérieure. Le premier sacrifice auquel elle a consenti, certes sur les conseils d'Archer en personne, a été de renoncer à son divorce pour éviter les retombées qu'un scandale aurait pu avoir sur sa famille. De fait, elle explique à Archer : « C'est vous qui m'avez fait comprendre qu'on doit se sacrifier pour préserver la dignité du mariage, pour épargner à sa famille un scandale. Et parce que ma famille allait devenir la vôtre, pour May et pour vous j'ai fait ce que vous m'avez demandé, ce que vous m'avez affirmé que je devais faire » (p. 173). Elle avait abdiqué devant un homme qu'elle aimait, faisant preuve une première fois d'abnégation en sacrifiant son projet de divorce en se rangeant aux raisons majoritaires, à l'opinion de la tribu !

Elle fait ensuite un deuxième sacrifice, par égard pour sa cousine May : celui de son amour pour Archer. Car Ellen est habitée par un amour profond pour Archer. En témoignent les « larmes qui débord[ent de ses] paupières [...] et roul[ent] lentement de long de ses joues » lorsqu'elle avoue souffrir de sa séparation d'avec lui, et surtout « l'intense rayonnement intérieur » qu'Archer peut « li[re] sur [son] pâle visage » au musée, et qui lui fait penser « que jamais auparavant il n'avait de ses yeux vu l'amour ». Son amour est profond et frappant de sincérité. Néanmoins, Ellen, par loyauté envers sa cousine et pour préserver le lien conjugal qui l'unit à Archer, procède à son sacrifice. L'annonce précoce par May d'une grossesse pourtant encore non avérée tranche définitivement le fil du destin qui les avait fait plus que s'entrecroiser. Après avoir sacrifié son amour pour Archer, elle renonce au projet qui l'avait fait revenir en Amérique : deuxième sacrifice. Ainsi, lorsque May lui dit qu'elle attend un enfant, elle prend elle-même la décision de repartir en Europe, pour s'éloigner d'Archer et ne pas être pour lui une tentation qui viendrait entacher la « loyauté » qu'il doit à sa famille. Cette décision sans appel possible, nette, déterminée, a pour conséquence une pacification, au-delà d'un vain désespoir : « C'était le résultat de l'équilibre parfait que Mme Olenska avait su établir entre ce qu'ils devaient de loyauté aux autres et de franchise à eux-mêmes » (p. 230-231). Ellen fait ce choix en femme d'expérience. Car Ellen a vu la Gorgone, et celle-ci lui a « ouvert les yeux » de telle sorte qu'elle ne peut plus « connaître l'obscurité bienfaisante ». La Gorgone lui a appris qu'il n'y a pas sur terre un pays « où [les] mots comme [celui de "maîtresse"...] n'existent pas », où ils puissent vivre leur amour en oubliant les engagements qu'ils ont contractés. Consciente qu'une expérience aussi intense, exceptionnelle et vraie soit-elle n'est peut-être qu'"une brèche lumineuse, une grâce qui fait irruption de façon inattendue et insolite dans la vie, Ellen témoigne d'une maturité et d'une responsabilité exemplaires et s'exile délibérément pour permettre à Archer de vivre avec intégrité son rôle de mari et de père dans la stabilité rassurante et protectrice des individus par la cohésion qu'une telle communauté requiert.

h Ellen, la Gorgone et le principe de réalité

Au chapitre XXIX, Archer tente de faire le point, disant à Ellen que leur situation ne peut durer : être ainsi ensemble et séparés. Il vient de lui dire qu'elle est la femme la plus sincère qu'il ait jamais connue. Alors qu'Ellen substitue le mot de vérité ¬ « la plus vraie » corrige-t-elle¬ à celui de sincérité qui ne qualifie qu'un état subjectif, Archer comprend : « Vous regardez les choses en face », c'est-à-dire avec objectivité, sans dérobade. Songeant à son histoire personnelle ¬ très tôt orpheline, puis mal mariée ¬, elle répond qu'elle y a été contrainte : « J'ai dû fixer mes yeux sur la Gorgone. » La Gorgone ne l'a pas pétrifiée puisque c'est la vie qu'admire en elle Archer. Mais elle ne l'a pas aveuglée non plus. Elle lui a, dit-elle, non pas séché mais brûlé les larmes. Mais la brûlure de la combustion qu'elle lui a infligée a laissé en elle son empreinte en lui ouvrant les yeux sans que plus jamais ses paupières coupées ne puissent se refermer, la condamnant à ne plus pouvoir se détourner de la clairvoyance. **Les épreuves ont sculpté son âme, l'ont rendue lucide : elle ne peut plus se cacher la rigueur imposée par le principe de réalité. Alors qu'Archer veut descendre du coupé qui les mène chez la grand-mère, elle lui demande de rester pour envisager ensemble « non des rêves, mais des réalités**[1] » (p. 260). Elle sait que l'amour qu'ils ont l'un pour l'autre ne peut les réunir dans la vie ordinaire. Ce qu'il y a de commun entre eux ne peut s'incarner dans la réalité sociale dont les contours sont désormais trop nettement dessinés. « Il n'y a pas de *nous* » possible entre eux s'ils veulent l'inscrire dans le concret, en intercalant leur relation dans une fissure sociale condamnant à la clandestinité. « Il n'y a pas de *nous* dans ce sens-là ! Nous ne sommes l'un près de l'autre qu'à condition de rester séparés. Alors seulement nous pouvons être nous-mêmes. Autrement, nous serons Newland Archer, le mari de la cousine d'Ellen Olenska, et Ellen Olenska, la cousine de la femme de Newland Archer, volant un bonheur qui ne leur appartient pas » (p. 262). Elle sait, par expérience, ce que c'est que d'aimer et d'être trahie, ce qu'indique la « voix singulière » avec laquelle elle précise à Archer : « Vous ne savez pas ce que vous me demandez ; et moi, je le sais. » N'ayant pas la même maturité qu'Ellen, Archer voudrait tout à la fois, comme le font les enfants, mais le vent gèle ses larmes sans aiguiser sa clairvoyance au point de le faire renoncer au principe de

....

1. On peut faire le parallèle avec la réaction de May qui, aux sollicitations d'Archer voulant hâter le mariage répond : « Vous voulez donc m'enlever ? Nous ne pouvons pourtant pas agir comme des amoureux de roman » (p. 97). Ellen aussi refuse la fuite en amoureux loin du monde et de ses entraves !

plaisir qui viendrait réaliser son rêve. Seule la détermination inébranlable d'Ellen peut faire fondre ce gel opacifiant qui aveugle les yeux.

i Ellen Olenska : une « Aphrodite à la rhétorique socratique »

Par une sorte de maïeutique, Elle Olenska a eu une fonction révélante auprès d'Archer constamment tiraillé entre une vie qu'il perçoit prosaïquement comme « une activité assez réelle et inévitable » et les contrées idéales d'un monde aux frontières abolies. Le dialogue, les échanges qu'ils ont été amenés à avoir, les silences éloquents même ont constitué un véritable parcours initiatique qui, sans éjecter Archer de son monde, lui ont fait prendre, certes dans la douleur, la distance nécessaire pour regarder la vie, les autres et, d'abord lui-même autrement, pour comprendre que ce que New York vénérait dans son culte du « bon ton », son souci de sauvegarder les apparences fût-ce au prix du mensonge, ce qu'on y prenait comme valeurs indépassables n'étaient pas à absolutiser mais à relativiser. En ouvrant à Archer les portes de la vérité par le biais de la passion, dans un *eros* quasiment platonicien quoique non dépourvu de sensualité, Ellen Olenska, s'est faite, d'abord à son insu maïeuticienne, puis de façon de plus en plus consciente et responsable, accouchant l'esprit de Newland comme Socrate celui de ses disciples. C'est donc à une véritable initiation qu'elle a procédé auprès de lui... Mais, si chaque nouvelle rencontre a été pour lui une nouvelle étape dans la prise de conscience, dans l'autoanalyse par le « regard réflexif » que ce qu'elle lui révèle lui impose[1], Archer a, de son côté opéré une révolution en Ellen. Il n'y a pas que dans le miroir que leurs regards se sont croisés.

Leur relation, initiée par le souci de guider et d'aider la nouvelle venue dans le « labyrinthe » new-yorkais s'était avérée vite féconde par la réciprocité de l'échange, dilatant le champ visuel, aiguisant le regard : « C'est vous qui ouvrez mes yeux à des choses que je regarde depuis si longtemps que je finis par ne plus les voir. » avait dit ainsi Archer à Ellen (p. 90). Mais, si Archer avait le sentiment qu'Ellen lui avait révélé ce qu'était la « vraie vie », au chapitre XXIV, c'est Ellen elle-même qui lui avait expliqué, à ce stade de l'intrigue, pourquoi elle ne retournerait pas « là-bas », en Europe : « Pourquoi ? Je crois que c'est à cause de vous » lui avait-elle répondu. « Du moins, c'est vous qui m'avez fait comprendre que, sous l'ennui et l'uniformité de cette vie, se cachent des choses si belles, si nuancées, si délicates, que même celles à quoi je tenais le plus dans mon ancienne vie semblent médiocres en comparaison » (p. 226). Et, explicitant son propos dans un langage que n'aurait pas réprouvé Spinoza[2], grand penseur des passions, donc de l'ambivalence humaine, elle avait poursuivi : « Je n'avais jamais compris jusqu'alors que les plaisirs les plus raffinés s'achètent souvent au prix de la cruauté, de la bassesse... Je veux être parfaitement loyale avec vous et avec moi-même. Longtemps j'ai espéré

....

1. *Cf.* l'analyse d'Anne Ullmo, *op. cit.*, p. 80.

2. Sur ce point, Wharton rejoint Spinoza qui montre que les passions sont le fond de la nature humaine et que la civilisation consiste à les modeler, permettant de les sublimer, de les mettre au service de la raison ou sous son gouvernement sans les abolir.

l'occasion de vous dire quelle sorte de secours vous m'avez apporté, ce que vous avez fait de moi » (p. 226). Archer avait répondu « Je suis votre œuvre bien plus que vous n'avez été la mienne. Je suis l'homme qui a épousé une certaine femme parce qu'une autre lui a ordonné de le faire » (p. 227). C'est qu'Ellen avait appliqué la maxime proposée avec tant de franchise, d'honnêteté et de générosité par May à Archer avant leur mariage, en voulant le délier de son engagement envers elle au cas où il y aurait une autre femme dans sa vie[1]. C'est exactement ce que fait Ellen Olenska qui se retire, consciente d'être entrée par hasard et par effraction involontaire dans un double destin déjà scellé par la bénédiction de la communauté. Devant la vie qui s'annonçait à travers l'annonce d'un enfant qui signifiait l'ouverture du temps, il convenait de mourir aux fantasmes que quelques instants d'éternité avaient engendrés dans les âmes en en gardant secrètement mais jalousement le trésor et de revenir à la prose et au devoir des jours qu'égrènerait le temps du monde.

4.3 Archer Newland : un chemin difficile vers une voix singulière

a Un homme à l'interface de deux mondes

Newland Archer porte dans son nom une partie de la problématique de l'ouvrage de Wharton. Archer est né dans ce nouveau monde qu'est l'Amérique, nouveau du moins aux yeux des Européens. Or, vu par ceux qui viennent d'Europe dans les années 1870, ce monde est déjà vieux. Il a vieilli et se trouve confronté à des forces novatrices qui compromettent la stabilité des traditions importées d'un monde plus proche de l'Ancien Régime pour la France ou de la vieille Angleterre que du monde moderne naissant. La trajectoire d'Archer est celle d'un jeune homme coutumier des pratiques de la haute société new-yorkaise héritière de cette vieille Europe, de ses *habitus* dirait Bourdieu, qui se voit confronté à une nouvelle façon de voir la vie, les relations envers soi-même et envers les autres par le spectacle des *habitus* venus d'Europe en la personne d'Ellen Olenska[2]. Archer est donc à l'interface de deux mondes : en lui, le monde bascule des conventions, des piliers mentaux inconscients sur lesquels repose la structure sociale qui l'a formé à l'intuition d'une spontanéité et d'une authenticité[3] libératrices. **Il oscille entre le sentiment d'être emmuré** – il parle même du sentiment d'une vie

....

1. « Je ne voudrais pas devoir mon bonheur à un tort, à une déloyauté envers une autre, et je veux croire que vous partagez mon sentiment… Je voulais vous le dire depuis longtemps. Je voulais vous dire que, quand deux êtres s'aiment véritablement, je comprends qu'il puisse y avoir des situations qui donnent droit d'agir contre l'opinion publique… Et si vous vous sentez le moins du monde engagé… et s'il y a un moyen de remplir vos engagements – même au prix de son divorce… Newland, n'essayez pas de vous soustraire à votre parole à cause de moi » (p. 155).
2. Pierre Bourdieu définit ainsi l'*habitus* comme étant des « structures structurées prédisposées à fonctionner comme des structures structurantes ». Structures structurées puisque l'*habitus* est le produit de la socialisation ; mais il est également structures structurantes car générateur de nouvelles pratiques.
3. Archer remarque aussi, lors du dîner donné par les Van der Luyden que « la comtesse Olenska avait plus de vraie simplicité que la plupart des femmes présentes » (p. 77).

morte – **et celui d'une autre vie possible qu'il appelle « la vraie vie »**. Les vecteurs de cette intermittence sont May Welland et Ellen Olenska. Il navigue d'une femme à l'autre, porteuses de deux visions de la réalité qui opposent passion et raison, « l'une excluant l'autre selon une perspective plus puritaine que platonicienne » écrit Anne Ullmo. Mais, ce n'est pas au nom de la raison qu'Archer renonce à la passion, c'est par soumission à l'ordre puritain auquel il se voit contraint de céder. Les stratégies d'évitement auxquelles il a recours alternent avec la nécessaire confrontation avec un réel tangible qui fait barrage à ses fantasmes d'évasion.

« Au début du récit, le réel d'Archer est <donc> très clairement défini en termes d'habitudes et de conventions et même si, en qualité d'*insider,* il ose jeter un regard critique sur les rituels auxquels il a été initié, seul le commerce avec la comtesse Olenska lui donne accès à un niveau supérieur de conscience[1]. » À son contact[2] en effet, son champ de conscience s'ouvre progressivement : son conformisme se fissure au spectacle de la spontanéité et de l'authenticité émotionnelle et existentielle de cette femme qui fait irruption dans sa vie juste au moment où il va, par son mariage « exemplaire », s'engouffrer dans la gueule de cette société compassée et étouffante au risque de s'y enliser. Le vide ontologique que camoufle le vernis social va peu à peu le dérouter, lui faire infléchir son cheminement intérieur jusqu'à lui faire expérimenter un sentiment d'irréalité dans la vie ordinaire. Ressentant le dénivelé existentiel entre l'authenticité d'Ellen et le conventionnalisme artificiel, spirituellement si pauvre, auquel se soumettait son entourage, il avait érigé dans son cœur un sanctuaire à Ellen « qui bientôt était devenu le seul théâtre de sa vie réelle ; là aboutissaient toutes ses idées, tous ses sentiments. Hors de là, sa vie ordinaire lui semblait de plus en plus irréelle. Il se heurtait contre les préjugés et les points de vue traditionnels comme un homme absorbé se heurte contre le mobilier de sa chambre » et, « par moment, il avait l'impression d'être emmuré vivant » (p. 147). Dans les fragments intemporels qu'il arrache auprès d'elle au devoir, dans l'expérience d'un désir d'une intensité qui le bouleverse, et pour lesquels il est prêt à braver les interdits les plus comminatoires de son monde, **il fait l'expérience d'une authenticité dans la relation à l'autre telle qu'elle affecte de déréalisation ce qu'il vit en son absence.** Les personnages de May et d'Ellen incarnent deux mondes étrangers l'un à l'autre et Newland, parti de l'un, se dirige vers l'autre au fur et à mesure que le roman se développe pour revenir au premier après un renoncement qui signe son accès à une maturité obligée de faire son deuil d'un amour qui, en tout cas, aura changé son regard sur la vie.

b Archer Newland au début du roman : le gentleman typique du « vieux New York »

Archer Newland qui apparaît dans les premiers chapitres du roman se présente comme un jeune *gentleman* dilettante, attaché aux traditions de son « vieux New York ». Au début du roman, Archer est un jeune homme d'environ vingt-six ans, conforme en

....

1. Anne Ullmo, *op. cit.*, p. 77.
2. « Il sentait qu'elle était femme à changer en lui toute l'échelle des valeurs » (p. 117).

tous points à ce qu'attend de lui la haute société new-yorkaise qui l'a vu grandir. Ainsi nous est-il dit rapidement que ce *gentleman* arrive en retard à l'Opéra « parce que New York [n'est] pas une de ces villes de second rang où l'on arrive à l'heure à l'Opéra » et que ce « qui se fait » ou « ne se fait pas » joue « un rôle aussi important dans la vie de Newland Archer que les terreurs superstitieuses dans les destinées de ses aïeux, des milliers d'années auparavant » (p. 22). Les règles qui, à New York, visent à codifier jusque dans les moindres détails l'attitude des individus à l'aune de ce qu'ils aiment appeler le « bon ton » ou le « bon goût » lui sont non seulement tout à fait familières, mais dignes, à ses yeux, d'être suivies à la lettre. Outre le fait d'arriver en retard à l'Opéra, le code de New York dicte à Newland de « se servir de deux brosses à dos d'argent, chiffrées d'émail bleu, pour faire sa raie, et de ne jamais paraître dans le monde sans une fleur à la boutonnière, de préférence un gardénia[1] » (p. 22-23). Autant de conventions qui semblent tout à fait naturelles à Archer, qui maîtrise les plus infimes nuances du code du « vieux New York ». Parfaitement intégré à sa communauté, parfait *gentleman,* Newland est aussi un amateur d'art, de « bon goût ». C'est un connaisseur du *Faust*[2] de Gounod, comme il est connaisseur de littérature classique (Goethe, Homère) ou encore de peinture (Botticelli, Fra Angelico). Par sa culture intellectuelle et artistique, il se sent nettement supérieur à ces spécimens choisis dans le gratin du vieux New York qui forment le public de l'opéra auquel il assiste. « Il avait plus lu, plus pensé, et plus voyagé que la plupart des hommes de son clan » (p. 25). Cultivé, il a tout du dandy dilettante – les côtés appréciables comme les côtés risibles que ne manquera pas de remarquer Winsett ultérieurement. De fait, on relève une certaine inconsistance d'Archer, qui perce dans la satisfaction qu'il a de lui-même. Ravi de constater que « la plupart [de ses plaisirs sont] délicat[s] » (p. 22), il n'en rejette pas pour autant la sociabilité de « ces messieurs giletés de blanc, aux boutonnières fleuries, qui se succédaient dans la loge du cercle, échangeant avec lui de légers propos et lorgnant en amateur les femmes qui étaient le produit de ce système ». Si, **« isolément »**, ils « trahissaient leur médiocrité intellectuelle », **en bloc**, ils représentaient « New York », et, « par une habitude de solidarité masculine, Newland Archer acceptait leur code en fait de morale. Il sentait instinctivement que, sur ce terrain, il serait à la fois incommode et de mauvais goût de faire cavalier seul » (p. 25). Ainsi Archer joignait-il dans l'autosatisfaction un conformisme routinier à un certain esprit critique et à une certaine « vanité ».

c Un mariage satisfaisant en perspective

Produit du « vieux New York », Archer est d'autant plus conforme à ce qui est attendu d'un *gentleman* qu'il s'apprête à contracter un mariage endogame avec une jeune femme dont il est sincèrement épris. Archer s'est fiancé avec May l'après-midi précédant le spectacle à l'Opéra qui ouvre le roman. « Mrs Archer… trouvait les fiançailles de son fils parfaitement satisfaisantes Il n'y avait à aucun point de vue de meilleur parti à

....

1. « La société bourgeoise est caractérisée par une attention au détail. »

2. À la fin du roman, c'est encore à ce *Faust* qu'il doit assister à l'Opéra avec sa femme, les Van der Luyden, Mrs Archer et Mr Sillerton Jackson.

New York que May Welland. » Elle était soulagée de voir son fils, malgré « l'affaire absurde avec Mrs Rushworth » « doubler victorieusement le Cap des Sirènes pour entrer dans le port d'un mariage irréprochable » (p. 54). « Bien entendu, un tel mariage n'apportait à Newland que ce qu'il était en droit d'espérer ; mais les jeunes gens sont si sots et si déconcertants, et certaines femmes tellement séduisantes et dénuées de scrupules », que les choses auraient pu être plus compliquées. Mais le fait était là : c'était un « miracle » qu'il en ait été épargné.

Archer est fier de « s'allier à une jeune fille de son espèce » qui lui semble convenir en tous points à ce qu'il peut attendre d'une épouse. Animé d'une « joie sincère » à l'idée de ses fiançailles et « sincèrement épris », il se projette avec romantisme dans l'engagement qui l'attend : « Déjà les rêves du jeune homme, allant plus loin que la bague de fiançailles, le premier baiser et la *Marche Nuptiale de Lohengrin*, [...] lui représentaient [May Welland] à ses côtés dans quelque paysage magique de la vieille Europe » (p. 24). Archer envisage les différentes étapes qui rythment le rituel du mariage – fiançailles, premier baiser, cérémonie du mariage et voyage de noces – avec enthousiasme. Celui qui sort d'une histoire d'amour avec une femme mariée, Mrs Rushworth, aventure dont l'issue lui a semblé une « tragédie » « affreuse » et blessante (p. 54), est heureux de s'allier avec une femme dont il préjuge qu'elle ne se laissera aller à « aucune faiblesse semblable » à celle à laquelle s'était laissée aller Mrs Rushworth... avec lui (p. 25). L'innocence de May Welland était rassurante, et sincère son « tendre respect pour la pureté profonde » de la jeune fille.

Néanmoins, **si l'alliance annoncée satisfait à tous les critères du milieu et réjouit Archer, quelque chose de l'ordre du stéréotype se mêle d'emblée à leurs échanges amoureux.** Ainsi, au bal Beaufort, alors qu'Archer fait part à May de son souhait qu'ils partagent dans l'intimité les premières heures de leurs fiançailles, celle-ci lui rétorque : « Mais, après tout, même ici, nous sommes seuls ensemble, n'est-ce pas ? », ce à quoi Archer répond : « Ô bien-aimée, oui, toujours ! » ; avant de se dire intérieurement : « Évidemment, elle comprendrait toujours : elle dirait toujours ce qu'il faudrait » (p. 41) comme si leur conformité extrême à des normes multiples barrait la route à l'inattendu, à l'originalité et la spontanéité. Il a, au début du roman, un regard paternaliste envers May qu'il appelle intérieurement « l'adorable enfant », préjugeant que May « ne se doute même pas de ce que [...] veu[lent] dire », sur scène, les avances insistantes de Faust à l'égard de Marguerite (p. 24). Il se projette dans la posture de l'initiateur, de celui qui éduquera intellectuellement et sensuellement sa femme : loin de vouloir laisser la future Mrs Newland Archer à sa naïveté et à son ignorante candeur, il veut lui faire acquérir un tact mondain et une vivacité d'esprit la mettant « à même de rivaliser avec les plus admirées des jeunes femmes de son entourage » (p. 25). Véritable Pygmalion, il veut la façonner à son gré, et la rendre capable d'« attirer les hommages masculins, tout en les décourageant », « car dans ce milieu, c'était un usage consacré » ! Usage quelque peu ambigu que celui de la séduction pour provoquer la frustration, exercice de haut style dont l'innocence est pour le moins difficile à déceler... C'est qu'**il campe la figure de sa future épouse d'abord sur la scène – les salons, les bals, les spectacles – où les êtres évoluent les uns par rapport aux autres en représentation,**

au niveau de l'image sociale. Archer ne voit pas la contradiction interne au fait de vouloir une épouse à la fois vive intellectuellement, capable de jouer avec le désir des autres et d'une intégrité parfaite. Il n'a aucun doute sur le fait que May, encore trop candide pour lui, se transformera sous sa tutelle et ne s'inquiète guère de la gageure que représente la création d'un tel « miracle de feu et de glace ». S'il ne doute pas de la réussite de l'entreprise, c'est qu'il a intégré la façon de voir ces choses qu'ont ses semblables masculins. Toujours est-il que c'est avec une May qui aura changé sous sa conduite, et donc une May fantasmée, qui n'est pas la May qu'il a sous les yeux que Newland projette son bonheur futur dans le mariage…

d Des préjugés partagés

Cet Archer, qui a moins d'esprit critique qu'il ne le pense sur la société à laquelle il appartient, en partage donc les préjugés Aussi est-il authentiquement choqué de la présence à l'Opéra d'Ellen Olenska. Sa fugue loin de son mari la lui fait considérer, a priori, comme l'une des « brebis galeuses que l[a] souche irréparable [des Mingott] avait produites ». Traversé par « un sursaut d'indignation », il reconnaît lui-même qu'il partage l'avis du vieux Sillerton Jackson quant au caractère provocateur de l'apparition en public de cette femme qui a pris la liberté de se séparer de son mari et qui, de plus, n'est pas vraiment habillée selon les codes du « vieux New York ». « Le visage pâle et sérieux de la comtesse Olenska lui semblait convenir à la fois à la circonstance et à son malheur. Par là, elle lui plaisait ; mais la manière dont le velours libre du corsage glissait de ses fines épaules le choquait et le troublait. La pensée de May Welland exposée à l'influence d'une jeune femme si insouciante des principes du bon goût lui était insupportable » (p. 32). Rien n'aurait dû l'autoriser à se découvrir plus que ce que New York n'accepte comme convenable, irritation doublée de l'inquiétude que cette présence qu'il considère comme provocante ne vienne ternir l'innocence de sa future épouse. De plus, lorsque May Welland l'invite à discuter avec « l'étrangère », Archer est offensé par la franchise quelque peu désinvolte de la nouvelle venue : face à la remarque quelque peu moqueuse d'Olenska sur les vêtements des spectateurs et à ce qu'il considère comme « une manière […] irrespectueuse de décrire la société de New York », Archer considère que « rien n'[est] de plus mauvais goût qu'une impertinence mal placée » (p. 35). Il prend donc la défense de son « vieux New York ».

e La naissance d'une passion transformatrice

Pur produit de ce « vieux New York », Archer présente cependant des qualités qui vont lui permettre de vivre une transformation profonde au contact de Mme Olenska, de s'ouvrir à l'altérité par-delà les préjugés : une certaine dose de vigilance critique, comme cette tendance à vérifier les informations qui lui sont communiquées, « à peser ses témoignages que les dames de la famille ne mettaient jamais en doute » comme le lui reproche le vieux Sillerton Jackson (p. 50) ; une certaine bonté, ce dont témoigne par exemple le fait qu'il aime avec tendresse sa mère et sa sœur (p. 52) ; la curiosité enfin, ce que dit son goût pour les arts et la littérature. Ces trois qualités constituent le terreau propice à une mutation profonde de son être, transformation qui va s'opérer par l'intermédiaire de sa passion naissante pour Ellen Olenska.

Dès le début, Archer, jeune homme ardent, n'est pas indifférent à Mme Olenska, qui lui paraît plus sensuelle que May. Leurs premières interactions peuvent déjà avoir pour lui quelque chose de troublant : Ellen, lors de leur premier dialogue, évoque la fois où, enfant, il l'a embrassée derrière la porte, et lors du deuxième, elle lui effleure le genou de son éventail. Ces prises de libertés quelque peu osées par rapport au code de la *common decency* qui règle les mœurs à New York ne le laissent pas indifférent. De plus, ce qu'a de mystérieux Mme Olenska suscite chez Archer une curiosité vouée à se transformer rapidement en désir : il apprécie le romanesque, et Ellen stimule son imagination. En la croisant au dîner organisé par les Van der Luyden, « il pensait avec un frisson à ce qu'elle avait dû traverser pour en revenir avec ces yeux-là ! » (p. 78). Son visage lui semble marqué par l'expérience, contrairement aux autres femmes présentes dans le salon Van der Luyden : il raconte une histoire. Aussi, quand elle vient s'asseoir à côté de lui, Archer veut l'interroger sur son passé qui l'interpelle : « Il aurait voulu questionner la jeune femme, plonger dans sa vie passée, que des paroles prononcées négligemment avaient éclairée de lueurs furtives. Mais il eut peur de toucher à des souvenirs troublants […] » (p. 80). Sa curiosité l'incite à braver le premier interdit que pose pour lui son statut de fiancé, à savoir le fait de se rendre chez elle le lendemain du dîner chez les Van der Luyden, « après cinq heures » (p. 81). Ce sera le premier de sept entretiens intimes – quatre ayant lieu avant le mariage de May et d'Archer et trois, après – qui, chacun, font basculer Archer davantage dans la passion.

Le premier entretien qu'ils partagent fait d'Archer le spectateur ému d'une vive émotion d'Ellen et il est l'occasion d'un premier contact physique tendre – Archer prend une de ses mains, la serre, la caresse « comme celle d'un enfant » (p. 92). Il le conduit à lui faire une place dans son cœur : aussitôt sorti de chez elle, il lui fait envoyer un bouquet de roses jaunes.

Lors de leur deuxième entretien, où ils évoquent le projet de divorce d'Ellen, Archer laisse deviner sa jalousie naissante, « furieux » (p. 117) qu'il est de la surprendre avec Beaufort et suspicieux quant à la lettre du comte Olenski, qui semble indiquer qu'Ellen l'aurait quitté pour vivre avec son secrétaire : « Quelle part de vérité enfermait-elle ? » (p. 122). L'attirance pour Ellen est suffisante pour que, dix jours après, il ait d'Olenska « l'esprit rempli » (p. 129), et voie dans la scène d'adieu des amants de *The Shaughraun*, au théâtre Wallack, « le congé qu'il avait pris de Mme Olenska après leur entretien confidentiel » (p. 127). La nuit qui suit leur troisième entretien, dans la « petite maison intime » de Skuytercliff, en homme profondément épris, Archer poursuit à travers les pages enchantées de *The House of Life* « la vision d'une femme qui [a] le visage de Mme Olenska » (p. 147). Enfin, le quatrième entretien marque un basculement : Archer se déclare et ils partagent un baiser, si bien qu'il lui dit son désir de rompre ses fiançailles avec May. Les trois entretiens qui suivent le mariage, à Boston, dans le coupé qui les ramène de Jersey City, et au Metropolitan Museum of Art, confirment l'amour passionnel d'Archer pour Ellen en même temps qu'ils révèlent l'impossibilité pour eux de vivre cet amour.

f Une initiation débouchant sur une révolution du regard

Au contact d'Ellen Olenska, c'est tout un bouleversement qui s'opère en Archer, qui se sent devenir progressivement étranger à sa communauté d'appartenance. Sous le charme de cette jeune femme originale, libre, vivante, Archer découvre une altérité solidement construite. Il est particulièrement sensible à sa vivacité et à sa spontanéité, elle chez qui « l'action jailli[t] de l'émotion » – au contraire de sa fiancée May, caractérisée plutôt par la retenue. Lorsqu'il entre pour la première fois dans le salon d'Ellen, « si différent de ceux auxquels il [était] habitué », à « l'atmosphère [...] si particulière » (p. 85-86), il est enivré par un « parfum » qui évoque l'ailleurs, par « une odeur qui faisait rêver à des bazars lointains, à l'ambre gris, au café turc, et aux pétales de roses desséchées ». Ce sentiment d'exotisme qu'il éprouve alors qu'il est « installé seul au coin du feu à [une] heure intime du crépuscule d'hiver », participe de l'énigme de cette jeune femme venue de loin et il offre surtout au jeune homme une mise en contact intime avec une altérité radicale. Bien que seul dans ce salon, Archer expérimente alors l'intimité d'une manière bien plus profonde et subtile qu'il ne l'a expérimentée, lors du bal Beaufort, lorsqu'il a embrassé May pour la première fois.

Face à Ellen, Archer est comme un enfant qui aurait tout à apprendre. Lui qui se sentait orgueilleusement plus expérimenté que May devient, devant Mme Olenska, un être candide et ignorant du monde réel qui est le sien. Alors qu'il s'apprête à évoquer avec elle pour la première fois son projet de divorce, il pense : « Maintenant, nous arrivons aux dures réalités [...], éprouvant le même recul instinctif qu'il avait si souvent critiqué chez sa mère et chez ses contemporaines. Qu'il avait peu l'expérience de ces situations anormales ! [...]. Devant ce qui se préparait, il se sentait aussi gauche et embarrassé qu'un petit garçon » (p. 121). Ainsi, **Archer, sûr de son assise au début du roman, est mis, lorsqu'il se confronte à Olenska, face à sa propre inexpérience, à sa propre méconnaissance du réel.**

Dès lors, au contact d'une Ellen à la fois si pertinente et connaisseuse des « dures réalités », Archer prend du recul sur la société qui l'a façonné, jusqu'à avoir le sentiment d'y devenir étranger. **« Il sentait qu'elle était femme à changer en lui toute l'échelle des valeurs »**, dit la narratrice, soulignant par-là la révolution intérieure qu'il expérimente à son contact. De fait, **Ellen Olenska lui fait prendre conscience de la vanité de certaines normes inhérentes à son milieu.** Lorsqu'elle se moque de l'influence des Van der Luyden pendant leur première entrevue en insinuant que « la raison [...] de leur grande influence... [c'est] qu'ils se fassent si rares » (p. 90), Archer a d'emblée le sentiment de la justesse de son propos. « C'est vous qui m'expliquerez, vous qui ouvrez mes yeux à des choses que je regarde depuis si longtemps que je finis par ne plus les voir ! » (p. 90) s'exclame-t-il juste après. Il fait, déjà à ce stade du roman, d'Ellen une Gorgone à même de le confronter au réel ! De fait, **Ellen, lui offrant un point de vue étranger à son monde, lui permet d'adopter intérieurement une focale extérieure** : « Si vraiment ils devaient s'entraider, elle lui rendait le premier de leurs services mutuels en lui faisant voir sa ville natale objectivement. Vu ainsi, comme par le gros bout d'un télescope, New York semblait singulièrement petit et distant :

c'est ainsi qu'on l'aurait vu de Samarcande » (p. 90-91). **Citoyen de New York qui n'a jamais quitté sa ville, Archer en devient pour la première fois un observateur extérieur**. Dès lors, les conventions extrêmement rigoureuses, les préjugés ou les opinions étriquées de son monde lui apparaissent dans toute leur vanité. Ainsi, deux jours après sa première entrevue avec Mme Olenska, il est excédé par l'intervention de Janey, qui lui dit combien sa mère et elle sont choquées à l'idée qu'Ellen ait pu se rendre un dimanche chez Mrs Lemuel Struthers : il se dit intérieurement que sa mère a « des idées saugrenues de vieille fille, et aussi les Van der Luyden, et nous tous, dès que la réalité nous effleure », disant ainsi combien il étouffe dans une société incapable de s'adapter à la nouveauté. Plus tard, face à Mr Letterblair qui lui dit combien Mme Olenska gagnerait à ne pas divorcer, il fustige intérieurement « la voix pharisaïque de la société, ne songeant qu'à se barricader contre tout ce qui pouvait être "pénible" » (p. 112), disant une fois de plus, par la métaphore évangélique, sa distance par rapport aux membres du « vieux New York », hypocrites et incapables de s'ouvrir à la diversité subtile des expériences humaines.

La passion naissante d'Archer pour Olenska lui rend, de plus, insupportable ce qu'il entrevoit comme une existence monotone. Deux jours après sa première entrevue avec Mme Olenska, Archer n'a qu'un mot en tête : monotonie. « Monotonie !... monotonie !... Ce mot l'obsédait » (p. 98). Le contact avec cette femme qui pose un regard si perspicace sur son monde lui permet de prendre du recul sur son existence réglée comme du papier à musique : il en devient, du même coup, « obsédé par l'idée que jusqu'à la fin de sa vie il fer[a] vraisemblablement toujours la même chose à la même heure, et dans le même cadre ». Le personnage qui se plaisait, au début du roman, à arriver à l'Opéra un peu en retard parce qu'il était socialement attendu de lui qu'il le fasse perçoit désormais comme une torture un avenir qui se présente insipide. Plus tard, à la suite de la visite qu'il a rendue à Mme Olenska à Skuytercliff, il se plaint de nouveau de la fadeur de son existence : « Les jours suivants se traînèrent péniblement. La monotonie de sa vie lui mettait dans la bouche comme un goût de cendre ; par moments, il avait le sentiment d'être enterré vivant » (p. 147). **Cette fois-ci, son existence, vécue dans un cadre strict, lui apparaît même comme une mort intérieure**. Cette monotonie, après son mariage, devient pour lui une chape étouffante. Lorsqu'il se rend à Portsmouth parce qu'il espère y trouver Mme Olenska chez les Blenker mais qu'il ne l'y trouve pas, il est de nouveau accablé par le constat de la vacuité de son existence qui ne laisse pas place à l'imprévu : « Il songeait à la platitude de l'avenir qui l'attendait et, au bout de cette perspective monotone, il apercevait sa propre image, l'image d'un homme à qui il n'arriverait jamais rien » (p. 216). Celui qui vient de sentir une fois de plus celle qu'il aime lui échapper voit s'échapper avec elle le goût de la vie. Le soir qui suit l'entretien qu'il a partagé avec Ellen dans le coupé de May, alors qu'il est dans la bibliothèque avec sa femme, il exprime littéralement sa suffocation en ouvrant la fenêtre : « On étouffe ici. J'ai besoin d'air » (p. 264), dit-il, avant de se demander intérieurement s'il « [n'y a] pas des mois et des mois que [s]a vie est pareille à la mort », tant il a le sentiment que son existence monotone et son mariage morne l'ont privé du sel de la vie. Son ennui profond est renforcé par l'impression de ne voir dans ceux qui l'entourent que des êtres dénués d'intérêt, copies conformes les uns des autres. Lorsqu'il va retrouver Ellen à Boston, il lui dit : « Chez nous il n'y a ni personnalité, ni caractère, ni variété. Nous sommes ennuyeux à mourir » (p. 226), redisant sa sensation que New York ne produit que des êtres creux, sans originalité.

g Comment ne pas s'enliser dans une vie commune

Si Archer se sent tellement étouffer dans son quotidien, c'est aussi parce qu'il s'enlise dans un mariage qui ne le satisfait pas. Le jeune fiancé qui volait à son aimée un baiser au bal Beaufort en se disant qu'elle « comprendrait toujours » sent progressivement que le bonheur qu'il escompte dans son mariage repose en grande partie sur des illusions. Au début du roman, l'irruption d'Ellen et la conscience de l'importance de l'engagement qu'il vient de contracter auprès de May suscitent en lui des inquiétudes quant à son bonheur de futur homme marié : « Qu'arriverait-il si un jour, pour des causes imprévues, [May et lui] en venaient à ne plus se comprendre, à se lasser, à s'irriter mutuellement ? Passant en revue, parmi les ménages de ses amis, ceux qu'on disait heureux, il n'en trouva pas un qui réalisât même de loin la camaraderie tendre et passionnée qu'il imaginait dans une intimité permanente avec May Welland. Il comprit que cet idéal de bonheur supposerait de sa part à elle une expérience, une adaptabilité d'esprit, une liberté de jugement, que son éducation lui avait soigneusement refusées » (p. 61). Archer doute pour la première fois de la faisabilité du « miracle de feu et de glace » qu'il souhaitait produire : s'il a soif d'intimité et se sent fait pour un amour exigeant, il n'observe pas, chez les couples du cercle social qu'il fréquente, de complicité réelle. Il commence également à comprendre que May ne changera peut-être pas comme il le souhaite. Or, progressivement, sa fiancée en vient à lui apparaître plus fade que l'imprévisible Olenska – et très semblable aux autres femmes, dont les mariages ne lui semblent guère épanouissants. Lorsqu'il la presse de faire en sorte de rapprocher leur mariage et qu'elle lui rétorque qu'ils sont « très bien comme [ils sont] » (p. 96), Archer juge sa réponse « puérile » et trop conventionnelle : « Il se demandait à quel âge les femmes "bien élevées" commençaient à penser par elles-mêmes » (p. 96), Affligé par le fait qu'elle fasse « toutes les réponses qu'une sorte d'instinct traditionnel lui dict[e] » (p. 97) il est déçu du caractère trop formaté de celle qu'il s'apprête à épouser. Si, plus tard, lorsque May lui propose de le délier de son engagement auprès d'elle, il est pris d'une « vive admiration pour la générosité de sa fiancée » (p. 156), dès qu'elle « retrouv[e] ses timidités de jeune fille », il est « découragé d'avoir vu s'évanouir la femme nouvelle qui l'avait regardé du fond de ses yeux clairs ». Ainsi, alors que May lui a semblé s'éloigner des sentiers battus par sa proposition audacieuse et courageuse, le retour à son mode ordinaire de fonctionnement suscite sa déception. De fait, Archer, qui fondait son bonheur à venir sur des illusions, découvre les limites de sa fiancée, puis de sa femme. Ainsi, lorsque les époux partagent un moment dans la bibliothèque, juste après l'entrevue qu'a eue Archer avec Ellen dans le coupé de May, Archer « se [dit] avec une sorte de découragement qu'il s'aur[a] toujours toutes les pensées que rec[èlent] ce front pur […] Pendant leurs courtes fiançailles, elle avait épuisé tout ce qu'il y avait en elle de poétique et de romanesque » (p. 264). Cette réflexion intérieure dit bien la déception d'un homme qui n'est plus intrigué par sa femme, inspiré par elle, amoureux d'elle. Elle dit un désespoir intime – désespoir que traduit le fait qu'il ouvre la fenêtre pour ne pas « étouffer ».

Néanmoins, si déçu par May que puisse être parfois Archer, il ne dévie jamais de son engagement à son égard. Toute la première partie du livre présente un Archer tiraillé entre, d'un côté, sa passion naissante pour Olenska, et de l'autre, son amour réel pour May. C'est alternativement l'une ou l'autre qui occupe le premier plan. Au moment où, lors de la première entrevue qu'il a avec Ellen, il lui caresse la main pour la réconforter de ses pleurs, il aperçoit « bien loin, comme par le petit bout de la lorgnette, [...] la blanche image, estompée, de May Welland, à New York » (p. 92). Le phénomène inverse se produit lorsqu'il n'est pas en présence d'Ellen : May Welland est davantage présente à son esprit. Ainsi, dès qu'il sort, après l'entrevue évoquée, de chez Ellen, il se rappelle qu'il est à New York et il a l'impression que May Welland se rapproche de lui (p. 94). Le fait que la présence d'Ellen s'estompe permet à sa fiancée de revenir au premier plan. Les mentions de ce phénomène sont nombreuses dans le roman. Ainsi, environ quinze jours après ce premier entretien, Archer constate que « dans cet intervalle, l'image de la jeune femme s'était atténuée dans son esprit, tandis que May Welland y reprenait légitimement le premier plan » (p. 107). L'absence d'Ellen lui permet de se reconcentrer naturellement sur sa fiancée, si bien que Newland, malgré des épisodes d'intense attirance pour Ellen, fait parfois le choix de l'éviter pour retrouver May. Lorsqu'il rentre de Skuytercliff obsédé par la belle Ellen, il en reçoit un billet l'invitant à venir tard le lendemain, chez elle (p. 147). Or, au terme d'un « examen approfondi » de toutes les « manières [de] répondre », il décide de ne pas répondre et de « sauter dans le bateau qui part le lendemain pour Saint-Augustin », là où se trouve May (p. 147). Dès qu'il l'aperçoit, il est envahi d'un sentiment d'évidence : « Le jeune homme se demanda pourquoi il avait tant tardé à venir. La vérité, la réalité, la vraie vie se trouvaient là ! » (p. 148). Il perçoit un réel sens à sa présence auprès de **May, qui le rattache réel, là où, pour un homme engagé, Ellen doit demeurer un fantasme**. Non seulement Archer semble naturellement laisser ses fiançailles suivre leur cours, mais il fait en sorte d'avancer le plus possible la date de son mariage, allant, par là, au bout des choix qu'il a effectués avant le début du roman. Si sujet à la tentation qu'il soit lorsqu'il est en présence d'Ellen, Archer, lorsqu'il ne la voit pas pendant plusieurs jours ou plusieurs semaines, se satisfait du quotidien, certes monotone, mais confortable, que la société a arrangé pour lui. C'est ainsi que, **lors de son voyage de noces, il en revient « à sa conception héréditaire du mariage. Se conformer à la tradition**, ne demander à May que ce qu'il avait vu ses amis demander à leurs femmes, c'était plus aisé que de faire l'expérience dont, jeune homme, il avait rêvé. [...] Tout tendait donc à ramener Archer aux vieilles idées » (p. 194-195). Ainsi, tout semble dire qu'Archer retrouve facilement le cadre de pensée et de vie que son environnement lui propose, notamment parce que c'est plus « aisé » ainsi, plus facile que de rejeter l'ensemble d'un bloc.

h Ambivalence et émancipation très partielle d'Archer

De fait, malgré la relation qu'il entretient avec Ellen, Archer ne devient pas si étranger que cela à son « vieux New York ». Est particulièrement révélateur, à cet égard, la façon dont il perçoit Ned Winsett et dont il interagit avec lui. En effet, Archer n'est pas exempt des préjugés qu'alimente son monde à l'égard des artistes[1]. Il a du mal à décentrer entièrement le regard parce qu'il appartient véritablement à la haute-société, ensemble de communautés fermées dont les Mingott ne sont qu'un exemple et, à travers eux, **c'est la totalité close que critique Winsett**. Le souffle de la diversité de la vie ne traverse pas le tombeau qu'est cette pyramide[2]. Lorsque Winsett suggère que, pour changer les choses, il faudrait descendre dans la rue ou émigrer, Archer riposte intérieurement : « Émigrer ! Comme si un "gentleman" pouvait abandonner son pays ! C'était aussi impossible que de se mêler à la politique. Un "gentleman" restait chez lui tout simplement et s'abstenait. Mais on ne ferait pas comprendre cela à Winsett » (p. 136). Ainsi, face à une supposition qui lui semble saugrenue d'un homme certainement beaucoup plus proche du monde d'Olenska, il récite son catéchisme de *gentleman*, témoignant une nouvelle fois qu'il est rivé à l'endroit d'où il vient.

L'ambivalence d'Archer, qui change profondément sans pour autant s'émanciper totalement, transparaît aussi dans la façon dont il perçoit Ellen Olenska.

De fait, Archer prend progressivement le rôle de « champion » d'Olenska, ce qui l'incite à prendre en public des positions passablement différentes de celles de son clan sur la condition féminine. Dès le premier dîner qui réunit les Archer et Mr Sillerton Jackson, Archer se surprend à prendre sa défense, reprenant à son compte le rôle du « jeune champion », qui, à l'Opéra, avait essayé vainement de faire comprendre sa présence en alléguant la solitude à laquelle l'aurait condamnée le fait de rester à la maison. Ainsi, « soudain discuteur » (p. 57), Archer répond à sa mère, résolue à vouer Ellen aux gémonies : « Pourquoi se dissimulerait-elle comme une femme déshonorée ? » Sa plaidoirie va ensuite crescendo, puisqu'il va jusqu'à dire : « J'espère qu'il n'y a pas un homme parmi nous qui n'en ferait autant [que] le secrétaire [qui] l'a aidée à quitter son butor de mari » (p. 58), prise de position éminemment provocatrice pour le « vieux New York » en ce qu'elle suppose que se rendre « complice » de la séparation serait une bonne action. Lors de son entretien qui suit avec Mr Jackson, il suggère, enfin, qu'elle a « le droit de refaire sa vie » avec son secrétaire, ce qui le pousse à généraliser son propos en reconnaissant à toutes les femmes le droit d'être « libres, aussi libres que [le sont les hommes] » (p. 59). Archer balaie donc du revers de la main un à un les préjugés qui, à New York, concernent la condition féminine en la cantonnant à un statut de mineure sous une direction masculine paternaliste. Les manifestations de ce « championnage » qu'Archer fait d'Ellen en public émaillent le livre. Lorsque Mr Letterblair le charge de s'occuper de son dossier de divorce et émet sur le sujet une opinion réfractaire, il se sent « immédiatement d'un avis opposé » sur l'argument de son associé consistant

....

1. *Cf.* le § sur Ned Winsett, p. 123 *sq.*
2. À Newport, Archer a également ce sentiment de mort : « Ce beau monde de Newport, affairé à son puéril plaisir, le choquait comme s'il avait vu des enfants jouer sur une tombe » (p. 202).

à dire qu'un divorce pourrait provoquer « des choses pénibles ». Là encore, il prend position ouvertement contre l'avis général concernant ce qu'Ellen Olenska devrait ou ne devrait pas faire[1]. Enfin, lorsque la communauté familiale, Medora comprise, en vient à penser qu'il vaudrait mieux pour Ellen qu'elle retourne auprès de son mari, Archer se distingue encore en prenant sa défense : « J'aimerais mieux la voir morte ! » dit-il « avec violence » à Medora Manson (p. 165). À May, qui « se demande si elle ne serait pas plus heureuse avec son mari » (p. 209), il répond avec « un rire nerveux » que c'est la première fois qu'il l'entend dire « une chose cruelle » (p. 209). **Ainsi, Archer en adoptant des positions socialement, dissidentes, particulièrement provocantes pour son milieu, n'hésite pas à sortir de l'unanimité communautaire.**

i L'ambivalence à l'égard de la condition féminine

Ces prises de position insolites dans ce milieu qu'Archer prend en public semblent toutefois témoigner davantage de ses émois face à une femme qui le bouleverse que de nouvelles convictions profondément ancrées. Les réflexions qui l'assaillent après le premier dîner partagé avec Sillerton Jackson témoignent de la contradiction qui l'habite : « Son exclamation : "Les femmes doivent être libres, aussi libres que nous" avait touché à la racine d'un problème considéré dans son monde comme inexistant. Il savait que les femmes "bien élevées", si lésées qu'elles fussent dans tous leurs droits, ne revendiqueraient jamais le genre de liberté auquel il faisait allusion ; et les hommes se trouvaient, dans la chaleur de l'argumentation, d'autant plus disposés à la leur accorder. De telles générosités verbales n'étaient qu'un plaisant déguisement des inexorables conventions qui réglementaient le milieu où il vivait. Néanmoins, il serait tenu à défendre, chez la cousine de sa fiancée, une liberté que jamais il n'accorderait à sa femme, si un jour elle venait à la revendiquer. » Archer semble donc conscient que ses « générosités verbales » ne sont rendues possibles que par le fait que précisément les conventions ne sont pas près de changer. Conscient aussi des contradictions qui président à son discours, il met le doigt sur le paradoxe qui l'habite, à savoir qu'**il n'est pas prêt à généraliser à l'ensemble de la condition féminine les revendications qu'il défend pour Olenska.** « Ce scandale soulevait des problèmes sociaux qu'il aurait préféré laisser dormir » (p. 63), dit la narratrice, suggérant par là qu'**il est dérangé parce que l'arrivée d'une femme auréolée de scandale l'extrait de force d'un consensus social qui était confortable pour lui.**

....

1. *Cf.* p. 110 : « L'aventure en somme ressemblait à celles que les jeunes gens de son âge avaient tous traversées, et dont ils étaient sortis la conscience calme, convaincus qu'il y a un abîme entre les femmes qu'on aime d'un amour respectueux et les autres. Ils étaient encouragés dans cette manière de voir par leurs mères, leurs tantes et autres parentes : toutes pensaient comme Mrs Archer que, dans ces affaires-là, les hommes apportent sans doute de la légèreté, mais qu'en somme la vraie faute vient toujours de la femme. Archer commença à soupçonner que, dans la vie compliquée des vieilles sociétés européennes, riches, oisives, faciles, les problèmes d'amour étaient moins simples, moins nettement catalogués. Il n'était sans doute pas impossible d'imaginer, dans ces milieux indulgents, des cas où une femme, sensible et délaissée se laisserait entraîner par la force des circonstances à nouer un de ces liens que la morale réprouve. » À la fin du roman, Mr Sillerton rappelle qu'« à la cour des Tuileries, ces choses-là étaient assez ouvertement tolérées » (p. 278). « Aux Tuileries, les principes étaient souvent des plus élastiques. Si vous demandez d'où venait la fortune de Morny, ou qui payait les dettes de certaines beautés de la cour… » (p. 279).

On constate, de fait, par la suite, que, si prompt qu'il ait été à témoigner son désaccord avec la position de Mr Letterblair sur le divorce d'Olenska, il s'y rallie et conseille à Mme Olenska d'y renoncer. Alors qu'elle lui dit souhaiter divorcer parce qu'elle veut « être libre », Archer lui explique que « la société de New York est un monde bien petit auprès de celui où [elle a] vécu… et il est mené, ce petit monde, par quelques personnes qui ont… des idées un peu arriérées… Nos idées sur le mariage et le divorce tout particulièrement… Notre législation favorise le divorce… nos habitudes sociales ne l'admettent pas » (p. 123). S'il semble alors critique à l'égard de ces opinions « un peu arriérées », son ambivalence se révèle néanmoins lorsqu'Olenska lui demande s'il partage leur point de vue. Archer rend alors manifeste qu'il adhère à l'opinion commune : Comment pouvait-il dire : « Oui… Si ce que votre mari avance est vrai ou si vous n'avez pas un moyen de le réfuter » (p. 123-124). Ainsi, Archer est bien hostile à un divorce d'Olenska dans le cas où, comme le suggèrent les rumeurs, elle l'aurait quitté pour rejoindre son secrétaire, car, alors, cela la rendait coupable elle aussi. Il la quitte avec la certitude que l'accusation du comte Olenski n'est pas sans fondement : « Avait-elle été reconnaissante à son sauveur ? Cette gratitude la mettait, aux yeux de la loi et du monde, de pair avec son abominable mari. Archer le lui avait expliqué, comme son devoir le voulait, ajoutant qu'à New York, si les cœurs étaient simples et bons, elle ne devait cependant pas sur ce chapitre escompter leur indulgence » (p. 127-128). Ainsi, ayant lu la lettre de son mari qui l'accuse d'adultère, Archer se récite à lui-même des critères de bienséance dont il ne semble pas tout à fait se désolidariser. De fait, la manière dont il perçoit Olenska témoigne de préjugés qui sont encore les siens sur la condition féminine. **Il peine à la voir réellement comme ce qu'elle est – à savoir une femme libre, qui n'a pas peur d'être seule**. Paternaliste à l'égard de May, Archer l'est aussi à l'égard d'Ellen. Du fait qu'elle a souffert d'une situation conjugale infernale, il tire la conclusion qu'elle est un être fragile qu'il doit protéger. **Or, Ellen Olenska n'est précisément pas une femme qui peut entrer dans la case d'un pauvre être à protéger, ou d'une « pauvre enfant » ; elle est plus forte qu'il ne le pense**. « Vous me trouvez donc bien visiblement sans défense ! Quelle pauvre créature vous me croyez tous ! » dit-elle à Archer qui l'a rejointe à Skuytercliff (p. 141). En témoignant de sa surprise à l'égard de cette faiblesse qu'Archer et d'autres projettent sur elle, elle montre qu'elle ne se réduit pas à cela.

j L'affaire du divorce et la jalousie d'Archer

Archer s'aveugle également sur Ellen parce qu'il est habité par une forte jalousie, persuadé qu'elle a véritablement trompé son mari avec son secrétaire. Lorsqu'elle lui dit qu'elle gagnerait sa liberté » (p. 124) grâce au divorce, Archer se méprend sur ce qu'elle veut dire par « liberté » : « L'accusation de la lettre était-elle fondée, Ellen espérait-elle épouser le complice de sa faute ? […] Le simple soupçon qu'elle pût avoir cette pensée lui durcissait le cœur. » La réaction inquiète qu'il témoigne du même coup de sa jalousie, laquelle vient jeter un soupçon sur la pureté de ses intentions : s'il conseille à Ellen de renoncer au divorce, n'est-ce pas avant tout parce que, jaloux, il ne supporterait pas qu'elle parte avec un autre homme ?

« Il avait trouvé infiniment pénible de constater la facilité avec laquelle elle avait accepté sa décision », interprétant l'abandon de la procédure comme un aveu tacite de la faiblesse qu'elle avait eue. Cela la mettait à la merci de Newland qui se sentait attiré vers elle par d'obscurs sentiments de jalousie et de pitié, « heureux que ce fût à lui qu'elle eût révélé son secret, plutôt que de le confier à la froide enquête de Mr Letterblair, ou à la curiosité embarrassée des siens » (p. 128). Or, Archer se méprend complètement sur les intentions d'Ellen. **Celle qui revendiquait sa « liberté » entendait bien reconquérir une indépendance impliquant la solitude**. Elle lui révèle lorsqu'il lui déclare ses sentiments que, si elle a renoncé à divorcer, ce n'était pas pour étouffer un scandale à la cause d'ailleurs fantasmée, mais bien pour protéger le mariage d'Archer et de May : « Ce n'est un secret pour personne que j'ai fait cela pour vous ! » (p. 173) s'exclame-t-elle, mettant en lumière du même coup le caractère ridicule des soupçons d'Archer. Le doute au sujet du secrétaire ne cesse toutefois de l'habiter : c'est lui encore qui le conduit à demander à Olenska si c'est M. Rivière qui l'a aidée à partir quand elle a quitté son mari, à la fin du roman (p. 259). Preuve du fait qu'il est aveugle à la probité de cette femme qu'il aime et que, quoi qu'il en soit, il demeure prisonnier des préjugés que partagent les hommes de son monde sur les femmes.

Sa jalousie s'exprime également à l'égard de Beaufort. Lorsqu'il déclare son amour à Olenska et qu'il ne comprend pas les raisons de son refus, il s'exclame avec « colère » : « Et Beaufort ? C'est sans doute lui qui va me remplacer auprès de vous ? » (p. 176). Lorsqu'il la rejoint à Boston et qu'elle critique « l'aveugle obéissance à la tradition » qui sévit dans leur milieu (p. 226), il rétorque « brusquement » : « Et Beaufort ? Est-ce que vous dites ces choses-là à Beaufort ? », témoignant du même coup de sa jalousie à l'égard de cet homme dont il sent qu'il partage peut-être davantage la réalité d'Olenska que lui : « Beaufort vous plaît parce qu'il nous ressemble si peu » (p. 226). **Ainsi se voit fracturer la calme assurance initiale d'appartenir à une communauté protectrice à l'égard des tumultes du monde : c'est que les passions assaillent l'individualité au cœur de ce qui en elle ne dépend pas d'elle** et qu'il y a des expériences humaines qui peuvent venir se mettre de façon inattendue en travers de la route que la communauté avait pourtant bien balisée pour les individus qui la composent.

k De la tentation de la fuite au retour au réel

Wharton montre le caractère libérateur de la distanciation à l'égard des conventions et du conformisme quoique de façon non clastique. Archer est dans un entre-deux, oscillant entre les idées héritées et ce que lui révèle la grande spontanéité et la grande liberté d'Ellen. Si dans la communauté, l'individu peut se sentir effroyablement seul, étranger comme cela arrive à plusieurs reprises et à des moments clés du récit à Archer, lorsque deux solitudes[1] se rencontrent et se livrent en toute transparence

1. Archer, très tôt, est ému par « cette soif de liberté qui comportait tant de solitude » que revendiquait Mme Olenska (p. 91). Il comprend, peu à peu, de façon floue puis plus précisément que le statut d'individu au sens noble du terme requiert d'assumer le fait d'être seul à être soi-même, que la séparation ontologique consciente est la condition d'une relation authentique entre les êtres.

d'âme, une communion peut venir abolir la déréliction, panser la solitude sans évidemment supprimer la séparation ontologique constitutive de notre condition. L'autre devient alors une lumière dans la nuit. « Je ne serai pas seule maintenant. J'étais seule ; j'avais peur ; mais le vide et l'obscurité se sont dissipés. Désormais, quand je rentrerai en moi-même, je serai comme un enfant qui revient la nuit dans une chambre où il y a toujours une lumière » (p. 176). **Une seule relation interindividuelle féconde peut être un remède à la solitude plus sûr que l'insistance d'une communauté à vous intégrer à condition de se soumettre à ses normes arbitraires et liberticides.** Une passion peut incendier et dissoudre les liens d'une telle servitude inconsciente. D'ailleurs, si la métaphore du feu qualifie la passion brûlante qu'Archer éprouve pour Ellen, si bien sûr elle suggère l'intensité du désir, elle peut aussi revêtir la signification métaphysique de l'illumination, de la purification ou encore de la renaissance. De fait, la probité avec laquelle Archer envisage avec Ellen l'impasse sociale dans laquelle ils se trouvent, débouche sur une transfiguration du désir. Archer, après avoir tenté en vain de la convaincre de partir avec lui, renonce à en faire sa maîtresse par haine du mensonge, de la vie cachée, par refus de bafouer l'honneur du foyer comme le fait Beaufort[1]. Malgré la tentation, il ne peut envisager de vivre clandestinement un amour que la communauté ne pourrait que réprouver et qui l'obligerait à mentir : « Mensonge des sourires, des badinages, des gentillesses, mensonge de jour, mensonge de nuit, mensonge du regard, mensonge dans les caresses et mensonge même dans les querelles, mensonge de chaque parole et de chaque silence » (p. 271).

C'est précisément parce qu'il n'aime pas le mensonge, qu'Archer désire de tout son être partir, fuir avec Ellen. Ainsi, lorsqu'il lui avoue ses sentiments, il est évident pour lui que la véracité de leur amour doit nécessairement l'inciter à se désengager de ses fiançailles : « Rien n'est fait qui ne puisse se défaire. Je suis encore libre et vous allez l'être. » Plus tard, lorsqu'il lui communique de nouveau son désespoir dans le coupé de May, il lui dit : « Ce que je veux, c'est partir avec vous pour un monde [...] où nous serons simplement deux êtres qui s'aiment, qui sont tout l'un pour l'autre ; pour lesquels le monde ne compte pas... » C'est Ellen qui, par la force d'âme qui la caractérise, l'aide à vaincre la tentation ou le fantasme de quitter May, à le convaincre de la nécessité du sacrifice pour rejoindre la réalité et tout ce qu'elle implique d'engagements, de routines et coercitions. À ses velléités de fuite, Ellen oppose dès le premier aveu d'Archer la réalité de son engagement envers May : « Vous êtes fiancé à May, et moi, je suis mariée... [...] Il est trop tard pour changer ce que nous avions décidé tous les deux. » Plus tard, lors de leur échange dans le coupé, elle lui rappelle notamment que le lien conjugal qui l'unit à May le poursuivrait partout quand bien même il le fuirait, ce dont lui n'a pas conscience. Car fuir avec Ellen, même à l'autre bout du monde, ne ferait pas moins d'elle sa maîtresse. Alors qu'il lui dit qu'il veut partir avec elle « pour un monde où des mots comme “maîtresse” [...] n'existent pas », elle lui répond, désabusée : « Où est-il ce pays ? [...] J'en connais tant qui ont essayé de le

....

1. *Cf.* p. 175 où Ellen voit en lui quelqu'un qui hait les concessions, qui hait la jouissance achetée au prix du mensonge, de la cruauté, de l'indifférence. « Jamais dit-elle, je n'avais connu personne qui fût aussi loyal, aussi généreux. »

trouver [...] et ils [...] retrouvaient toujours le même vieux monde qu'ils voulaient abandonner » (p. 261). Celle dont la Gorgone a ouvert les yeux met en évidence l'inexpérience, l'immaturité d'Archer, qui, parce qu'il ne connaît pas le monde au-delà de New York, fantasme sur un au-delà de sa clôture, sans vouloir se rendre compte que le pays où il veut fuir n'existe pas.

Aux prises avec la réalité, Ellen sait que la réalité d'Archer est aux côtés de May ; c'est pourquoi elle contribue à l'arracher aux fantasmes pour lui permettre de vivre une vie réelle. Elle sait qu'Archer a été façonné par le « vieux New York » et qu'il a été imprégné de son code moral. Lorsqu'il lui déclare son amour et lui propose du même coup de se désengager de ses fiançailles, lui demandant : « Me voyez-vous maintenant épousant May ? » (p. 174) ; elle lui rétorque après un silence : « Je ne vous vois pas [...] lui posant la question que vous venez de me poser » (p. 174), suggérant par là qu'elle n'imagine pas le Archer qu'elle connaît rompre ses fiançailles. Si elle ne l'imagine pas se défaire de son engagement, c'est parce qu'il lui a déjà donné des preuves qu'en citoyen du « vieux New York », il est habité par une loyauté qui implique la fidélité totale à ses engagements et qui exclue toute concession avec ce qu'elle appelle les « tentations » même si la tentation lui semble être le socle où s'exerce la liberté : « Les gens trop sages ne me convainquent pas, dit Ellen : ils n'ont jamais été tentés » (p. 175). Ils n'ont donc jamais exercé véritablement leur liberté de céder ou de résister ! C'est que **l'éthique ne commence qu'au seuil de l'innocence : elle exige de sortir de l'état d'ignorance qu'elle implique**. Or Ellen apprécie l'éthique. En faisant référence à la manière dont il l'a conseillée au sujet de son divorce, elle s'exclame : « Personne ne semblait me comprendre comme vous [...] Vous saviez comment la vie vous tire à elle avec ses mains tentatrices ; et pourtant vous haïssiez les concessions qu'elle suggère, vous haïssiez la jouissance achetée au prix du mensonge, de la cruauté, de l'indifférence ! Jamais je n'avais connu personne qui vous ressemblât, qui fût aussi loyal, aussi généreux » (p. 175). Ainsi, Ellen, sensible à la manière dont il habite avec authenticité le code moral que lui a inculqué sa communauté, alors même qu'Archer en vient à détester des normes qui l'étouffent, est touchée par l'intransigeance avec laquelle il applique ces principes. Dès lors qu'elle a perçu cela chez Archer, tout amour entre eux qui implique de porter atteinte au couple que forment Archer et May devient impossible pour elle. Elle avoue quasiment qu'Archer a opéré en elle, à son insu, une mutation d'ordre éthique précisément : « Ne détruisons pas ce qui est votre œuvre ! [...] Je ne peux pas revenir aux manières de penser que j'avais avant vous. Je ne peux vous aimer que si je renonce à vous... » déclare-t-elle, suggérant par là à la fois qu'elle a elle-même expérimenté un profond changement intérieur qui la rend réticente à toute « concession », et que l'Archer qu'elle aime est un Archer qui demeurerait fidèle à son engagement conjugal.

Cette lucidité d'Ellen sur les forces qui le meuvent sans que lui-même en soit conscient, permet à Archer de retrouver son centre de gravité, dans sa communauté d'origine. Ainsi, après leur entrevue à Boston, au cours de laquelle Ellen lui répète qu'ils ne pourront s'aimer que « loyalement » mais qu'elle demeurera à New York ou à Washington afin de rester une présence dans sa vie, Archer se sent pénétré d'un calme qui l'étonne et lui redonne force. « C'était le résultat de l'équilibre parfait que Mme Olenska avait su établir entre ce qu'ils devaient de loyauté aux autres et de franchise à eux-mêmes. [...] Après le serrement de mains avec lequel ils s'étaient séparés à la gare, Archer s'était éloigné seul, avec le sentiment qu'**il venait de sauver plus d'amour qu'il n'en avait sacrifié** » (p. 230).

Dès lors, le départ définitif d'Ellen, qui met un terme par la force des choses aux hésitations d'Archer, rive ce dernier à une existence qui l'oblige à se confronter à la réalité, à composer avec le monde et ses contraintes. Car May est tout entière du côté de la réalité, ce dont le personnage a déjà eu l'intuition à plusieurs reprises dans le roman (p. 208). Son réalisme ne peut qu'obliger Archer à revenir sur terre... Le dernier chapitre nous montre d'ailleurs un personnage qui a « rempli » cette vie réelle. Assis dans la bibliothèque qui a été « pendant plus de trente ans, le centre de sa vie de famille » (p. 292), Newland se remémore le baptême de son fils Dallas, les fiançailles puis le mariage de sa fille Mary, les discussions qu'il a eues avec May au sujet de « l'avenir de leurs enfants », la visite de Théodore Roosevelt, gouverneur de l'État d'Albany, ou encore son implication dans la « vie municipale » de New York. « Ses jours étaient remplis, et remplis avec honneur. N'était-ce pas ce qu'un homme de bien pouvait demander ? » (p. 294). Il semble qu'Archer ait été fidèle à cette part de lui enracinée dans le « vieux New York ». N'est-ce pas elle qui reprenait le dessus autrefois, dès lors qu'il n'était pas en présence d'Ellen pendant un certain temps ? Et n'est-ce pas elle, finalement, qu'il choisit de suivre à la fin lorsqu'il demande à son fils de dire à Ellen Olenska que, s'il ne monte pas la voir, c'est parce qu'il est « vieux jeu » ?

Aussi féconde qu'ait pu être l'existence d'Archer, elle lui a toutefois coûté « la fleur de la vie » (p. 294). Car, s'il a « sincèrement pleur[é] » (p. 294) son épouse, il a certainement souvent « pos[é] sur [elle] le regard d'un étranger », il lui a « toujours caché [ses pensées] » (p. 295) et son mariage lui a souvent semblé « ennuyeux » (p. 294). Ainsi, comme, jeune, il l'avait prophétisé, il n'a pas atteint avec May « la camaraderie tendre et passionnée », l'intimité complice dont il rêvait. Or, de cette « fleur de la vie », que lui aura apporté, à une étape de sa vie, Ellen, il ne lui reste qu'un souvenir, qu'une « vision [...] légère et ténue » (p. 294), qui a toutefois atténué sa solitude. Car, comme le dit la narratrice : « Combien de fois Archer n'avait-il pas pensé à Paris comme au cadre où vivait Mme Olenska ! Seul, tard le soir, dans sa bibliothèque, quand toute la maison reposait [...] » (p. 298). Le souvenir de cette femme qu'il a aimée lui a tenu compagnie dans l'intimité et dans la solitude, au milieu d'une famille qu'il a pu sentir en partie étrangère à lui. Cette présence intérieure d'Ellen, continuation du « sanctuaire » qu'il lui avait « érigé » et qui était « bientôt [...] devenu le seul théâtre de sa vie réelle [où] aboutissaient toutes ses idées, tous ses sentiments », l'a accompagné pendant trente ans et elle est certainement ce qui l'a aidé à vivre. Mais lorsqu'est offerte à Archer la possibilité de revoir celle qui a été si présente dans ses pensées, il se sent tout à coup craintif, « timide et suranné [...], un pauvre être insignifiant » (p. 298). Car il a été séparé de la vraie Ellen pendant trente ans, sans rien savoir de l'existence qu'elle a menée : « Lui, il avait vécu avec son souvenir ; mais autour d'elle il y avait eu toute une société, toute une vie » (p. 302).

Dès lors, comment se présentera-t-elle à lui ? Par peur de confronter au réel l'image qu'il a gardé d'elle, « dernière illusion » (p. 304), il renonce à monter voir celle qui pourrait, peut-être, se révéler aussi une étrangère.

5 La « vraie vie » et la vérité de la vie

5.1 « Vraie vie » et « vie vraie » : un équilibre entre l'individu et sa communauté

À la fin du roman, Archer, devenu veuf, a la nette conscience de ce qui lui avait manqué : « La fleur de la vie » en pensant à Ellen qui « était devenue l'image de tout ce dont il avait été privé. » Pourtant, en jetant un regard rétrospectif sur son mariage, Acher se dit que « le mariage le plus ennuyeux n'est pas une faillite, tant qu'il garde la dignité d'un devoir », qu'« **après tout, il y avait du bon dans les anciennes traditions** » (p. 294). Pourtant, c'est au moment de son mariage, de la cérémonie elle-même qu'Archer était parvenu à un degré de lucidité aigu sur la parodie que constituait sa vie par rapport à la « vraie vie » qu'Ellen lui avait révélée (p. 227). En se mariant, il était entré dans une famille où les jours étaient scrupuleusement programmés, où toutes les heures devaient être « occupées » et il avait cette intuition mélancolique que tout était agencé de façon à « tuer le temps », ce qui accroissait le sentiment de vide que ce monde lui inspirait (p. 212-213).

Le temps passant, la succession des générations et l'évolution des esprits bousculant l'ordre des choses, **il se dit qu'« il y avait aussi du bon dans le nouvel ordre des choses** » (p. 295). En fait, Archer comprend qu'il faut dialectiser les deux profils que doit présenter la vie : c'est sous l'ordre nécessaire des travaux et des jours, du labeur et de la coexistence fonctionnelle mais policée et bienveillante que requiert la vie commune que doit croître l'effort pour agrandir son être en le cultivant, en l'approfondissant, en répudiant tout mensonge existentiel pour arriver à la vérité de soi-même, C'est cette « vraie vie », celle où les individus sont vrais parce que vraiment eux-mêmes qu'il avait entrevue chez Ellen et dont il avait perçu en lui l'écho. Devenir soi – comme y invitait saint Augustin auquel Wharton pense assurément en donnant son nom à un lieu de villégiature où la famille de May prenait ses quartiers d'hiver – et accomplir humblement sa tâche, cela implique plus d'humilité que d'orgueil à appartenir à quelque caste que ce soit. C'est à l'intuition de cette « vraie vie » qu'il reste fidèle finalement, en ne montant pas voir Ellen à Paris. Archer en reste donc à la contemplation intérieure où il « la retrouve mieux que s'il était monté et s'était trouvé à côté d'elle… Mais alors, la vie n'aurait-elle été pour lui qu'un songe ? Un songe où lui aurait été révélée l'essence de l'amour qu'il n'aurait pu incarner dans l'existence ? Pourtant, sa relation avec May ne relevait-elle pas aussi de l'amour, d'une autre sorte d'amour ? En la liant au devoir, ce que Kierkegaard appelait le « stade éthique » n'avait-il pas honoré une « vie vraie » ? S'il avait parfois désespéré d'atteindre l'âme de May dans sa jeunesse, n'avait-il pas eu tout le temps de la découvrir ? Ne faut-il pas rendre justice aux deux même si ce qui l'avait relié à Ellen relèverait plutôt du « stade religieux[1] » puisqu'il y eut communion si profonde des âmes qu'ils avaient consenti au sacrifice au nom d'une fidélité à l'authenticité bannissant tout mensonge ?

5.2 Les médiations sociales, nécessaires, ne doivent pas être absolutisées

Wharton, évidemment, fait la critique d'une certaine façon de se rapporter aux médiations sociales en les prenant comme des réalités que l'on doit vénérer selon un rituel intangible, quasiment sacré. Ce ne sont pas ces médiations en soi qu'elle vise car elle ne sait que trop bien que les coutumes, les traditions instituent un certain ordre social, que cela est nécessaire. **L'authenticité personnelle doit pouvoir se dialectiser avec les us et coutumes d'un milieu** : la politesse par exemple désamorce la violence latente, prête à s'exprimer au premier incident interpersonnel. **Cela s'appelle aussi le savoir-vivre[2]. Archer en garde la conscience toujours présente, fût-ce sur un mode subliminal, même s'il est fasciné par la liberté transgressive d'Ellen Olenska qui n'a pas été élevée dans le sérail[3]**… Il passe de ce qui lui est familier parce qu'il a grandi dans ce monde bien balisé à un sentiment d'étrangeté introduit par l'écart que lui fait subir la façon d'être non formatée d'Ellen. « Le cas de la comtesse Olenska avait troublé en lui de vieilles convictions traditionnelles » (p. 60). Cela le conduit à élaborer une représentation des choses tantôt polémique à l'égard de ses vieilles certitudes, tantôt questionnante, le faisant aller du familier à l'étrange et, dans l'étrange à affronter le réel avec un jugement plus personnel.

Se manifeste ainsi un clivage entre la part rassurante du moi étayé par les repères intériorisés qui lui donnent une sorte de mode d'emploi de la vie quitte à être rongé par la banalité d'habitudes trop bien rodées et cette part inconnue, sous-jacente, qui

....

1. Kierkegaard illustre son analyse du stade religieux par le sacrifice d'Abraham, figure exemplaire pour lui de la foi car Abraham crut contre toute évidence que son fils lui serait rendu. C'est par le sacrifice consenti qu'Abraham reçut Isaac une seconde fois. La tradition juive parle de la « ligature d'Isaac ». Les liens de parenté peuvent lier, bâillonner. Le sacrifice nécessaire de cette immédiateté étouffante, la désappropriation de l'objet du désir non mortifié est nécessaire à la relation véritable. C'est parce que Kierkegaard atteignit les sommets de la conscience et de l'exigence qu'il recula devant le risque du lien bourgeois que risquait d'être son mariage avec Régine Olsen. Le « sacrifice » d'Ellen – c'est elle qui en est l'initiatrice, signe qu'elle franchit la frontière du patriarcat ! – fait immanquablement penser à Kierkegaard que pouvait connaître Edith Wharton puisque les études kierkegaardiennes anglo-saxonnes se sont développées dès la fin du XIXe siècle. Adolf Hult publia la première étude américaine sur cet auteur en 1906 *Soren Kierkegaard In His Life And Literature*. Sur les stades kierkegaardiens, *cf.* Introduction au thème, p. 19 *sq.*
2. L'acquisition des codes sociaux est l'un des fondements de la socialisation des individus pour leur permettre de gérer les relations interpersonnelles. Ces codes évoluent avec la société et s'adaptent en permanence mais sont toujours présents parce qu'ils sont utiles, structurants.
3. À Ellen qui lui demande de lui expliquer tout ce qu'elle doit savoir pour évoluer dans la société où elle vient d'arriver, Archer est sur le point de lui dire par exemple de ne pas se montrer en voiture avec Beaufort (de peur qu'on ne pense qu'elle est devenue sa maîtresse) mais il s'en abstient (p. 90).

s'éveille au possible. Soumis à la tension entre ces deux pôles, Archer a l'impression d'osciller entre la vie et la mort.

La part régie par les convenances, forgée par le clan social, offre un mode d'emploi préconçu qui dispense de penser par soi-même et de se risquer librement dans la vie. Le risque auquel elle expose dès lors qu'on ne les relativise pas est d'étouffer le souffle de l'âme qui est la vie même, transformant des êtres vivants, au moyen des rouages d'une sociabilité trop bien réglée par ses « rituels compliqués » et ses « frivolités tyranniques » en morts vivants (p. 210). Mais **relativiser n'est pas forcément renier. C'est ne pas faire un absolu de ce qui n'est que médiations instrumentales pour civiliser les rapports humains**. Archer ne renie pas ce qui l'a formé, il s'en distancie par l'intelligence et, s'il est conscient de partager les mêmes principes que Larry Lefferts[1], il lui vient vite à l'esprit qu'un certain non-conformisme n'est pas scandaleux, qu'une certaine souplesse dans ce domaine peut faire aussi partie de l'élégance, laquelle ne doit jamais oublier la distinction des êtres.

Conclusion

« L'un des intérêts de ce roman est sa capacité à faire entendre la voix d'un sujet qui peine à se démarquer d'un chœur à l'unisson[2]. » Comment naître à soi-même dans une communauté où les chemins sont balisés et le langage censuré par des codes plus ou moins implicites qui, par leurs sens interdits, jugule la liberté de l'individu qui ne saurait se trouver sans l'expérimenter ? La société décrite par Wharton quadrille l'espace – restreint à un tout petit lieu de New York qui, en 1870 comptait quand même 1 500 000 habitants –, elle veut asseoir la maîtrise de ce qu'elle ne maîtrise pas en classifiant les êtres, en leur collant des étiquettes qui dressent autant de barrières symboliques entre elle et « eux », soi et « les autres ». La quasi-totalité de *L'Âge de l'innocence* a pour cadre des lieux de réception, l'espace collectif étant plus largement représenté que l'espace privé, les individualités évoluant majoritairement dans l'ordre de la représentation, l'intimité ne s'exprimant qu'à l'occasion de conflits internes qui ont, eux, la vertu de rappeler l'individu à son âme. Le langage y est truffé de clichés, prélevés sur un fond de pensée anonyme qui sert de vadémécum pour se diriger dans la vie sociale en évitant de faire des faux pas, comme ceux que fait allègrement et innocemment Ellen. Mais, comme le dit Anne Ullmo, « les clichés craignant par-dessus tout les béances soupçonnées sous la surface polie des choses… rester à la surface implique que l'on choisisse de n'avoir du monde qu'une vision stéréotypée ». **Englué volontiers dans son milieu, l'individu de ce genre de société en accepte les règles arbitraires, mais cette démission du travail de recherche de soi-même se paie évidemment « au prix d'un abandon ontologique[3] », ce qui, théologiquement, est le contraire de l'innocence** s'il est vrai que le privilège mais

1. Archer se dit qu'il n'est pas « un grand imbécile comme Larry Lefferts ni May une oie blanche comme la pauvre Gertrude…, s'ils étaient plus intelligents, ils avaient pourtant les mêmes principes » (p. 62).

2. Anne Ullmo, *Edith Wharton:* The Age of Innocence, *L'art du contretemps,* Ellipses, 2001, p. 7.

3. Anne Ullmo, *op. cit.*, p. 105.

aussi le devoir est de se rapporter en conscience à la Réalité absolue qui fonde et traverse toutes choses. C'est l'oubli de ce socle ontologique qui fait absolutiser les conventions humaines, qui inspire la haine de l'étranger, qui fait se refermer sur soi les êtres alors que le réel est, intrinsèquement, une structure ouverte non totalisable qui nous déborde infiniment… **Dans le roman de Wharton, c'est Ellen Olenska qui vient fracturer la clôture, faire effraction dans ce monde ultra policé qui, en faisant de ses impératifs sociaux une règle de vie dont la transgression est sacrilège, macule l'innocence dont son apparence impeccable s'enorgueillit**. Si Archer ne parvient pas à véritablement s'en affranchir, on peut, écrit Sarah Fosse, « considérer que son renoncement "avait du bon aussi", et qu'il lui fallait en passer par là pour échapper au pharisaïsme, pour que le code moral du vieux New York profondément inscrit en lui – avec toute sa beauté et toutes ses limites – ne soit plus un simple réflexe conditionné mais une vérité enracinée dans la chair et dans le cœur, payée d'un sacrifice authentique qui signe la perte de l'innocence et l'accès à la maturité[1] ».

BIBLIOGRAPHIE

Edith Wharton, *Les chemins parcourus* (trad. Jean Pavans), Flammarion, 1995, p. 384.

Edith Wharton, *L'Âge de l'innocence* (préface de Sarah Fosse), Les Belles Lettres, 2019, p. 456.

Cynthia Griffin Wolff, *A Feast of Words, the Triumph of Edith Wharton,* NY Oxford University Press, 1977, p. 451.

Anne Ullmo, *The Age of Innocence – l'art du contretemps,* Ellipses, 2001, p. 111.

Cynthia G. Falk, "The Intolerable Ugliness of New York": Architecture and Society in Edith Wharton's *The Age of Innocence, American Studies,* 2001, vol. 42, n° 2, p. 19-43.

Lyall H. Powers, "*The Portrait of a Lady:* 'The Eternal Mystery of Things'", Nineteenth-Century Fiction, 1959, vol. 14, n° 2, p. 143-155.

Sarah Fosse, préface à *L'Age de l'innocence,* Les Belles Lettres, 2019.

1. Préface à *L'Âge de l'innocence*, Les Belles Lettres, 2019, p. 17-18.

PARTIE 4
COMPARAISON DES ŒUVRES

Rédaction France Farago

1 Le cadre géographique et métaphysique des œuvres

1.1 Communautés nationales et grandes cités

Nos trois ouvrages ont pour cadres la Grèce antique pour Eschyle, les États-Unis et à l'arrière-plan l'Europe pour Wharton, et les Pays-Bas pour Spinoza, doublés de la référence au Moyen-Orient ancien avec l'analyse de la « République des Hébreux ». Les grandes cités et les communautés urbaines – New York, Paris, Londres, Amsterdam – sont, en elles-mêmes de véritables individualités avec leurs traits spécifiques et, surtout en ce qui concerne New York, leurs milieux différents regroupant des êtres vivants selon des styles divers.

Spinoza rappelle que la nature ne crée pas de nations mais seulement des individus. Ceux-ci ne se distinguent en nations que par la diversité des langues, des lois et des mœurs[1] (p. 295). Il fait allusion à celles que l'histoire antique a forgées – celles des Hébreux, des Grecs, des Romains –, mais aussi aux nations modernes : en premier lieu, bien sûr, les Pays-Bas, les Anglais (p. 309) et même les Japonais (p. 274).

Dans le livre de **Wharton**, ce sont les États-Unis et l'Europe qui sont la toile de fond du récit, principalement le vieux New York qui se cramponne sur les traditions de la haute bourgeoisie et de l'aristocratie incarnée par les Van der Luyden.

1.2 L'éloge d'Amsterdam : une communauté libre, tolérante et juste

À la fin du *Traité théologico-politique,* **Spinoza** fait l'éloge de la ville d'Amsterdam : « Que la ville d'Amsterdam nous soit en exemple, cette ville qui, avec un si grand profit pour elle-même et à l'admiration de toutes les nations a goûté les fruits de cette liberté ; dans cette république très florissante, dans cette ville très éminente, des hommes de toutes nations et de toutes sectes vivent dans la plus parfaite concorde » (p. 334). Le juge ne tient pas compte de la religion ou de la secte du justiciable : « Il n'est absolument aucune secte, pour odieuse qu'elle soit, dont les membres (pourvu qu'ils ne causent de tort à personne, rendent à chacun le sien et vivent honnêtement) ne soient protégés et assistés par l'autorité des magistrats. » Certes Spinoza ne transforme pas les Pays-Bas en cette espèce de république démocratique en laquelle il voit la meilleure et la plus naturelle forme de gouvernement, mais il écrit son traité pour concourir à sauvegarder et renforcer si possible la tradition de tolérance qui avait fait

....

1. Dans *Les Sept contre Thèbes* d'Eschyle, il y a une conscience de faire partie d'une communauté qui a son identité repérable notamment dans la langue. Le chœur prie les dieux de ne pas livrer Thèbes « à une armée qui parle une autre langue » (p. 148).

venir Descartes « dans le pays de la Hollande » pour échapper aux censeurs, pour conforter la politique de Johan de Witt.

1.3 New York

New York est, en soi, un véritable personnage dans le roman de **Wharton**[1]. Lorsqu'Ellen Olenska était arrivée d'Europe, New York représentait pour elle la paix et la liberté. Elle avait le sentiment de rentrer chez elle (p. 175). Or, lui dit Archer à l'occasion de sa demande de divorce : « La société de New York est un monde bien petit auprès de celui où vous avez vécu. … et il est mené, ce petit monde, par quelques personnes qui ont… des idées un peu arriérées… Nos idées sur le mariage et le divorce tout particulièrement… Nos habitudes sociales ne l'admettent pas, si une femme, même calomniée, même irréprochable, a la moindre apparence contre elle, si elle s'est exposée à la critique en prenant une attitude qui ne rentre pas dans les conventions habituelles, si sa conduite prête à des insinuations… » (p. 123). On est en plein puritanisme victorien. Par ailleurs, New York est loin d'être une capitale culturelle comme l'apprend M. Rivière, homme cultivé qui, pour garder son indépendance d'esprit s'est résolu à n'être que précepteur (p. 199). « Ah ! New York ! New York ! Combien peu tu marches dans la voie de l'Esprit ! » dit la marquise Manson, non sans quelque affectation… (p. 162). La vie intellectuelle y « meurt d'inanition », tel est le verdict de Winsett qui, lui, « ne vit que de la vie de l'âme » (p. 136 et 163). New York est la cité des affaires. La ruine y est synonyme d'anéantissement social, de déshonneur, ce qui menace Beaufort qui finit par faire banqueroute, « scandale dont ses ennemis eux-mêmes ne pouvaient se réjouir ».

La société new-yorkaise, du temps de la jeunesse de Newland Archer, lorsqu'« aucune fissure apparente ne s'y était encore produite » avait une solide structure pyramidale[2] (p. 65), il y avait les « gens modestes », classe dont la majorité était composée de « familles honorables… élevées au-dessus de leur milieu par des alliances avec les clans dirigeants ». Mrs Archer regrettait cependant qu'un certain relâchement à l'égard des traditions se soit installé avec la vieille Catherine et Julius Beaufort. Il est vrai que Catherine Mingott n'était qu'une « humble Spicer » et que Beaufort avait « des ascendants inconnus » (p. 37).

Au-dessus de ces fondements solides mais sans éclat : le bloc compact et brillant des Newland, Mingott, Chivers et Manson dont les aïeux étaient de respectables commerçants anglais et hollandais venus faire fortune.

Au sommet, seules trois familles pouvaient revendiquer une origine aristocratique : les Dagonet ; les Lanning et les Van der Luyden (p. 66).

1. *Cf.* p. 64, 89, 91, 123, 162, 175, 197, 199, 237, 239, 249 et 288.
2. La description de la vie dans cette pyramide ne peut faire oublier la fonction de ce monument (*cf.* les allusions au « sentiment de vie morte ») : « Ne suis-je pas déjà mort ? » se demande Archer (p. 265).

1.4 Errance et terre promise

Dans le traité de **Spinoza**, le récit de la geste des anciens Hébreux commence par l'errance dans le désert avant que le peuple ne se sédentarise en terre de Canaan. Contrairement à ce peuple qui, s'arrachant à la terre de servitude est conduit par Moïse vers un « New Land », une terre promise, un espoir, un avenir, Ellen Olenska, dans le roman de **Wharton**, après s'être arrachée à la servitude conjugale qui lui a fait fuir l'Europe, découvre que, dans la bourgeoisie new-yorkaise, c'est au passé que l'on s'accroche, les nouveautés étant perçues comme des menaces[1]. Cela peut sembler étrange car les États-Unis étaient aussi, en Europe, considérés comme une « Terre Promise ». Tout y était dit « new » et New York a d'abord porté le nom de « New Amsterdam ». Le thème de l'errance chez **Wharton**, incarné principalement par Ellen est associé à celui d'« ex-centricité ». Ellen qui a beaucoup voyagé sait qu'il n'y a pas de centre du monde, que pour rencontrer l'autre, il faut s'excentrer, ce qui n'est possible que lorsqu'on est une vraie personnalité singulière, sûre de son propre centre intérieur, ne se sentant donc pas menacé par ce qui diffère de soi, mais plutôt intéressé, enrichi. Le même et l'autre peuvent faire communauté fût-ce de passage, de façon improvisée, provisoire.

Chez **Eschyle** ce sont les suppliantes, les danaïdes, qui sont venues d'Égypte vers la terre d'asile avec l'espoir d'échapper à la servitude d'une conjugalité brutale résolument refusée.

2 Le cadre métaphysique : destin, fatalité, déterminisme, liberté

Chez **Eschyle**, tout s'accomplit sous le souffle de Zeus qui « répartit les destins » (p. 63) ; rien chez les mortels ne peut s'achever sans son consentement (p. 54). Zeus est le Père (p. 55), souverain et protecteur du droit. Il fonde les sociétés divine et humaine et maintient l'ordre cosmique. Il fait la guerre à travers Arès et assure la fertilité de la terre en toute saison. Il n'est assurément pas le Dieu d'Israël, créateur du monde et roi de son peuple mais il est « sauveur » (p. 52), « hospitalier » (p. 74), « notre aïeul », « tout-puissant » (p. 79), protecteur des biens de la famille, « celui par qui tout s'achève », « celui dont l'œil voit tout ». Lui seul est autonome, libre. Aussi, si Zeus préside au salut des danaïdes, exauçant leur vœu d'échapper aux égyptiades, leur avenir de femmes n'en est pas pour autant entre leurs mains : « Ce qu'a fixé le Destin risque fort de s'accomplir – on ne passe pas outre à la pensée de Zeus, auguste et insondable – et, après des milliers de femmes avant toi, l'hymen pourrait bien être ton lot final » (p. 86). N'est-ce pas la loi naturelle pour une femme de s'unir à un homme et d'enfanter, de reconduire la vie ? N'est-ce pas une démesure que de le refuser comme semble le suggérer la fin des *Suppliantes* ?

....

1. Sur le changement à New York qui angoisse Mrs Archer, *cf.* p. 237.

Pour **Spinoza**, chacun agit par la nécessité de sa propre nature, la croyance en notre liberté n'étant que l'ignorance des causes qui nous déterminent. Les passions sont premières et on ne devient libre qu'au terme d'un processus de libération fondé sur l'intelligence de notre dépendance à l'égard des forces qui nous ont posés dans l'être *(Deus sive Natura)*, et de l'accès à leur connaissance adéquate qui ouvre à la vérité de la vie. Outre sa fonction régulatrice, sécurisante et pacifiante, l'institution politique, doit assumer une seconde fonction, moins urgente mais plus haute : établir les conditions de possibilité d'une vie qui soit non pas une simple persévérance végétative dans son être, mais « une vie véritable de l'esprit », laquelle ne peut être obtenue comme le disait déjà Salomon – que cite Spinoza – que par la connaissance.

Edith Wharton fait écho à la pensée de Spinoza lorsqu'elle attribue à la complexion des individus une part déterminante de leur destin. « Archer avait toujours pensé que le hasard et les circonstances ne jouent qu'une faible part dans la destinée de chacun de nous ; les êtres sont menés par leur nature » (p. 127). S'il sentait que « chez Mme Olenska, la nature allait au dramatique », c'est sa propre nature ardente qui l'avait poussé à vouloir hâter la date de son mariage..., ce qui l'empêche finalement de vivre l'amour avec Ellen venue dans sa vie à « contretemps ».

Le Temps de l'innocence met en scène deux destins contrariés par la conjonction d'une coïncidence calendaire entre la venue d'Ellen Olenska qui vient de quitter son mari et les fiançailles d'Archer et de May. Un mariage est en vue, approuvé par le conseil de famille selon les règles de la tribu, quand la fascination et l'amour pour la nouvelle venue foudroient le fiancé. La fascination est réciproque et Ellen est confrontée à un déchirement intérieur. Au moment où Archer fait part à Ellen que May est prête à lui rendre sa liberté, la nouvelle arrive que son mariage est avancé, d'ailleurs selon son vœu qui est à l'origine de ce raccourci du délai. Pris désormais dans ce chiasme, Archer et Ellen terrassent le destin par le sursaut héroïque de la liberté de leur volonté, Ellen notamment prenant les mesures nécessaires pour ne pas « faire un mal irréparable » (p. 274). Elle repart en Europe. « Cela devait être... Cela devait être... », lamentation d'Archer qui, de retour au domicile conjugal regarde les objets familiers « comme de l'autre côté de la tombe » (p. 275). Comme le dit Diane de Margerie dans la Préface, lorsque le trio se rencontre, les jeux étaient faits, les dés étaient jetés... (p. 14). Mais l'intrusion du personnage d'Ellen Olenska dans cette communauté somnolente qu'est le vieux New York aristocratico-bourgeois a une fonction maïeutique qui élève le héros, Archer, à un niveau supérieur de conscience donc d'existence intime. Le destin des personnages centraux de Wharton n'est donc ni tout à fait tragique ni vraiment serein, comme le souligne Anne Ullmo, contrairement aux frères ennemis, Étéocle et Polynice, qui s'affrontent chez **Eschyle**.

3 À la base de la communauté : les liens familiaux

3.1 Le mariage ou l'alliance fondatrice de la famille

Les deux tragédies d'**Eschyle** au programme mettent en scène un dysfonctionnement au niveau de l'institution fondatrice de toute communauté humaine traditionnelle : le mariage. Le fratricide des frères ennemis dans *Les Sept contre Thèbes* achève le cycle transgressif inauguré par Laïos et poursuivi par l'incestueux et parricide Œdipe. Dans *Les Suppliantes,* si l'acharnement des Egyptiades à vouloir s'emparer des Danaïdes qu'ils convoitent témoigne d'une démesure dans la violence, la répulsion qu'éprouvent celles-ci pour l'hyménée est aussi une violence contre la nature comme le signale le chœur, à la fin de la tragédie, lorsqu'il chante un hymne en l'honneur d'Aphrodite et d'Héra, les déesses de l'amour et du mariage. C'est que le mariage reconduit la vie dans le cadre d'une cité bien instituée.

May, l'héroïne d'Edith Wharton ne ressemble pas à ces danaïdes défendant avec une inflexible détermination leur virginité en fuyant la violence et le rapt. « Des Amazones, vierges carnassières ! Voilà peut-être pour qui je vous prendrais si vous aviez des arcs. » leur dit le roi (p. 60). Même si elle est décrite comme une Diane munie de son arc, May est juste une championne du tir à l'arc, sport très « smart » dans le milieu dont elle a intériorisé les valeurs et les codes. Elle est l'incarnation de l'innocence au sens d'ignorance quasiment enfantine des « choses de la vie », mais elle est tout à fait d'accord pour se marier, fonder une famille. Elle ne semble guère attirée par l'éros comme le dit de façon sous-entendue Beaufort lors du championnat (p. 205) : elle est décrite plutôt impassible, d'une froideur discrète, en retrait. Mais elle exulte en annonçant à ses amies la date de ses fiançailles et, pour elle comme pour les jeunes filles de la bonne société, le mariage confère un statut social de dignité, d'honorabilité, sans compter la satisfaction d'avoir été choisie et le projet parfaitement consenti de devenir mère.

Avec les danaïdes d'**Eschyle**, on a affaire à la violence d'un rejet viscéral de la virilité prédatrice et primitive de ceux qui s'apprêtent à leur rapt à leur corps défendant. « Leurs instincts sont ceux de bêtes luxurieuses et sacrilèges, scande le coryphée. Ah ! Gardons-nous qu'ils ne nous commandent jamais[1] » (p. 77). Bien loin de l'individualité désirante, c'est l'impersonnalité brute et anonyme de l'espèce qui meut ces mâles prédateurs.

Par ailleurs, lorsqu'un homme et une femme convolent en jutes noces, ils amènent à l'autre, chacun de leur côté, toute leur parentèle. Ainsi, dans le roman de **Wharton**, en se mariant avec May Welland, Archer entre dans la famille élargie dont Mrs Mingott,

1. Si le thème de l'innocence est abordé par Spinoza à travers celui de l'injustice (p. 333), le chœur d'Eschyle rappelle que le respect des suppliants donne la prospérité et que les temples ne reçoivent « comme agréable que ce qu'ils reçoivent d'un mortel sans tache » (p. 64).

la vieille aïeule Catherine était la grand-mère commune à May et à Ellen qui sont donc cousines.

Or Ellen Olenska est le personnage qui déstabilise l'institution du mariage en osant demander le divorce, procédure vécue par l'entourage – si rassuré par son « establishment – comme une rupture sociale, une faille qui vient lézarder, symboliquement saper l'alliance des familles dans ses fondements juridiques[1] ». Tout le monde se méfie d'Ellen à cause des libertés qu'elle prend à l'égard des convictions les mieux établies dans le monde qu'elle vient de rejoindre. Même Archer lui conseille de penser à ce que pourraient dire les journaux, aux vilenies qui se répandraient sur son compte si elle se lançait dans une procédure de divorce. « C'est stupide, c'est injuste ; mais comment changer la société ?... **L'individu, dans ces cas-là, est presque toujours sacrifié à l'intérêt collectif** ; on s'accroche à toute convention qui maintient l'intégrité de la famille, protège les enfants, s'il y en a » (p. 124).

3.2 Tribus et clans familiaux

Si la famille est le tissu humain de base chez les Hébreux comme chez la plupart des peuples, elle s'élargit aux dimensions de la tribu dont **Spinoza** parle beaucoup plus pour étayer sa réflexion politique que pour mener une réflexion sur la famille proprement dite.

Dans *Les Suppliantes* d'**Eschyle,** nous sommes en présence de deux clans opposés, celui de Danaos et de ses cinquante filles représentées par le chœur, seul clan à être présent sur la scène, et celui des cinquante fils d'Egyptos, son frère évoqué par la supplication. La fratrie est là, comme dans *Les Sept contre Thèbes,* scindée par le conflit.

Les choses sont plus subtiles évidemment dans les familles du roman de **Wharton**. Elles savent aussi d'où elles proviennent et s'enorgueillissent de leurs origines, même quand elles sont modestes comme c'est le cas de Catherine Mingott. Ces familles new-yorkaises ont un savoir généalogique d'elles-mêmes et le culte des ancêtres comme en témoignent les galeries de portraits et le souci de savoir ce qu'aurait pensé tel ou tel de ce qui arrive. Ainsi voit-on Jackson regarder les portraits de la tribu des Archer, Newland et Van der Luyden et se demander ce que le grand-père Archer aurait dit de tous ces mariages étrangers, ciblant le mari polonais d'Ellen dont il ne pense guère de bien puisque celle-ci l'a fui, tout comte qu'il ait été. La rupture de l'endogamie ne s'est pas avérée heureuse. Mrs Archer cependant met ce naufrage sur le compte de « l'éducation excentrique » que lui avait donnée Medora Manson qui l'avait prise en charge lorsqu'à six ans, Ellen s'était retrouvée orpheline.

La famille, dans *L'Âge de l'innocence,* est une véritable tribu. La solidarité y est de mise au point de s'y imposer. Ainsi, lorsqu'Ellen débarque à New York, même Catherine

....

1. Le mariage est si bien conçu comme un lien de stabilité sociale et de sécurité que, lors de la ruine de Beaufort qui, pourtant, trompait allègrement sa femme, celle-ci, loin de le charger, le soutient : ainsi « il semblait que le lien entre mari et femme, même s'il pouvait se briser dans la prospérité, devînt indissoluble dans l'infortune ».

Mingott, la grand-mère si large d'esprit, est un peu vexée de voir Ellen refuser de vivre chez elle pour avoir sa liberté[1] (p. 91) avant de la soutenir inconditionnellement dans sa volonté d'indépendance avec tout son amour de grand-mère. Les tantes désirent bien l'aider mais « à la condition de ne rien entendre qui leur déplaise ». Les membres de la tribu – sauf quelques individualités originales irréductibles comme la grand-mère Mingott – doivent s'aligner, en suivre le rituel et le code d'évaluation des êtres et des choses. La mère de May « ne comprendrait pas qu'on puisse désirer ne pas faire comme tout le monde », ce que voudrait précisément Archer impatient au début de hâter le mariage. Alors que May le trouve original, Archer lui fait remarquer qu'ils sont « tous aussi pareils les uns aux autres que ces poupées découpées dans une feuille de papier plié. Ne pourrions-nous pas être un peu nous-mêmes, May ? » (p. 97). Pourtant, malgré quelques instants de lucidité, May assume consciemment l'héritage des conventions de son milieu et s'avère à son tour redoutable dans la maîtrise de son affaire conjugale. Archer a, lui, conscience du fait que la stricte fidélité aux conventions de la tribu a quelque chose de servile et d'asservissant mais pas au point de les renier tant elles l'ont façonné, lui aussi.

3.3 Le statut des femmes

Dans *Les Suppliantes* d'Eschyle, nous sommes en présence de femmes qui requièrent le respect de la liberté de leur volonté[2]. « Pleines d'une horreur innée de l'homme », elles ne veulent pas se soumettre au joug des fils d'Egyptos. Leur volonté d'autonomie est cependant relativisée par leur dépendance à l'égard de leur père, « le vaillant Danaos, qui pense et veut pour nous », même si c'est pour leur bien (p. 84). On est en société patriarcale. Les femmes dépendent des hommes[3] et savent aussi qu'elles dépendent de la volonté des dieux qu'elles implorent. Dans *Les Sept contre Thèbes,* la distinction des domaines propres à chaque sexe dans la Grèce de cette époque est clairement rappelée : « Ce qui se fait hors de la maison est l'affaire des hommes. » La femme ne doit pas s'en mêler. Si elle le fait, elle ne peut que nuire. « C'est aux hommes à offrir aux dieux des hécatombes, à questionner le sort en tâtant l'ennemi », « Les femmes doivent se taire et rester au foyer domestique » (p. 148 et 150). Quant à elles, ces thébaines épouvantées, elles savent le sort qui leur est réservé en cas de défaite : captives, elles sont vouées « au lit réservé à l'esclave, au lit du soldat à qui le hasard les donne : elles n'ont plus d'autre sort à attendre que de servir aux nuits d'un ennemi vainqueur » (p. 154).

On n'en est évidemment plus là à la fin du XIXe siècle mais le patriarcat n'a pas disparu : l'homme est le chef de famille à qui sont délégués pouvoir et autorité comme le montre la délégation d'Archer chargé de s'occuper du divorce de la cousine. À travers ses

1. Elle défendra par la suite la liberté d'Ellen contre ceux qui s'en offusquent.
2. « Toute femme a droit à sa liberté » dit Archer dans *L'Âge de l'innocence* (p. 156) et « les femmes devraient jouir de la même liberté que les hommes » (p. 59) mais ces déclarations sont faites dans un tout autre esprit que celui des suppliantes effarouchées par les hommes !
3. Eschyle prend ici la défense de ces femmes : « Comment donc serait pur celui qui veut prendre une femme malgré elle, malgré son père ? » (p. 58).

personnages, **Edith Wharton** se livre à une réflexion sur le statut de la femme dans la société traditionnelle qui suggère une conception féministe équilibrée. Le diptyque formé par May et Ellen éclaire le problème de façon très concrète. May Welland est le produit exemplaire de la façon dont l'individu – particulièrement l'individu féminin –, est éduqué, façonné, et contrôlé à l'arrière-plan par une kyrielle de vieilles tantes[1], véritable Diane chaste, irréprochable au regard du code familial, « polie » par l'art de la sculpture sociale. Devant la photo de May, Archer réfléchit même avec étonnement et lucidité critique à l'étrange privilège que donne à son sexe ce système patriarcal qui minorise les femmes et les tient sous une quasi-tutelle. Il s'étonne que « cette pureté factice, si adroitement fabriquée par la conspiration des mères, des tantes, des grands-mères, jusqu'aux lointaines aïeules puritaines, n'existât que pour satisfaire ses goûts personnels, pour qu'il pût exercer sur elle son droit de seigneur, et la briser comme une image de neige. Cette idée lui oppressait le cœur » (p. 63). Il est ici à l'exact opposé des égyptiades d'**Eschyle**.

Il se pose la question de l'inégalité de la liberté reconnue aux hommes et aux femmes. Face à la liberté de ton de la comtesse Olenska, il s'était exclamé : « Les femmes doivent être libres, aussi libres que nous », touchant ainsi « la racine d'un problème considéré dans son monde comme inexistant » (p. 61). Dans ce monde, les femmes « bien élevées » étaient loin de revendiquer le genre de liberté auquel il faisait allusion. Il le savait et pouvait à son gré, dans l'abstraction, le leur concéder par « générosité verbale ». En réalité, toutefois, ce qu'il concevait pensable pour la cousine de sa fiancée, était inconcevable dès lors qu'il aurait été question de sa femme. Son féminisme est limité et n'est pas sans quelque ambivalence…

Dans ce paysage, l'arrivée d'une femme qui fuit son mari, déserte le domicile conjugal, franchit l'Océan pour venir trouver hospitalité auprès de sa famille new-yorkaise, et va jusqu'à demander le divorce, ne peut que provoquer la suspicion et le scandale. **Affirmer son statut de sujet existentiellement libre et voulant juridiquement recouvrer sa liberté scandalise la tribu**, à l'exception d'Archer qui, lui, est fasciné, instinctivement conscient de ce que disait clairement **Spinoza** deux siècles auparavant : il y a un « droit de nature en l'individu » qui est strictement inaliénable : « Nul ne pouvant renoncer au pouvoir de se défendre au point qu'il cesse d'être un homme…, ne saurait perdre la totalité de son droit de nature[2]. »

Pourtant, point n'est besoin d'être une jeunesse venant d'outre Atlantique pour être une femme libre. La vieille Catherine s'insurge contre la manie de sa tribu dont les membres, au lieu de dire ce qu'ils pensent, s'en réfèrent toujours à une autorité sous laquelle ils se mettent. Ainsi apprenant que le mariage de May et d'Archer ne doit avoir

……………

1. *Cf.* aussi p. 69 où sont évoquées certaines vieilles tantes de la mère d'Archer, « vieilles filles acariâtres qui disaient toujours *non* par principe, avant de savoir de quoi il s'agissait ».

2. Nul n'est à l'abri des préjugés de son temps quand bien même il se serait fait le chantre de la lutte contre l'aveuglement qu'ils suscitent. C'est ainsi que Steven Nadler écrit, non sans regret : « Spinoza compta parmi les penseurs les plus éclairés et les plus libéraux de son temps ; cependant, il n'échappa pas à tous les préjugés de cette époque. Il est regrettable que les tout derniers propos que nous ayons de lui, à la fin des chapitres existants du *Traité politique*, soient une digression, dans les paragraphes initiaux consacrés à la démocratie, sur l'incapacité naturelle des femmes à détenir un pouvoir politique. » Steven Nadler, *Spinoza,* Bayard, 2003, p. 406.

lieu que dans un an par la volonté maternelle, la vieille dame s'exclame : « "Demandez à maman !" la formule habituelle ! Oh ! Ces Mingott ! Tous les mêmes ! Nés dans une ornière d'où rien ne peut les tirer… Ils sont tous pareils : ils veulent tous faire ce que tous les autres auraient fait. Je rends grâce au ciel de n'être qu'une humble Spicer ; il n'y a, parmi tous les miens, que ma petite Ellen qui tienne de moi » (p. 158).

C'est ce droit de nature que ne devraient pas perdre les femmes lorsqu'elles se marient ou divorcent et que la société bourgeoise puritaine de New York leur refuse. C'est en ce sens que John Stuart Mill publie en 1869 *De l'assujettissement des femmes* qui dénonce la condition notamment juridique dans le monde anglo-saxon.

Par ailleurs, les femmes ne devraient pas se rendre complices de leur propre stigmatisation. À propos de l'aventure d'Archer avec « cette pauvre petite Mrs Thorley Rushworth », la narratrice fait remarquer que les fils, à New York comme ailleurs en ce siècle, étaient encouragés à voir un « abîme entre les femmes qu'on aime d'un amour respectueux et les autres » par « leurs mères, leurs tantes et autres parentes : toutes pensaient comme Mrs Archer que, dans ces affaires-là, les hommes apportent sans doute de la légèreté, mais qu'en somme la vraie faute vient toujours de la femme » (p. 110). Réfléchissant, Archer se demande : « L'innocence de New York n'était-elle donc qu'une simple attitude ? Sommes-nous des pharisiens ? » (p. 110).

3.4 Dissensions et conflits

Le conflit structure la tragédie d'**Eschyle**, *Les Sept contre Thèbes,* qui raconte la lutte fratricide entre les fils d'Œdipe. Ce sont les armes qui parlent ici, à l'exclusion de tout langage.

Spinoza évoque le temps où les hommes d'État et les Provinces-Unies se laissèrent entraîner dans la controverse religieuse des Remontrants et des Contre-Remontrants. Il évoque le schisme qui s'est ensuivi. Il apparut alors que les lois qui ont pour but de couper court aux controverses religieuses, ne font qu'irriter la colère des hommes au lieu de les corriger. Bien loin que les schismes aient pour origine l'amour de la vérité, c'est un violent désir de domination qui les provoque. Aussi Spinoza y voit-il la preuve que les vrais schismatiques sont bien plutôt ceux qui condamnent les écrits des autres et animent la sédition de la foule contre les auteurs, que les auteurs eux-mêmes, qui, la plupart du temps, ne s'adressent qu'aux doctes et n'appellent à leur secours que la seule raison (p. 335). Il ne connaissait pas évidemment la petite société de la Nouvelle Amsterdam devenue New York décrite par **Edith Wharton** !

Mais il y a des hommes, dit Spinoza, incapables de souffrir aucune « fierté de caractère », aucune personnalité libre et singulière et qui les expose à la foule séditieuse dont ils transforment en rage la dévotion. « Quelle pire condition pour l'État que celle où des hommes de vie droite, parce qu'ils ont des opinions dissidentes et ne savent pas dissimuler, sont envoyés en exil comme des malfaiteurs ?» (p. 333).

Dans le roman d'**Edith Wharton**, la stratégie d'expulsion d'Ellen Olenska pourrait fort bien illustrer cela, du moins sur la scène privée où les intrigues plus ou moins feutrées des uns et des autres peuvent se coaliser contre un individu indésirable. Si Spinoza parle des « beaux exemples d'endurance et de courage » que donnent les victimes des supplices publics, on peut légitimement parler de la probité exemplaire de l'expulsée qui a su reprendre à son compte, au compte de la libre détermination de soi-même, la décision de partir.

3.5 Eschyle : les liens du sang pervertis

a Parricide et fratricide

Jusqu'à la fin du VIIe siècle, la civilisation grecque est dominée par le règne grandes familles (les *génè*, pluriel de *genos*) : c'est le règne absolu des *liens familiaux* et de la religiosité, intimement unis au sein d'une société où le pouvoir familial est religieux et la religion est familiale. Dans les temps les plus reculés, le père avait un pouvoir absolu sur ses enfants, fondé sur l'idée qu'ils étaient son prolongement naturel. L'autorité de l'âge s'ajoutait au sentiment d'être le *philos* du père, c'est-à-dire son aimé, doublé d'une idée de possession[1]. La *philia,* c'est l'amitié, l'affection, mais aussi le sentiment d'appartenir à un groupe naturel comme l'est la famille (père, mère, frères, sœurs). C'est le sentiment « d'une sorte d'identité entre tous les membres de la famille restreinte[2] ». Celui qui va contre ce sentiment naturel, qui rompt le lien de connaturalité entre lui et ses proches, surtout ceux qui l'ont engendré, agit contre les lois du « sang ». La piété filiale est un sentiment sacré. Elle a un caractère religieux. Aussi, **le parricide[3] qui ôte la vie à celui ou à celle qui la lui a donnée non seulement commet un acte contre nature mais un sacrilège**. Les Grecs, comme toute la tradition indo-européenne la plus reculée, ont fait, comme la tradition biblique, l'analogie entre divinité et paternité. Parmi tous ses attributs, Zeus est dit *Pater.* « Il est, dit Homère, le père des dieux et des hommes », protecteur de la famille, de la demeure, de la propriété. Aussi, « Quand on honore ses vieux parents, la divinité s'en réjouit » dit Platon dans les *Lois* 931d. À l'inverse, toute action mauvaise contre le père est un outrage fait à Zeus. **La piété religieuse inclut donc la piété filiale[4]**.

Le parricide était donc un sacrilège inexpiable. Or les frères ennemis des *Sept contre Thèbes* sont les fils d'un parricide et **le fratricide entre Étéocle et Polynice vient en miroir achever le dérèglement des liens du sang** que la démesure de Laïos avait provoqué.

Les Sept contre Thèbes est en effet l'histoire d'**une fratrie scindée**, conséquence de la terrible imprécation lancée par leur père Œdipe vexé, lors d'un sacrifice au cours duquel

....

1. Platon (427-347) définit encore le statut de fils comme relevant de la possession (on utilisait pour cela le vocabulaire de l'esclavage : un esclave disait : je suis à un tel) : « Esclave du père, de la mère et de ses ancêtres. »
2. J.-P. Vernant et P. Vidal-Naquet, *Mythe et Tragédie dans la Grèce antique,* Maspero, 1972, p. 55.
3. On désigne par parricide aussi bien le fait de tuer son père que sa mère. Le parricide est aussi celui qui commet cet acte
4. Dodds signale « l'horreur particulière avec laquelle les Grecs considéraient les offenses contre un père, et les sanctions religieuses spéciales auxquelles, croyait-on, s'exposait le coupable ». *Les Grecs et l'Irrationnel,* Flammarion, 1977, p. 55.

il estima que ses fils ne l'avaient pas gratifié d'un morceau qui l'honorât suffisamment : après sa mort, c'est en combattant l'un contre l'autre qu'ils se partageraient son héritage. C'est à cet affrontement à l'issue duquel les deux frères meurent des coups portés l'un à l'autre que nous assistons dans la pièce d'Eschyle. « Roi contre roi, frère contre frère, ennemi contre ennemi, j'engagerai le combat avec lui » dit Étéocle en parlant de Polynice (p. 163). La lignée familiale s'éteint donc ici, à Thèbes, cette cité qu'Œdipe avait délivrée du Sphinx et dont il avait épousé la reine Jocaste sans savoir qu'elle était sa propre mère. Lui-même est le fruit d'une transgression : son père Laïos a transgressé l'ordre d'Apollon de renoncer à l'espoir d'avoir un fils[1], sa descendance devant perdre sa cité, Thèbes. S'il perpétuait sa lignée, il sacrifiait sa cité. **Eschyle met ici en évidence l'opposition entre le désir de l'homme privé et le devoir de l'homme public**, l'un devant être subordonné, sacrifié à l'autre. Laïos passe outre et, déjouant la stérilité dont on la croyait frappée, Jocaste donne naissance à un fils : Œdipe. Laïos, conscient de sa faute, fait exposer le nouveau-né mais celui-ci, recueilli par un berger, élevé par le roi et la reine de Corinthe qu'il croit être ses parents, va consulter l'oracle de Delphes qui le prévient du destin qui l'attend : s'il retourne dans son pays, il tuera son père et épousera sa mère. Or, c'est précisément en fuyant ce funeste destin qu'il le rencontre sur son chemin… Il tue son père et épouse sa mère. **Il a sans le savoir et sans le vouloir subverti l'ordre naturel des alliances et des engendrements, aggravant le désordre par l'imprécation lancée contre ses fils**. Il a outrepassé son droit, franchi la limite du juste et du licite en les condamnant à commettre un crime et en exposant la cité aux horreurs de la guerre. **Polynice lui-même** qui vient assiéger les remparts de la cité qui l'a vu naître **sacrifie Thèbes à ses intérêts personnels, aux passions qui le meuvent, dans une logique totalement opposée à celle du roi Pelasgos dans *Les Suppliantes*, soucieux d'abord de l'intérêt public**.

Eschyle procède ici à une véritable déconstruction de la structure de la cité bien instituée sur un lien social légitimement fondé sur des liens familiaux respectueux de l'ordre des choses. Il met cet ordre en évidence par sa subversion et sa distorsion tragiques. Or c'est le primat donné à la volonté privée (avoir un fils) sur le bien public par désobéissance à l'oracle divin qui est la cause de l'effondrement de la communauté humaine à tous ses niveaux.

b La dissension funèbre : l'opposition entre la fidélité aux lois de la cité et la fidélité à la loi du *genos* (clan familial)

Si par « l'esprit de discorde issu de l'imprécation paternelle », les frères se sont affrontés, la mort en un sens les réunit : ils auront « leurs parts du tombeau paternel » (p. 171). En un sens seulement (le sens théologique) car du point de vue de la cité (le sens politique), il en va bien sûr autrement. Les commissaires du peuple de Thèbes ont jugé et décrété qu'« Étéocle, en raison de son dévouement au pays, sans reproche à l'égard des temples de nos pères, sera enseveli en de pieuses funérailles » tandis que Polynice, lui, sera jeté

……………

1. On peut comparer ce désir de paternité à la stérilité volontaire des danaïdes, conséquence de leur refus de l'homme.

hors des murailles de la cité qu'il a profanée en lançant une armée étrangère à l'assaut de la ville. Il sera privé du cortège de ses proches, individu maudit par la communauté thébaine. Tel est le décret du nouveau pouvoir qui succède à celui de son défunt roi.

Mais Antigone, à la fois fille et sœur d'Œdipe, fruit de la même union contre nature que ses frères qui viennent de s'entre-tuer, annonce qu'elle ensevelira Polynice malgré la volonté des commissaires. **Droit contre droit : si la Cité doit sa cohésion au respect des lois écrites, Antigone se réfère à une loi plus ancestrale, le droit du *genos*,** de la famille, de la maison, de l'*oikos* qui exige d'accomplir les rites funèbres pour tous les membres de la famille selon la tradition[1]. Elle entend rétablir une forme de justice en faisant primer les impératifs religieux et moraux sur ceux de la politique. Le chœur se divise, l'un choisissant « le deuil commun à la race tout entière », soulignant la variabilité des lois de la Cité ; l'autre décidant de ne suivre qu'Étéocle, selon les recommandations du Droit et de l'État (p. 176). D'un côté : le théologique ; de l'autre : le politique. Ils sont ici dissociés alors que dans *Les Suppliantes,* ils étaient associés dans une articulation hiérarchisée, fondée sur la distinction des deux ordres. Pelasgos avait donné priorité à l'éthique de responsabilité qui préside au politique en consultant la cité, laquelle avait, par son accord et une révérence partagée envers les dieux, satisfait l'éthique de conviction : le sacré, le « théologique » venait couronner en somme la rigueur éthique et politique du roi.

4 Le ciment social

4.1 Faire bloc dans l'adversité

Dans *Les Suppliantes* d'**Eschyle**, les femmes viennent présenter leur demande d'asile au roi d'Argos, liées entre elles par leur cause commune : le refus de ce qu'elles assimilent à un rapt, à une violation de leur liberté et de leur droit de s'appartenir à elles-mêmes sans être la proie de la convoitise masculine peu disposée à négocier entre parties égales, mais encline à imposer sa loi par la force. Cette union face à l'adversité est également illustrée par l'énergie défensive d'Étéocle dans L*es Sept contre Thèbes*

Spinoza montre, lui, l'union indéfectible des anciens Hébreux face à la menace, le service militaire obligatoire pour tous assurant la défense commune, la nation ayant ensuite été entre les mains des rois prompts, eux, à la guerre pour leur propre gloire.

Dans le roman de **Wharton**, la solidarité tribale est aussi de mise : « Si nous ne nous tenons pas entre nous, c'est l'effondrement de la société » (p. 67). Or la ruine de Beaufort provoque un tel choc dans la famille Mingott que le père de May en a eu une attaque et ne peut pas quitter sa chambre. May écrit à Archer que, l'oncle Lovell étant

....

1. Le génos (grec γένος signifie « clan ») regroupe des familles ayant un ancêtre commun. Ses membres sont unis par le culte qu'ils vouent à leur père fondateur. À l'origine, ils vivent sur les mêmes terres, partagent le même foyer et sont dirigés par un chef de famille, qui est aussi le prêtre du culte familial et le garant de la justice au sein du *génos*.

absent de New York, c'est à lui de venir soutenir sa mère et, pour cela de se rendre tout droit chez la grand-mère Mingott qui ne tarde pas, elle aussi, à se trouver mal. C'est que si « Le vieux New York tolérait l'hypocrisie dans les relations privées…, en affaires, il exigeait une honnêteté complète et inattaquable » (p. 239). Or Mrs Beaufort était venue demander à la vieille Mingott de soutenir son mari, de ne pas les lâcher, bref, « d'engager toute la famille à couvrir et à patronner l'abominable scandale ! ». C'était vraiment trop demander : « Couvrir un déshonneur, c'était la seule chose à quoi la famille en tant qu'institution dût se refuser » ! Mrs Beaufort a beau rappeler qu'elle est une Dallas, rien n'y fait. Les femmes avaient le souvenir que « de leur temps, une femme dans le cas de Regina n'avait qu'une idée : s'effacer et disparaître avec son mari ».

4.2 La Loi et la piété, ciment de la communauté des Hébreux

Dans le *Traité théologico-politique,* **Spinoza** montre que ce qui reliait le plus solidement entre eux les Hébreux, c'était la Loi et la piété à laquelle elle était liée. Elle était le vecteur signifiant qui investissait religieusement la vie. Sa transmission et son observance se faisaient de façon coutumière. La discipline très forte qu'engendrait cette éducation en faisait un lien social puissant par les pratiques communautaires qu'elle générait, ainsi que par la prescription des fêtes qui scandaient le calendrier. L'obéissance n'avait ainsi pas besoin de consulter la Raison, ce qui, remarque l'auteur, est un avantage lorsqu'il s'agit de régir la multitude. L'articulation quasi fusionnelle entre la piété portant à l'obéissance et le patriotisme a ainsi constitué un puissant facteur d'unification et de cohésion nationales chez les anciens Hébreux tels que les décrit ici Spinoza. Animant une confédération de tribus soudées par des valeurs collectives, la vertu politique des Hébreux constitue un des éléments du meilleur régime selon lui, mais elle ne suffit pas, la pensée capable de justifier en raison l'articulation saine du théologique et du politique étant seule à éclairer l'entendement et à faire comprendre le bien-fondé des institutions démocratiques qui ont la préférence de l'auteur. Or, selon lui, les juifs de l'antiquité méprisaient en effet la philosophie (p. 294).

4.3 Fêtes, repas et cérémonies

Spinoza montre que lors des repas de fête, occasions de « réjouissances honnêtes », les Juifs, soudés par une foi commune, sont convives de Dieu lui-même. Ces repas festifs communautaires, loin d'être simplement autorisés étaient prescrits et portaient à la joie. Loin de s'en lasser « car le culte réservé aux jours de fête était rare et varié », ces moments ne pouvaient que renforcer leur sentiment d'appartenir à une communauté structurée de façon sensée (p. 294).

On peut comparer cela avec les dîners ritualisés de la bourgeoisie new-yorkaise décrite par **Wharton**, guindée dans ses rites dont la pratique visait la réputation sociale, l'apparence et non la profondeur de l'âme (p. 78-79). Leur description illustre la formule de Montesquieu : « Les grands seigneurs ont des plaisirs, le peuple a de a joie. » Le dîner chez les Van der Luyden, chargé d'annuler l'offense provoquée par le boycott de celui de Mrs Mingott « fut une cérémonie impressionnante », empreinte de solennité[1] (p. 77) où la sincérité des sentiments et des vœux de bienvenue ne devait pas être très tangible… L'hypocrisie évidemment règne dans un tel monde, le comble de cette hypocrisie culminant dans « le dernier ralliement du clan autour du membre qui allait en être retranché » selon le « vieux code de New York » lors du grand dîner d'adieu organisé par les Newland Archer bourgeoisement installés après leur mariage, dîner magistralement orchestré par May : premier dîner mondain donné par le jeune couple, dernier auquel nous assistons dans l'ouvrage. Il fait écho au premier, donné par les Van der Luyden pour accueillir celle qui, désormais, est vouée au départ, expulsée. « C'était ainsi dans ce vieux New York, où l'on donnait la mort sans effusion de sang[2] ; le scandale y était plus à craindre que la maladie, la décence était la forme suprême du courage, tout éclat dénotait un manque d'éducation » (p. 288).

On peut citer aussi le dîner du *Thanksgiving Day* donné par Mrs Archer, occasion pour elle de faire « le bilan de son petit univers ».

THANKSGIVING DAY : UNE FÊTE NATIONALE THÉOLOGICO-POLITIQUE

Le 3 octobre 1789, Georges Whashington, après la guerre d'indépendance avait prononcé un discours d'action de grâce, créant le premier *Thanksgiving Day* décrété par le gouvernement national des États-Unis d'Amérique. Il remerciait « pour le grand degré de tranquillité, d'union, et d'abondance, que nous avons depuis appréciées ; pour le pacifisme et la raison qui nous ont été conférés pour nous permettre d'établir des constitutions de gouvernement pour notre sûreté et notre bonheur, en particulier la Loi nationale récemment instituée, ; pour la liberté civile et la liberté religieuse formant à elles seules une vraie bénédiction… Nous pouvons alors nous unir en offrant le plus humblement nos prières et supplications au grand Seigneur et Gouverneur des Nations et le solliciter pour pardonner nos transgressions nationales et autres transgressions ; pour nous permettre à tous, en poste public ou privé, de remplir nos nombreuses fonctions respectives, correctement et ponctuellement ; pour permettre à notre gouvernement national de rendre bénédiction à toutes les personnes, en étant constamment un Gouvernement de lois sages, justes, et constitutionnelles, discrètement et loyalement exécutées et obéies ».

1. C'est lors du premier des quatre dîners majeurs décrits par Wharton que Newland exprime pour la première fois une distanciation transgressive à l'égard de son milieu en disant que les femmes devraient jouir de la même liberté que les hommes (p. 59).
2. Contrairement aux antagonismes guerriers évoqués tant par Eschyle que par Spinoza.

4.4 Le pacte avec l'Être éternel des anciens Hébreux

On peut bien sûr comparer l'entre-soi mis en scène par **Wharton** à la description que fait **Spinoza** de la société des Hébreux dont le fort sentiment d'appartenance exclut les autres nations de leur bienveillance. Pourtant, tout autre est le vieux monde des Hébreux décrit par Spinoza. Le pacte contracté avec Dieu n'est pas assimilable à une convention sociale arbitraire, c'est-à-dire relative comme le montre la variété des us et coutumes dans les nations forgées par la seule succession du temps, par l'histoire et que connaît bien Ellen Olenska, la nomade, la voyageuse. Chez les Hébreux, c'est avec le *Deus sive Natura,* le fond ontologique, indestructible, invariant et éternel des choses que le peuple contracte, promettant de soumettre leur existence à ses exigences, aux lois dont le médiateur Moïse se fera le héraut. Les rituels, les fêtes qui jalonnent le calendrier lui sont toujours référés. Il s'agit d'adorer et de vénérer l'absolu dans l'humilité de la suite des jours, l'universel dans la particularité d'un peuple assumant avec sérieux sa singularité, équivalent pour une communauté de l'individualité personnelle.

4.5 La quasi-sacralisation de l'apparence dans le vieux New York

La bourgeoisie new-yorkaise décrite dans *l'Âge de l'innocence,* est, elle, autoréférente. Elle ne pactise qu'avec elle-même : c'est elle qu'elle vénère et si elle veille tant au respect de ses rituels, c'est qu'elle se sait mortelle, menacée par la montée de couches sociales liées au monde des affaires qui vont bientôt prendre le relais. « La ville appartenait désormais aux nouveaux-riches et aux émigrants » (p. 136). Rien de profondément existentiel ni d'ontologique là-dedans même si on va à l'Église comme on suit une routine et pour faire comme tout le monde. Ce qui compte, c'est l'apparence, non l'être profond. On vit à la surface des choses et de soi-même : « Ils vivaient tous, dans son milieu, dans un monde fictif où personne n'osait envisager la réalité, ni même y penser » (p. 62). C'est un monde de la simulation, tenu par le corset des apparences, du semblant, où la pensée se réduit aux préjugés liés à une vision stéréotypée du monde et de la vie. Le langage qui sert normalement à la communication est, lui aussi, corrodé de l'intérieur par les codes de la *common decency* qui dit tout en ne disant pas, revêtant ce que l'on veut signifier de formules convenues qui voilent le référent réel au lieu de l'exposer à la clarté de la compréhension. Le non-dit est plus éloquent que ce qui consent à être formulé. Cela est aussi vrai, de façon positive cette fois, pour l'amour : c'est dans le silence finalement qu'ont lieu les moments de la plus intense communion comme lors de la rencontre d'Ellen et d'Archer à Boston.

5 De la difficile émergence des individus singuliers dans une société close

5.1 La société close du vieux New York bourgeois

Contrairement aux Hébreux de **Spinoza** qui contractent individuellement avec Dieu, se greffant ainsi sur le socle ontologique de leur existence, y compris dans leur vie communautaire, les personnages de **Wharton** vivent dans une micro-société close où la communauté l'emporte sur l'individu, le surveille et le censure insidieusement parce que chacun a intériorisé les normes comportementales imposées par le code lié à leur classe sociale. Nous nous trouvons au sein d'une société rigoureusement formatée avec ses rituels, ses préjugés, ses protocoles, ses conventions. **Faute de personnalités authentiques, on ne peut parler de véritable communauté, laquelle requiert des échanges vivants, signifiants, porteurs de vie. Ici, on est dans le monde de la représentation**, ce que symbolise d'ailleurs d'emblée la scène à l'Opéra, qui se joue autant sur la scène proprement dite que dans les loges. On vient pour voir mais aussi pour être vu, comme le disait très bien Rousseau dans sa *Lettre sur les spectacles.*

Les individus, sur cette nouvelle Terre Promise[1] que sont les États-Unis d'Amérique, copient les façons de vivre et de penser de la bourgeoisie, importés surtout de l'Angleterre puritaine et de la Hollande. Il s'agit pour eux de préserver cet héritage, plus formel d'ailleurs que culturel proprement dit car la culture n'est pas le souci majeur de ce « beau monde[2] », même si, du côté des Archer, on s'intéressait aux voyages, à la « lecture des romans sérieux » et on affectait de « mépriser les jouissances matérielles ». **Il s'agit de copier, d'être conforme à un modèle comportemental où la similitude gomme l'altérité**. Certes, la rigidité n'est pas totale, les cloisons ne sont pas radicalement étanches : « Nous avons tous quelques chéris dans la racaille » aimait à dire Mrs Archer et « plus d'un membre de cette société exclusive en avouait secrètement la vérité ». Curieusement, l'Europe incarnée par Medora Manson et Ellen Olenska qui, par leur mode de vie nomade, voyageuse, ont l'esprit ouvert à l'altérité, est dénigrée pour son absence de valeurs morales (victoriennes en fait, puritaines) dignes de ce nom. Ce milieu perpétue de façon mimétique les façons d'être de la vieille Europe[3] qui alors que les personnages venus d'Europe comme Ellen ou Rivière introduisent sinon de la nouveauté, du moins de l'altérité, du naturel, donc quasiment de l'intemporel ou de l'universel !

....

1. Newland, malgré son nom « Nouvelle terre, nouveau pays », n'arrive pas totalement à s'arracher aux ombres du passé, aux façons d'évaluer, de juger du milieu où il est né, malgré une ouverture considérable de son champ de vision effectuée par l'écart que constituaient le personnage d'Ellen et son comportement non conformiste, vivant.
2. May juge M. Rivière, « ce petit Français… bien commun ». Archer détestait sa manière de prononcer « intellectuel » et « commun ». « Les gens de cette sorte manquent toujours d'usage » (p. 198).
3. Ellen fait remarquer que « la tradition qui sévit dans notre milieu » n'est autre que celle des autres : « C'est un peu bête d'avoir découvert l'Amérique pour en faire la copie des autres pays » (p. 226).

5.2 Un chemin difficile vers une voix singulière

Ellen Olenska est la figure de l'étrangeté[1] qui vient subvertir la cohésion de la tribu mais aussi révéler la vocation de chacun à une possible et souhaitable individualité intelligemment habitée, vécue parce qu'elle est à l'écoute de ses émotions, de ses désirs, de son âme. Est-ce par souci de l'âme que la mère d'Archer va tous les dimanches à l'église accompagnée de sa fille ou par habitude régie par la décence sociale ? On ne peut trancher car elle semble navrée qu'Archer déserte l'église[2]. Ce qui est sûr, c'est qu'il faut être, agir, « comme il faut » et comme on a toujours fait. C'est qu'il **y a une véritable chorégraphie bourgeoise qui règle la vie dans le monde décrit par Wharton**. « L'un des intérêts de ce roman est sa capacité à faire entendre la voix d'un sujet qui peine à se démarquer d'un chœur à l'unisson[3]. » Celle qui vient rompre cette unanimité anonyme est Ellen dont May, aveugle au sens de sa perspicacité, souligne la différence : **« On dirait qu'elle prend plaisir à se singulariser »**, dit May à propos d'Ellen **comme si cela était répréhensible d'être une individualité singulière, à nulle autre pareille** (chap. XXXI). Elle s'empresse d'imputer cette différence et le goût pour les « gens bizarres » à « cette société d'Europe » où l'on mène « une vie agitée », confondant la vitalité culturelle où le débat anime le tissu social avec une inquiétante fébrilité. Sans s'en rendre compte, elle fait un diagnostic d'une justesse surprenante sur la société à laquelle elle appartient : « Nous devons lui paraître bien ennuyeux[4] » (p. 276). Archer perçoit dans ces propos l'effort secret pour atteindre quelque chose au-delà de la portée habituelle de la vision de May et il en est ému.

Si les clans familiaux de New York dictent leur comportement à ses membres, dans le texte de **Spinoza**, les clans religieux, les schismes nés dans l'Église, sont à l'origine de lois « commandant ce que chacun doit croire et interdisant de rien dire ou écrire contre telle opinion ou telle autre », lois instituées en « concession à la colère des hommes incapables de souffrir aucune fierté de caractère » et qui désignent à la vindicte ceux qui ne pensent pas ou ne vivent pas comme eux (p. 333).

5.3 Le difficile affranchissement des préjugés

Si **Spinoza** défend ardemment la liberté de pensée et sa garantie juridique par le pouvoir temporel, honorée comme nulle part ailleurs en ce XVIIe siècle, aux Pays-Bas car elle est paradoxalement pacifiante, constituant une école de tolérance, **Edith Wharton** décrit un monde où il convient de ne pas se démarquer de la bien-pensance.

....

1. Beaufort aussi est une figure de l'étranger, réelle quant à lui (p. 252), alors qu'Ellen fait partie du clan par le sang (p. 252). Sur la différence, l'opposition même entre les usages américains et les usages étrangers (p. 151).

2. Si, comme le dit le théologien Bonhoeffer (1906-1945) pendu par les nazis, Dieu est présence ontologique, réalité structurante et libératrice, Archer n'en déserte pas la fréquentation car il est en recherche du vrai.

3. Anne Ullmo, *Edith Wharton :* The Age of Innocence, *L'art du contretemps,* Ellipses, 2001, p. 7.

4. De fait, c'est ce que pense Archer : « Chez nous il n'y a ni personnalité, ni caractère, ni variété. Nous sommes ennuyeux à mourir. »

Edith Wharton décrit, à travers le personnage d'Archer, le vertige que provoque dans les communautés réglées par l'impersonnalité des codes hérités, la transition d'un monde ancien vers un monde nouveau qui les bouscule et qui demande à chacun le courage et l'énergie de repenser l'échiquier social dans lequel l'a inscrit sa naissance, et, par là même, de se repenser soi-même, de se comprendre autrement. Le changement de repères fait vaciller les certitudes les mieux ancrées, laissant l'individu dépourvu, chancelant. Au chapitre VI on voit Archer contempler le portrait de May « avec une sorte de terreur respectueuse » car cette jeune créature, si pure, si innocente, c'est son âme qu'elle allait lui confier en l'épousant ! Archer touche là l'essentiel et le point névralgique de l'intrigue dans laquelle la contingence l'a inscrit. L'alliance, le mariage, l'amour requièrent le plus haut sérieux, ce qui est différent de se prendre au sérieux en remplissant un rôle social fonctionnel ou, comme nombre des personnages du roman, en tenant son rang sur la scène sociale. Or May « ce produit redoutable du système social dont il faisait partie et auquel il croyait... lui apparaissait maintenant comme une étrangère » et l'avenir auquel leur engagement venait de donner des contours lui semblait plus problématique qu'il ne pensait, le mariage lui apparaissant désormais non pas comme « le séjour dans un port tranquille, mais un voyage hasardeux sur de grandes mers » (p. 61). C'est que « la comtesse Olenska avait troublé en lui de vieilles convictions traditionnelles » au point de le faire vaciller et de considérer désormais sa vie comme « un fragile château de cartes » (p. 189).

6 Du clos à l'ouvert

6.1 Les individus qui ouvrent la communauté

À côté des copies conformes au modèle social régnant, **Wharton** campe des personnages qui ne s'encombrent pas de rituels et qui, spontanément, créent du lien, induisent la communication : tout duc qu'il soit, le duc de Saint-Austrey arrive sans crier gare avec Mrs Struthers chez Ellen qui ne semble pas s'offusquer de « la liberté que prenait le duc en lui amenant ainsi une étrangère. Le duc lui-même semblait trouver cela parfaitement naturel » (p. 93). C'est que cette dame veut connaître « tous ceux qui sont jeunes, intéressants et charmants » et elle l'invite à venir écouter de la musique chez elle.

On peut citer Winsett, M. Rivière[1] qui a accepté de quitter le journalisme pour devenir précepteur parce qu'on y garde la liberté de son esprit : « Pouvoir regarder la vie en face, être maître de sa pensée, cela vaut bien la peine de vivre dans une mansarde » (p. 197).

Mais c'est surtout Ellen Olenska qui vient ouvrir grandes les fenêtres du confinement bourgeois et révéler la faille existentielle dans ce monde régi par l'étiquette, le protocole bourgeois[2]. Le choix de son domicile déjà l'excentre, la fait se situer volontairement

....

1. Le fameux secrétaire qui avait aidé Ellen à partir de chez son mari et que tout ce petit monde soupçonnait d'être son amant...
2. Archer avait vite senti « qu'elle était femme à changer en lui toute l'échelle des valeurs » (p. 117).

sur les marges, même si elle est sincèrement désireuse de s'articuler avec une bonne volonté manifeste à ceux qui l'accueillent. Au nombre des excentrés/« excentriques » on peut citer aussi par exemple Sir Emerson Silterton, « épine au flanc de la société de Newport dont on ne pouvait se débarrasser parce qu'elle sortait d'une souche vénérable et vénérée : fortune et situation sociale excellente du côté père et mère. Or il s'était fait archéologue et professeur, habitait Newport au lieu de New York » (p. 210). S'il voulait rompre avec la tradition, pourquoi avait-il, de plus, épousé une fille d'une des plus grandes familles, une Dagonet « qui était en droit d'espérer mieux » ? Pour comble d'inconvenance, ils allaient faire des fouilles au lieu de faire comme tout le monde : aller à Paris ou en Italie. « Ils s'étaient tous deux entêtés dans leur insolite manière de vivre », allant même jusqu'à donner une réception en l'honneur d'un noir ! **La société close s'était ouverte ! Elle s'était ouverte aux vraies valeurs universelles** à l'opposé de cet entre-soi discriminant où évoluent la majorité des personnages.

Winsett à l'Opéra demande à Archer le nom d'Ellen qu'il reconnaît dans sa loge. C'est sa voisine et il s'étonne qu'une femme aussi élégante habite un « affreux quartier comme le sien ». Ellen a soigné son petit garçon avec tant de sollicitude que sa femme a oublié de lui demander son nom. Lorsqu'Archer lui dit que c'est la comtesse Olenska, Winsett n'en revient pas. Archer lui explique qu'elle se moque bien du quartier et « passe devant nos petites catégories sociales sans même s'en apercevoir ». Winsett en conclut avec justesse qu'elle a « sans doute fréquenté une société moins fermée[1]... » (p. 134). Ellen ne transige pas dès lors qu'il est question de sa liberté. Elle refuse une somme « considérable » de son mari qui voudrait acheter sa présence occasionnelle à sa table pour faire croire à la galerie c'est-à-dire au milieu mondain qu'il fréquente, qu'elle n'a pas déserté sa compagnie, c'est-à-dire son poste d'épouse.

Dans les pièces d'**Eschyle**, la clôture est défensive[2] ; ce sont les remparts d'Argos (*Les Suppliantes*) et de Thèbes (*Les Sept contre Thèbes*). Mais ils matérialisent aussi le lieu de la communauté civique. Ils délimitent le dehors et le dedans, ce que font dans une autre configuration sociale évidemment les loges de l'Opéra et les quartiers chics de New York chez **Wharton**. Mais *Les Suppliantes* mettent sublimement en scène l'ouverture d'Argos en offrant l'hospitalité à des femmes déterminées à fuir des unions imposées à des êtres en état de faiblesse et de vulnérabilité alors que dans *Le Temps de l'innocence*, le séjour new-yorkais d'Ellen s'achève par une magistrale expulsion.

Chez **Spinoza**, si l'antique république de Hébreux pratique l'entre-soi du fait de ses impératifs religieux qui rejettent comme impurs ceux qui n'adorent pas leur Dieu, en revanche, Amsterdam est louée pour la diversité qu'elle accueille en son sein.

....

1. Le danger des communautés repliées sur elles-mêmes est ce que Kamel Daoud appelle « la règle de l'auto-apartheid communautaire », bref ce qu'on nomme aussi par le vocable de « séparatisme ». La bourgeoise du vieux New York, chez E. Wharton pratique assez bien la chose à sa façon...

2. À propos du souci des toilettes à porter dans le monde : « C'est leur armure, leur défense contre l'inconnu » pense Archer. Disposer d'un rituel, d'un mode d'emploi, est un rempart contre l'angoisse.

6.2 La communauté des gens de lettres et des artistes

Le thème des Écritures est central dans le *Traité* de **Spinoza** du fait qu'aux Pays-Bas des sectes rivales sont nées d'un conflit d'interprétations au sein même des églises issues de la Réforme qui avait inauguré un regard renouvelé sur les textes fondateurs du judéo-christianisme qui – faut-il le rappeler ? – est l'un des piliers fondamentaux sur lesquels s'est érigée la civilisation européenne.

Il se trouve chez **Eschyle** lorsqu'il est question du « livre de Justice » qui commande le respect des pères et à qui va le suprême hommage. Ce livre est celui de Zeus que l'homme ne peut lire que dans le silence de sa conscience greffée sur un universel qui transcende les lois particulières de la cité sans pour autant les contredire.

Ce thème de l'écriture et des lettres se trouve dans ***L'Âge de l'innocence*** lorsque Mrs Archer fait référence au texte du prophète Jérémie lu le jour de Thanksgiving au milieu de la communauté rassemblée à l'Église. Il se trouve aussi à travers les livres que reçoit Archer (p. 146), les conversations avec les gens de lettres comme Winsettt ou M. Rivière, étrangers à son milieu d'origine et qui sont comme une fenêtre ouverte sur la vie de l'esprit. « La littérature et les arts étaient hautement appréciés dans l'entourage des Archer ; et Mrs Archer s'évertuait toujours à expliquer à ses enfants combien la société était plus agréable à l'époque où elle comprenait des gens de lettres comme Washington Irving, Fitz Greene Halleck et l'auteur de The Culprit Fay. Les plus célèbres auteurs de cette génération avaient été des "gentlemen". Peut-être les inconnus qui leur avaient succédé étaient-ils d'aussi honnêtes gens ; mais leur origine, leur tenue, leurs tignasses incultes, leurs relations avec les acteurs et les chanteurs, empêchaient de les classifier d'après le critérium du vieux New York » (p. 115-116). Le problème était qu'aujourd'hui, les artistes, acteurs, critiques dramatiques, littéraires et musicaux, gens de plume « étaient d'espèce particulière, difficiles à classer[1] ; on ne connaissait pas l'arrière-plan de leurs vies et de leurs esprits. ». « Ces échantillons épars de l'humanité » habitaient une « région hétéroclite » et « n'avaient jamais essayé de s'amalgamer avec la société. En dépit de leurs originalités, on les disait dignes d'estime ; mais ils préféraient rester entre eux » (p. 115). Le caractère « hétéroclite » de ce groupe est évidemment lié au caractère fortement individualisé de ses membres. Archer est conscient de l'inconvenance finalement de classer les êtres humains :

« On peut mettre des étiquettes sur les choses, pas sur les personnes » dit Archer (p. 91). « Peu embarrassée de préjugés, indifférente aux fines distinctions sociales, la vieille Mrs Mingott aurait pu relier les deux milieux ; mais elle n'ouvrait jamais un livre, ne regardait jamais un tableau ; et la musique lui rappelait seulement les soirées de gala aux Italiens, à l'époque de ses triomphes aux Tuileries. Beaufort aussi, qui la valait en audace, aurait pu essayer de combler le fossé ; mais ses salons somptueux, ses laquais en culottes, intimidaient la race artistique. De plus, aussi peu cultivé que

....

1. *Cf.* aussi p. 115 qui évoque « la région hétéroclite où vivaient des "gens qui écrivent" ».

Mrs Mingott, il considérait les écrivains comme des pourvoyeurs salariés, préposés au plaisir des riches, et son opinion n'avait jamais été mise en question par quelqu'un d'assez riche pour l'influencer » (p. 116).

6.3 L'ouverture de la cité d'Argos dans *Les Suppliantes*

Ia À l'intérieur des murs : un problème juridico-politique

Les Suppliantes mettent en scène l'ouverture d'Argos, cité grecque, berceau de leur race, « bien close, que protège l'appareil de ses remparts élevés » (p. 84) à la troupe affolée des filles de Danaos, qui ont fui leur terre d'Égypte, poursuivies par les Egyptiades, leurs cousins puisque fils d'Egyptos, frère de leur père, qui veulent s'emparer d'elles par la force et les prendre pour femmes à leur corps défendant, dussent-ils les tirer par les cheveux ! Suppliantes, elles implorent le roi Pelasgos qui règne sur Argos de les accueillir.

Pelasges se voit confronté à un problème de droit : doit-il prêter secours à ces femmes qui, malgré l'origine argienne dont elles se réclament, sont des étrangères ? Cette requête est-elle légitime et, quand bien même le serait-elle, y répondre favorablement, n'est-ce pas exposer la cité au risque d'une guerre de représailles ?

Ib L'accueil de l'étranger et du suppliant : une éthique de la détresse

Étrangères comme en témoigne leur « accent barbare » et leurs « teints brunis des traits du soleil », leur « accoutrement si peu grec », elles se voient conseiller par leur vieux père de s'asseoir sur le tertre consacré aux dieux de la cité, un autel étant un « infrangible bouclier », le sacré valant « mieux qu'un rempart » pour assurer sa protection. Les danaïdes devront dire que leur exil n'est pas taché de sang et garder une constante modestie pour ne pas irriter celui dont on va solliciter l'asile : « Sache céder ; tu es une étrangère, une exilée dans la détresse : un langage trop assuré ne convient pas aux faibles » (p. 57). Dans le roman de **Wharton**, Ellen Olenska, fugitive, elle aussi, s'exilant d'Europe pour fuir son mari revient au berceau américain de sa famille ; mais, tout en restant simple et reconnaissante de l'accueil reçu – aveugle aux réticences liées à sa situation insolite de femme reprenant sa liberté – aucune trace d'effacement de soi, de renoncement à son être propre ne vient altérer son *conatus* pour emprunter le terme de Spinoza. Elle maintient toutefois son exigence éthique avec la ténacité d'une volonté héroïque : elle prend en toute liberté la décision de partir. Son choix est irréversible : elle ne veut pas nuire à ceux qui l'ont accueillie, jeter le trouble dans une famille en voie d'édification. Elle sacrifie l'amour trouvé en Archer et s'y arrache sans espoir de retour. Cette décision est d'ailleurs confortée par un énergique processus d'expulsion camouflé sous un cérémonial d'adieu luxueusement solennel…

Chez **Eschyle**, c'est pour se préserver que les danaïdes sont devenues suppliantes, mais leur situation, bien que déterminée par leur volonté farouche, les rend totalement dépendantes d'autrui et, en premier lieu du roi Pelasgos d'Argos, cité à la porte de laquelle elles viennent frapper. Le roi, après avoir consulté son peuple, y consent et repousse la demande d'extradition brutalement présentée par un héraut égyptien. La tragédie s'achève sur l'hymne de reconnaissance des Danaïdes, malgré la menace de guerre qui plane sur le pays. Le processus est inverse de celui que la communauté new-yorkaise a infligé à Ellen Olenska.

c Le chœur et ses voix unanimes

Le chœur des Danaïdes, en un singulier collectif, en appelle d'abord aux « divins auteurs de sa naissance », conscient du néant des mortels. Par définition, dans le chœur tragique, **les individualités ne sont pas distinguées : on a affaire à un groupe soudé qui parle en chœur et dont les voix sont unanimes**. Cinquante filles refusent d'être les esclaves des cinquante fils d'Epyptos, leurs cousins. Le conflit vient scinder le fruit d'une fratrie, disloquant une communauté d'origine et annulant la possibilité d'accroître la maison des descendants d'Epaphos, ancêtre commun des deux groupes[1]. Le chœur prie donc Zeus de jeter les yeux sur la démesure humaine incarnée par ces mâles, fils d'Egyptos qui poursuivent les filles de son frère (p. 56).

Le roi, surpris de l'intrépidité de ces étrangères, venues sans hérauts ni médiateur diplomatique (proxène), perçoit les rameaux de suppliants déposés aux pieds des dieux de la cité, rite grec par excellence qui est le premier trait d'union entre ces femmes éplorées venues de loin et la cité sollicitée. Répondant au coryphée qui lui demande à qui il a l'honneur de parler : citoyen, héraut, chef de la cité, il se présente, s'inscrivant dans la lignée dont il est issu. Il est roi d'un peuple à qui il a donné son nom : les Pélages. Les danaïdes, par le biais du coryphée, lui font part de leur origine argienne par leur ancêtre Io qui avait été gardienne du temple d'Héra en Argolide, deuxième trait d'union entre les deux clans en présence. « Tu connais maintenant mon antique origine : traite donc en Argiennes celles dont la troupe est ici devant toi » (p. 62).

Eschyle attribue aux dieux le savoir de la justice comme le faisaient les anciens Hébreux, même si « le désir de Zeus n'est point aisé à saisir » (p. 53-54). **On retrouve là la structure religieuse universelle** qui témoigne de la conscience qu'a l'être humain de sa dépendance ontologique à laquelle fait allusion **Spinoza.**

Le récit des origines peut être comparé à la conscience des filiations chez **Edith Wharton** et à la généalogie déployée par **Spinoza** qui s'appuie sur les récits bibliques pour soutenir son raisonnement.

....

1. « Qui aimerait des maîtres qu'il lui faut payer ? » allusion à la dot remise au mariage qui, dit le roi, est d'habitude le moyen d'accroître la force des maisons (p. 62).

6.4 La démarche démocratique du roi Pelasgos : primat du droit, de la communauté civique

Le roi, se situant sur le plan du droit, pose le problème et expose la conduite à tenir pour se défendre juridiquement : organiser une plaidoirie défensive contre les arguments de l'adversaire, à savoir les fils d'Egyptos. « Si les fils d'Egyptos ont pouvoir sur toi, de par la loi de ton pays, dès lors qu'ils se déclarent tes plus proches parents, qui pourrait s'opposer à eux ? Il te faut, toi, plaider que les lois de chez vous ne leur donnent point sur toi de tutelle » (p. 64). Organiser un débat juridique contradictoire en faisant appel à la raison dirait **Spinoza**. Le roi s'avère être vraiment Grec avec ce conseil rationnel ! Le chœur supplie le roi de faire alliance avec la Justice en prenant « une décision qui d'abord respecte les dieux » (p. 65 : ordre théologique). Face à la communauté des Danaïdes, s'affirme la démarche démocratique du roi Pelasgos : cette affaire concerne tous les Argiens, le roi seul ne saurait en décider (ordre politique). « Vous n'êtes pas assise à mon propre foyer », « Quel que soit mon pouvoir, je ne saurais rien faire sans le peuple » : **ce n'est pas une affaire privée, le peuple doit être consulté**. À quoi **le chœur répond que lui, le roi, détient pourtant tous les pouvoirs : politique, religieux**. Il est la cité, le Conseil ; chef sans contrôle, il est le maître de l'autel, foyer commun du pays : « Toi seul décide de tout[1] » (p. 64 : option théologique). **Refuser l'asile serait s'exposer personnellement à une souillure. À cette considération religieuse, dans un premier temps, le roi oppose une préoccupation politique, passant de la dimension de la conscience religieuse intime à la dimension publique**. D'un côté l'exposition à une souillure d'ordre éthico-religieux, de l'autre le risque d'exposer son peuple au danger d'une guerre meurtrière : éthique de conviction ou éthique de responsabilité. Que choisir[2] ? Cherchant une « pensée profonde » salvatrice, il hiérarchise les solutions à donner au problème, donnant la priorité au salut de la cité, faisant passer le sien après, souhaitant que l'affaire se termine au mieux de manière à ne pas attirer sur lui « le génie vengeur qui, même dans l'Hadès, ne lâche point le mort » en étant amené à livrer les suppliantes agenouillées au pied des autels des dieux de la communauté dont il est responsable. **Ce sont ses responsabilités de chef qui le mettent dans un premier temps aux prises d'un conflit de loyauté**, face au « ou bien… ou bien » alors qu'en homme, il voudrait pouvoir spontanément répondre par « et… et », ce qu'il pourra faire lorsque le peuple aura donné son accord. Car, **à la dimension prenant en compte la communauté civique particulière**

....

1. Dans le cadre contractualiste qui est celui de Spinoza, le pouvoir absolu est de même récusé : « Nul en effet ne pourra jamais, quelque abandon qu'il ait fait à un autre de sa puissance et conséquemment de son droit, cesser d'être homme ; et il n'y aura jamais de souverain qui puisse tout exécuter comme il voudra ; […] Jamais en effet les hommes n'ont renoncé à leur droit et n'ont transféré leur puissance à un autre au point que ceux-là mêmes qui avaient acquis ce droit et cette puissance, ne les craignissent plus, et que l'État ne fût pas plus menacé par les citoyens que privés de leur droit que par les ennemis du dehors » (XVII, p. 277). Une totale aliénation au pouvoir ferait que « la pire violence contre les sujets serait loisible à celui qui règne ; et je ne crois pas, écrit Spinoza, que cela ait jamais pu venir à l'esprit de personne » (p. 278).

2. « Et me garde le ciel d'ouïr Argos me dire un jour, si pareil malheur arrivait : "Pour honorer des étrangers, tu as perdu ta cité !" » p. 65. Il hiérarchise les priorités et donc les impératifs d'action : justice universelle de Zeus ou droit particulier de la cité.

d'Argos, les suppliantes opposent un rappel de l'universel : « Regarde vers celui qui d'en haut tout regarde, le protecteur des mortels douloureux qui, aux genoux de leurs frères, n'obtiennent pas le droit que la loi leur donne. Songes-y : le courroux de Zeus Suppliant attend tous ceux qui restent insensibles aux plaintes de qui souffre » (p. 64). La souffrance transcendant les frontières des communautés particulières, il faut les négliger pour accéder aux supplications de ceux, quels qu'ils soient, qui en sont les victimes. Finalement, le chœur des suppliantes a le génie de penser l'aide salvatrice demandée en termes de fonction institutionnelle quasi politique, formulant la pensée profonde salvatrice que Pelasgos appelait de ses vœux : « **Pense donc, et pour nous, deviens un pieux proxène**. Ne livre pas la fugitive qu'un exil impie a de si loin jetée sur ces rivages » (p. 66).

6.5 La Justice de Zeus

Le chœur : « L'auteur commun de nos deux races contemple ce débat, Zeus impartial, qui, suivant leurs mérites, traite les méchants en coupables, en justes les cœurs droits. Si tout se pèse ainsi en stricte équité, comment avoir scrupule à faire ce que la Justice veut ? » (p. 65).

La leçon des *Suppliantes* est donc à la fois religieuse (le suppliant de Zeus est sacré) et politico-juridique : le respect du Droit et de la Justice est un impératif absolu. **Le rôle d'un responsable politique comme Pélasgos consiste à identifier où est le Droit et, après avoir consulté son peuple, à s'y tenir**. Roi de légende, Pélasgos est en fait un modèle pour le gouvernement d'une démocratie comme Athènes. Eschyle est Grec. Or, pour un Grec, « il est évident que la cité est une réalité naturelle et que l'homme est par nature un être destiné à vivre en cité » comme le dit Aristote dans sa *Politique*[1] (livre I). Il n'y a là aucune trace de contrat social faisant de la cité le fruit d'un art humain comme le pensent **Spinoza** et les contractualistes.

Pélasgos entend respecter scrupuleusement le droit de la cité mais il vénère aussi les dieux : « Le règne de Zeus est celui de la justice » (p. 66). Il est sage, pieux, responsable, mesuré. En tant qu'individu fût-il royal, il doit, comme les autres, s'intégrer dans ce cadre, rester dans la mesure, ne jamais commettre le péché d'orgueil qui consisterait à mener une vie qui mépriserait les dieux et la cité. On peut comparer la sagesse de Pelasgos à celle de Moïse chez Spinoza, deux figures paradigmatiques de l'équilibre entre le théologique et le politique.

Quoi que l'on fasse, on n'échappe pas à la juste rétribution de ses actes : les conséquences en retombent sur le dos des enfants et de la « maison » à laquelle on appartient (p. 66). Quand une cité s'est exposée à être souillée, ce qui serait le cas en refusant l'asile aux suppliantes, les plaies s'abattent sur elle. Quel que soit le choix opéré, il faudra en payer le prix. Face à la menace de suicide (se pendre aux statues par le biais

1. Aristote définissait le citoyen comme un individu qui trouvait son humanité dans la participation à la vie de la cité parce que capable de privilégier le bien commun à ses intérêts particuliers.

de leur ceinture), le roi chancelle : « La souillure que vous évoquez dépasse la portée de l'esprit », mais exposer le sang mâle de ses citoyens, le sang de ses frères pour des femmes en combattant leurs cousins prédateurs, devant les murs de la cité est s'engager à devoir supporter une perte amère (p. 68). Le roi tranche cependant, « contraint de respecter le courroux de Zeus suppliant » car « il n'est pas pour les mortels de plus haut objet d'effroi » que de piétiner les injonctions sacrées[1]. Pour rallier à son choix, éveiller la compassion du peuple, il envoie le vieillard Danaos, père des suppliantes, déposer des rameaux sur les autres autels de leurs dieux nationaux pour convaincre les citoyens de ne pas rejeter ses propositions. « C'est aux faibles toujours que vont les bons vouloirs » (p. 68). Il ne néglige le *conatus* de personne aurait dit **Spinoza**.

6.6 L'hospitalité à l'égard de l'étranger : une ouverture à l'universel

Danaos le remercie d'avoir accepté d'être pour lui et ses filles le proxène respectueux du suppliant. La décision d'assistance et d'asile étant prise, Danaos déploie sans compter des trésors d'hospitalité et de protection de ceux qu'il a pris sous sa garde. Il s'est ouvert à une cause qui initialement n'était pas la sienne pour reconnaître après délibération : **« L'étranger a raison[2] »** (p. 68). Il va faire en sorte de disposer en la faveur de la cause des suppliantes l'opinion populaire, leur permettant de demeurer dans l'enceinte de la cité et de demander à ses dieux d'exaucer leurs vœux. Cet accueil est un retour aux origines. Filles de Zeus, les voilà ramenées aux lieux où jadis paissait leur mère, Io qui, poursuivie par un taon s'enfuit, amenée à traverser « cent peuples divers », prenant ainsi une conscience dilatée du monde, non réduit à l'espace clos des cités humaines.

Argos est digne de cette dimension universelle qui est celle de leur père commun : Zeus. Les gens d'Argos ont en effet pris la décision de l'accueil généreux des exilées, « selon la loi du scrutin populaire où vaut la majorité » scande le chœur, **communauté suppliante reconnaissante à une communauté accueillante**. Et Danaos, le père des filles désormais protégées de dire : « Argos s'est prononcée d'une voix unanime… De ses droites levées, le peuple entier a fait frémir l'éther », accordant « la résidence en ce pays, libres et protégés contre toute reprise par un droit d'asile reconnu ; nul habitant ni étranger ne pourra nous saisir ; use-t-on de violence, tout bourgeois d'Argos qui ne nous prête aide est frappé d'atimie[3], exilé par sentence du peuple » (p. 72). Si la formule est l'œuvre du roi qui a su persuader le peuple et le rallier à ses raisons dans une adroite harangue, c'est Zeus qui « est l'auteur de la décision dernière » (p. 73). **C'est l'esprit de justice qui a gagné les cœurs**. Aussi le chœur des femmes se répand-il en paroles de reconnaissance et de bénédiction : « Ils ont eu pitié de nous, ils ont rendu un vote de bonté… Ils n'ont pas, par dédain de la cause des femmes, voté en faveur

1. En fait celles de la partie la plus noble de l'âme, de la conscience.
2. C'est le strict contraire de ce qui se passe avec Ellen dans le roman de **Wharton**.
3. L'atimie (du grec ancien *ἀτιμία/atimía*, « mépris », contraire de l'« honneur ») est **une privation totale ou partielle des droits civiques, utilisée à l'époque classique de la démocratie athénienne.**

des mâles », reconnaissant des frères dans les suppliants de « Zeus très saint » sans tenir compte de la particularité de leur sexe, dans un esprit véritablement ouvert à l'universalité. Le chœur formule tous les vœux les meilleurs pour la cité accueillante : que les dieux les protègent des fléaux, des maladies, que la prospérité lui échoie, que lui soient épargnées les guerres civiles, que leur terre soit fertile et leurs brebis fécondes !

Que le Conseil de la cité exerce son pouvoir prévoyant pour le bien de tous et que des traités soient conclus avec les étrangers plutôt que d'en appeler aux armes pour régler les différends : la diplomatie plutôt que la guerre ! Que les dieux soient dûment honorés. Et, dimension privée mais fondatrice de la communauté et du lien qui relie entre eux les individus dès l'aube de la vie : que les fils respectent les pères, ce respect étant « la troisième loi inscrite au livre de justice, à qui va le suprême hommage » (p. 75).

On a ici un processus d'inclusion de l'étranger qui est l'exact opposé du processus d'exclusion/expulsion d'Ellen Olenska dans *Le Temps de l'innocence* de Wharton où tout s'est fait en secret, dans le non-dit, sans délibération mais d'un commun accord tacite, sans parler de l'annonce anticipée de la grossesse encore non avérée de May, qui ne sera de l'ordre de la certitude que plus tard, lorsqu'Archer sera mis au courant. May a donc fait une entorse au code moral : elle a menti !

7 La raison stratégique d'Étéocle face à l'ennemi, masse sans visage

Dans *Les Sept contre Thèbes,* Étéocle est l'individu lumineux, stratège avisé qui met toute son énergie au service de la communauté assaillie pour laquelle il donne sa vie.

Les femmes, elles, forment un groupe à part incarné par le chœur. En proie à la peur, à l'angoisse, à l'épouvante, elles supplient les dieux, tombent à genoux devant leurs statues, implorent leur protection. Conscientes de la faiblesse et de la vulnérabilité des mortels, elles leur attribuent la toute-puissance. **Elles illustrent très bien l'état de passion que décrit Spinoza tandis qu'Étéocle fait appel, lui, à la raison et au calme nécessaire à la préparation rationnelle de la défense.** Il réfléchit, il commande, il agit, il est sûr de lui tout en étant lucide sur le poids de la malédiction qui risque d'infléchir son destin qui, pour lui, n'a plus qu'**un but : sauver la cité**. Il obéit au principe de réalité, cherchant les meilleures solutions pour contrer l'attaque. Il demande aux femmes de se taire, les accusant de semer par leurs cris la « lâcheté peureuse » (p. 148). Si la femme prend peur, « c'est un fléau pire encore pour sa maison et pour sa cité » (p. 148). Alors que les thébaines prient le Ciel pour que les dieux leur portent secours, Étéocle réoriente leurs prières vers une préoccupation plus militaire : « Que nos remparts repoussent l'armée ennemie, voilà la prière à leur faire ! » (p. 149). Non qu'Étéocle considère vaine l'appel aux dieux qu'il vénère, lui aussi (p. 159), mais la seule prière qui vaille en cet instant est de demander aux dieux de s'associer à leur combat (p. 15). Il prie Zeus, les dieux de sa patrie, s'adresse à la Malédiction, l'Erinys de son père, divinité implacable, persécutrice – il se sait prédéterminé par l'imprécation paternelle –, leur demandant d'épargner sa cité, de ne pas la laisser détruire par l'ennemi : « N'arrachez pas du sol avec ses racines une ville qui parle le vrai parler de Grèce, des maisons que protège un foyer ! Ne courbez point un pays libre sous un joug d'esclave » (p. 145). Il menace de lapidation quiconque n'entendrait pas ses ordres : homme, femme ou tout autre. « **La discipline est mère du succès qui, seul, ô femme, assure la vie sauve**. Voilà la vérité[1] » (p. 149).

L'armée de Polynice est une armée de métèques (p. 159). L'ennemi est décrit comme une « masse », une « foule » compacte marchant vers les remparts de Thèbes (p. 152). **Ce n'est pas une communauté, c'est une force physique indistincte dont seuls les sept chefs sont nommés, individualisés**, permettant le face-à-face avec ceux que lui envoient comme adversaires Étéocle. Il s'agit « d'écarter de notre ville, à nous, le joug de l'esclavage » (p. 157). La défaite condamnait les vaincus à être traînés derrière les chars du vainqueur et menés dans sa cité pour y être esclave. C'est ce qui arriva aux citoyens de Jérusalem et aux habitants de la Judée dont parle **Spinoza** lorsque les Romains écrasèrent les révoltes des Juifs en 70 apr. J.-C. et en 135 apr. J.-C. Mais déjà c'est l'esclavage que les anciens Hébreux avaient fui à la suite de Moïse lorsqu'ils étaient sortis d'Égypte.

La mort des frères qui se sont entre-tués, le fratricide, achève cette geste maudite mais, à l'encontre de la prédiction, la cité est sauvée. « Rassurez-vous, ô femmes, trop filles de vos mères : la ville a échappé au joug de l'esclavage » (p. 167).

Conclusion

Toute vie commence par la communauté, unité originaire qui accueille naturellement ses membres et la première communauté est celle de la famille. C'est elle qu'on voit défendre sa cohésion par le souci de préserver les traditions héritées de son milieu dans le roman d'**Edith Wharton**. Tout être humain naît dans une famille, sur un sol et dans une communauté. C'est une donnée sociale immédiate que l'on ne choisit pas. L'entente dans la communauté résulte de l'acceptation de la place de chaque membre au sein du tout. La famille notamment partage tout en commun : vivant sous le même toit, ses membres partagent les repas, tout ce qui permet aux individus de persévérer dans leur être d'abord biologique. Cette cellule s'ouvre sur la société dès que l'enfant accède à l'âge où il doit commencer à s'approprier les savoirs fondamentaux. Elle est constamment ouverte sur la société à l'âge adulte où il faut travailler. Nous voyons ainsi Archer fréquenter l'office notarial, le journaliste Winset, le personnel des hôtels, etc.

Quand on parle de société, il est question de multitude comme dans la grande ville, a fortiori l'État chargé de gérer la globalité d'une population. La société est fondée sur des relations contractuelles, en tout cas réciproques, entre des individus « isolés », fondée sur le consentement mutuel de ses membres, sur la volonté réfléchie. En ce

1. Chez **Spinoza** aussi le consentement à une certaine discipline est la condition d'une liberté véritable : elle permet la cohésion en déjouant le chaos toujours prêt à ressurgir.

sens, le mariage est un acte social autant que privé, alors que le sentiment amoureux qui lie Archer et Ellen est d'ordre privé, plus même : intime. La loi n'a aucun droit de regard sur l'intériorité, qu'elle soit amoureuse ou religieuse. C'est à ce niveau de profondeur, lorsque les âmes se comprennent qu'on peut accéder à plus que la communauté : la communion.

C'est cet ordre qui est complètement perverti dans la geste d'Œdipe et de ses descendants, mais aussi dans l'âme des deux groupes de cinquante filles et cinquante fils des deux frères dont il est question dans ***Les Suppliantes***, les unes se soustrayant à l'union conjugale qui reconduit la vie, les autres fomentant le sacrilège de vouloir s'emparer d'elles par la violence. Toute possibilité de communauté est ici barrée. Celui qui sauve le commun est Pelasgos qui consulte son peuple et accueille les suppliantes, dans l'ouverture au commandement supérieur de justice dont la croyance investit les dieux. C'est essentiellement de la société se structurant politiquement en se donnant un État que parle **Spinoza** dans son Traité.

Les individus et les nations sont déchirés entre un pôle identitaire et un pôle universaliste et traversés par une tendance duale : celle de vouloir conserver leur individualité et celle d'appartenir à des communautés plus vastes. Or, **si c'est l'ultime singularité de l'individu qui en fait l'inestimable valeur et l'incommensurable prix, il ne saurait s'affranchir du lien à autrui**. Celui-ci d'ailleurs est le miroir qui peut lui renvoyer l'image de son vrai visage, de cette intériorité capable de s'éveiller au contact de l'altérité comme c'est le cas dans le roman d'**Edith Wharton** avec Ellen Olenska et Archer Newland. Pour **Spinoza**, le Christ[1] est l'archétype de cette individualité singulière inimitable mais que l'on aurait tort, prévient-il, d'utiliser à des fins politiques. S'il est le modèle de « celui à qui Dieu, par une révélation certaine, a promis contre le Tyran un secours singulier », « personne ne peut s'autoriser de cet exemple » pour revendiquer l'infidélité « même à un Tyran » dès lors qu'on a accepté de s'y soumettre (p. 319). Il ne faut donc pas contracter avec des idolâtres, mais, dès qu'on l'a fait, dès qu'on leur a transféré son droit, renonçant ainsi à « se maintenir soi-même et à maintenir sa religion, on est tenu de leur obéir et de garder la foi promise ou de s'y laisser contraindre. Il n'y a d'exception, dit **Spinoza**, que pour celui à qui Dieu, par une révélation certaine, a promis un secours singulier contre le Tyran » (p. 273). S'il est alors dispensé de l'obéissance au nom de la résistance, cela ne peut être qu'une exception voulue par Dieu lui-même. (fin XVI) Ainsi, l'ordre du religieux est plutôt fondateur de communautés d'hommes véritablement individualisés parce que spiritualisés que de l'ordre du politique duquel il doit demeurer séparé et soucieux de ne pas troubler l'ordre public comme ce fut si souvent le cas dans l'histoire comme le rappelle Spinoza. Il ne devrait rappeler dans les communautés humaines quelles qu'elles soient la méfiance envers la clôture et la nécessité de l'ouverture.

....

1. L'enseignement du Christ est exemplaire pour Spinoza qui lui prête ses propres intuitions. Le christianisme apprend à l'homme que la vie humaine est radicalement singulière, à chaque fois et pour chacun et que cette singularité est pour elle-même une vocation, un appel, une tâche : se connaître soi-même dans sa valeur éternelle et devenir soi-même dans l'existence temporelle.

PARTIE 5
PRÉPARER LE CONCOURS

SOMMAIRE

Rédaction Gilbert Guislain

CHAPITRE 1

Présentation des épreuves

En classes préparatoires scientifiques, plusieurs œuvres doivent être étudiées, dont l'une est philosophique, centrées autour d'une question ; l'enseignement comprend à parts égales lettres et philosophie. Il s'agit de dispenser la formation d'un esprit autonome et cultivé, de conduire une pensée, d'approfondir la réflexion, de savoir exploiter des lectures, de maîtriser l'expression et de former le sens critique.

Les écoles présentées sont organisées en banques : CCP concours commun polytechnique, Mines-Ponts, Centrale Supélec, Supaéro, Navale, ENSAM, Agro-Véto, banque PT.

L'épreuve dite de français comprend généralement le résumé d'un texte contemporain, lié à un aspect du thème au programme, parfois une question sur le texte à résumer, et toujours une dissertation pour une durée d'épreuve de trois ou quatre heures. La polytechnique comporte l'épreuve la plus « pointue », en quatre heures, les autres écoles demandent souvent un résumé et une dissertation en trois heures.

Le résumé est parfois suivi de questions de compréhension, de vocabulaire, auquel il convient de répondre en cinq à dix lignes, pour évaluer votre intelligence du texte et votre connaissance de la langue. L'épreuve (résumé plus dissertation) compte environ pour dix coefficients sur soixante du total du concours. Cela peut faire la différence aux concours et vous permettre d'intégrer l'école que vous préférez. Au sein de l'épreuve de français, la répartition souvent variable, est la suivante : résumé 6 points/20, éventuelles questions sur 2 points, la dissertation au moins sur 10 points.

Tous les concours ne comportent pas un oral, nous le verrons plus bas. L'oral demandé porte en général sur un texte argumentatif d'une trentaine de lignes.

Vu la complexité et la diversité des épreuves, il est bon de s'informer sur les concours bien avant les inscriptions, dès le début de la première année de classe préparatoire scientifique, voire dès la terminale. Visiter les stands des écoles sur les salons, comme les écoles elles-mêmes, s'informer sur Internet, voir comment sont organisées les banques d'épreuves communes, lire les rapports de jurys, dialoguer avec les récents intégrés, tout cela vous donnera une connaissance rapprochée des écoles, pour éviter toute surprise le jour de l'épreuve, ce qui vous contraindrait à vous adapter sur-le-champ. Cela est particulièrement vrai des oraux.

En français-philosophie, il est utile de connaître la structure des concours et la nature des épreuves.

La consultation des annales sur Internet et la visite des salons étudiants favorisent cette connaissance des concours.

Pour Centrale, le français-philosophie atteint 17 % du total des coefficients, sont demandés : un résumé en 200 mots d'un texte au moins 1 000 mots. L'épreuve dure 4 heures, dissertation incluse. Le texte à résumer est en lien avec le thème. Le libellé des sujets de résumé comprend toujours le format à atteindre, des demandes de présentation, et parfois enfin des indications sur les ensembles de deux à quatre mots. L'épreuve du concours Mines Ponts dure 3 heures et ne comprend qu'une seule dissertation. Le concours CCINP des écoles polytechniques comprend un résumé de 100 mots et une dissertation de 4 heures. L'X et l'ENS fixent 4 heures pour réaliser une dissertation et un résumé. Les sujets proposés aux concours 2024 ont invité à réfléchir sur la vérité et la rumeur à partir d'une citation de J.-N. Kapferer. D'autres ont demandé un résumé du texte de Jankélévitch, *Les vertus et l'amour* (1986), la dissertation portait ensuite sur les risques pris par le menteur et sur son emprise sur autrui. Il était question de l'interprétation du mensonge.

En anglais, les candidats doivent être exercés au résumé, au thème et à la synthèse de quatre textes – par exemple sur les *fake news* – qui figurent aux divers concours mais qui n'ont pas été travaillés dans les classes de second cycle. Avant le thème, deux réponses peuvent être demandées sur un texte à maîtriser.

Nos remerciements à Nicolas Palcaux pour l'ensemble de ces informations.

CHAPITRE 2

Méthodologie du résumé

SOMMAIRE

1 Principes et pratique

Il faut consacrer à cette épreuve environ une heure, voire une heure et demie, sur les trois ou quatre heures allouées à l'ensemble, résumé et dissertation. Vous devrez résumer un texte argumentatif qui n'a pas nécessairement de lien au thème annuel. Le résumé se fait au dixième soit 100 mots, 150 ou 200 mots, voire 250 mots, plus ou moins 10 %. Le pourcentage de réduction est variable. De 1 500 mots on peut vous demander un résumé en 150 mots ; ou de 1 250 mots, un résumé final de 200 mots. Nous présentons ici des textes de longueur progressive. Généralement, vous disposez de quatre heures pour le résumé plus la dissertation. Une heure et demie en moyenne doit être consacrée à la réalisation du résumé, mais cela n'est qu'indicatif, tout dépend de la difficulté du texte à résumer et du sujet de dissertation. Il est nécessaire de maîtriser la structure et le contenu du texte, de le lire attentivement dans un premier temps, sans se précipiter dans une prise de notes, car l'intelligence de l'ensemble commande celle de chaque partie. L'auteur peut suivre un plan que vous devez repérer : dialectique, analytique, historique, comparatif, divers modes de raisonnement – concessif, analogique, déductif ou inductif –, et divers types d'argument – critique personnelle, argument d'autorité, recours à la morale, à l'expérience ou aux faits. L'objectif est de conserver le sens tout en réécrivant personnellement le texte mais ne le commentez pas personnellement.

Évitez toute paraphrase qui montrerait au correcteur que vous n'avez pas vraiment compris le texte. L'ordre, le mouvement du texte doivent être suivis, tout « copier-coller » de citations doit être exclu ; même s'il est inévitable de conserver les mots incontournables, souvent techniques. C'est l'essentiel qui est attendu par le correcteur. Vous pouvez donc éliminer le superflu du texte sans sacrifier le début ou la fin.

L'énonciation doit être respectée : autrement dit, vous êtes l'auteur et vous ne devez pas écrire « l'auteur pense que ». Vous devez vous exprimer comme le fait l'auteur, le plus souvent de manière impersonnelle, très rarement par « je ». Le point de vue de l'auteur ne doit pas être édulcoré, sous prétexte d'écarter la polémique. Tout texte est engagé. D'autre part, il convient de respecter les temps verbaux utilisés par le texte et de suivre absolument l'ordre du texte.

Pour parvenir au résumé, il faut discerner la thèse de l'auteur, l'essentiel de l'accessoire : il n'existe pas de proportionnalité rigoureuse, le narratif et l'illustratif peuvent être fortement réduits, les citations valent pour leur seule valeur argumentative. Tout n'est pas d'égal intérêt. L'étude du mouvement du texte doit vous permettre de rendre ses liens logiques. Ce mouvement doit être nettement rendu. La thèse doit être précisément identifiée, le candidat ne doit pas y substituer un contresens. Veillez au fait que l'auteur peut commencer son texte en soutenant une thèse pour la contredire ensuite. Il importe de savoir qui pense quoi. L'auteur peut aller à rebours des idées dominantes après les avoir rappelées. Cela nous permet d'affirmer que le résumé n'est pas qu'un exercice de méthode, c'est aussi un travail de culture : il est en effet nécessaire de connaître les auteurs contemporains comme Bourdieu, Foucault, Debray, Finkielkraut, Braudel, Lévi-Strauss, ce à quoi peuvent vous aider la lecture d'ouvrages de culture générale signalés en bibliographie et celle de la presse pour les débats du moment, débats qui situent les intellectuels. De quoi l'auteur parle-t-il ? C'est le thème. Qu'en pense-t-il ? C'est sa thèse.

Ce sont les arguments, les idées qui doivent être mis avant, les exemples surtout narratifs peuvent être éliminés, sans négliger ce qui contribue à l'argumentation. Des regroupements de répétitions d'éléments redits dans le texte peuvent être réalisés pour une meilleure densité, pour gagner des mots. Éliminez le superflu et, pour le style, utilisez un lexique précis, des mots qui font sens et non pas des indéfinis, les « choses », les « problèmes », les « gens ». Adjectifs et adverbes pertinents facilitent la réalisation d'un bon résumé.

2 Mise en œuvre du résumé

Concrètement, après une lecture attentive du texte, la saisie de son contenu et de son mouvement, vient le moment de la prise de notes à l'issue de laquelle vous passez à la rédaction, à la reformulation, soit à la fin de la prise de notes sur chaque paragraphe, soit à la fin de toute la prise de notes, tout en vérifiant le nombre de mots utilisés par rapport au nombre total de mots disponibles. N'utilisez pas de parenthèses, mais quelques tirets au plus. Toute la ponctuation disponible – y compris les deux-points et le point-virgule – doit être utilisée. Les phrases brèves multipliées aboutissent à un style peu dense, les phrases trop longues l'alourdissent ou même compromettent tout sens, surtout si vous oubliez un mot. Utilisez l'apposition, la coordination, comme la subordination et de brèves propositions relatives. Gérondifs et participes peuvent être utilisés pour gagner des mots mais sans en abuser, car ils manifestent un alourdissement stylistique. Ne négligez pas les phrases interrogatives. Ne juxtaposez pas ce que vous écrivez, utilisez des connecteurs logiques pour rendre le mouvement du texte : addition, comparaison, concession, opposition, cause, conséquence, but. Il est difficile de revenir en arrière, si trop de mots ont été utilisés.

Enfin, il faut recopier et surtout se ménager dix minutes de relecture. Si une phrase ne fait pas sens, c'est le sens de tout un paragraphe qui peut disparaître.

La lecture fréquente des textes cultivés peut vous aider en dehors même des pages de méthode. Pour la disposition du résumé, faites-le apparaître sur une seule page, sans texte compact, si on vous demande 250 mots, ni multiplication de petits paragraphes morcelés. Pour 100 mots, comptez au maximum deux ou trois petits paragraphes qui sont les temps forts du texte.

La dématérialisation des copies aux concours implique que vous amélioriez encore la lisibilité de vos travaux, pour un confort minimum de correction. Utilisez l'encre noire et non le bleu délavé, ne surchargez pas les bords de vos feuilles, détachez les paragraphes pour que le correcteur puisse percevoir l'ensemble de votre travail comme il le faisait avec la copie, analogue à un livret. L'écran assimile au contraire la mise en page à un parchemin déroulé. Ce conseil est particulièrement impérieux en dissertation.

CHAPITRE 3

Méthodologie de la dissertation

SOMMAIRE

1 Modalités de l'épreuve

Le sujet de la dissertation porte sur les œuvres au programme autour d'un thème, rarement sur une seule de ces œuvres. Le format en pages peut être indiqué. Le libellé du sujet peut comporter une citation issue parfois du texte à résumer, liée à une indication qui peut infléchir le sens de cette citation. Le libellé habituel est le suivant : vous commenterez, ou bien vous discuterez cette citation en vous appuyant sur les œuvres au programme Il vous est toujours demandé de tenir compte du corpus : la citation est-elle alors applicable aux œuvres ? Le sujet peut être également une question, sans citation, mettant en valeur un enjeu applicable aux œuvres. La citation peut être de longueur variable, de deux à huit lignes environ.

Il est exigé du candidat une connaissance rapprochée des trois fois œuvres que vous aurez relues fréquemment dans l'année, notamment avant les concours, jusquà ce qu'elles vous deviennent familières. Ne faites pas étalage d'érudition ou d'un cours sans lien au sujet, intégrez quelques références extérieures et personnelles mais sans dériver en escamotant sujet posé et œuvres. Vous pouvez exprimer des jugements personnels mais toujours en les fondant, cela pour vous libérer de tout profil scolaire et conformiste.

2 Exigences de méthode et étapes du travail

Il faut d'abord gérer son temps, partager les quatre heures disponibles entre le résumé et la dissertation, et donc apprendre à travailler en temps limité dans l'année. L'élaboration du plan, la rédaction au brouillon de l'introduction et de la conclusion, la rédaction du travail – pour au moins la moitié du temps dévolu à la dissertation – et enfin dix minutes de relecture sont les étapes successives que vous devrez franchir. Analyse du sujet, recherche des matériaux, élaboration progressive du plan, rédaction au brouillon de l'introduction et de la conclusion, rédaction directe et relecture constituent ces étapes, dans des temps variables mais que vous devez toujours contrôler.

Examinez d'abord le sujet : la rigueur intellectuelle vous impose de ne pas le rapporter immédiatement à une question de cours ou de bachotage « scolaire ». Même si les connaissances restent indispensables, vous les convoquerez ensuite au fur et à mesure. Prenez du recul et sachez sortir de vous-même pour intégrer le point de vue d'autrui, celui de l'auteur de la citation. Cela est fondamental en culture générale. Identifiez le thème, la thèse de la citation est-elle neutre ou donne-t-elle un avis ? Mettez déjà en rapport la thèse et les œuvres que vous devez connaître précisément. Les mots du sujet comptent, sauf si son libellé est très général.

En effet, l'examen de ces mots vous permet d'envisager tous les angles possibles du sujet, et donc de faire preuve d'ouverture intellectuelle. Souvent, la citation ou la question donne un point de vue et vous devez vous demander qui peut penser ainsi. Les idées ont une histoire liée à celle des hommes et des sociétés. N'oubliez pas le contexte d'histoire des idées où s'inscrit la citation, ses jugements positifs ou négatifs, ses tonalités, son caractère péremptoire ou dubitatif, voire humoristique.

3 Recherche des matériaux et élaboration du plan

Ces deux tâches sont simultanées, on n'entasse pas des références en pensant que le plan surviendra magiquement à la fin. Il faut faire des choix dans les œuvres pour répondre au sujet. L'esprit de l'épreuve est de croiser les œuvres dans un esprit comparatiste. Tout rapprochement, similitude ou opposition hasardeuse, arbitraire, anachronique doit donc être évité. Il faut donc faire le tri dans les œuvres et dans vos cours, rassembler au brouillon les matériaux et les idées et il est bien évident qu'une seule œuvre ne peut pas constituer une partie du devoir, cela serait sanctionné. Ne laissez pas de côté une œuvre parmi les trois. L'examen d'une seule œuvre ne peut pas constituer une partie du devoir.

Des exemples vont vite vous venir à l'esprit, encore faut-il qu'ils soient liés à une argumentation et qu'ils soient significatifs. Pensez qu'un exemple doit être exemplaire. Évitez les simples anecdotes ou les dimensions purement narratives, sauf si elles contribuent vraiment au sujet. Mais l'absence d'illustrations ou d'exemples qui vous mènerait à un propos général totalement extérieur aux œuvres n'est pas acceptable. Les citations doivent être exactes, situées précisément dans les œuvres et donc contextualisées et non « hors sol ». Situez, si possible, le chapitre de tel roman, la scène et l'acte de telle pièce de théâtre à laquelle vous vous référez.

Le plan – qui ne revêt pas de forme universelle – doit se former progressivement, par essais, dans votre esprit. Il exprime le mouvement de votre pensée, il est orienté par la question qui peut être neutre (« dans quelle mesure ») ou engagée. Évitez le plan historique, sauf s'il convient bien. Vous pouvez mettre en place un plan dialectique classique (thèse-antithèse-synthèse). Les limites de la thèse vous mènent à l'antithèse avant de surplomber le sujet par la synthèse. Vous devez avancer en vous questionnant toujours plus sur le sujet, sans clichés ni banalités. Le mouvement doit être explicite et sensible, perceptible par le correcteur. Utilisez des distinctions intellectuelles (avant, après, comment pourquoi, causes et conséquences, apparence et réalité) les modes de raisonnement, par exemple la concession dont nous avons parlé ci-avant à propos de la méthode de résumé et les divers types d'argument.

4 Introduction

Dans l'introduction, qui doit comporter une quinzaine de lignes au plus en évitant toute « obésité », présentez le thème : quel est le champ de réflexion présente, puis la thèse de l'auteur de la citation, son point de vue. Pensez à ce que dit la *doxa* sur le sujet pour la dépasser rapidement. Intégrez la citation au début de l'introduction, rappelez les trois titres des œuvres au programme et présentez les questions soulevées par le sujet, sans les multiplier, sans vous éparpiller. Cela constitue la problématique. Cette intégration, cette identification claire du sujet dans l'introduction est nécessaire. Ne sombrez pas dans le contresens, vous risquez de ne pas vous en libérer ensuite ; ne substituez pas au sujet un cours que vous maîtrisez bien, ou un autre sujet qui vous plairait mieux. Stylistiquement, il est souhaitable d'éviter toute lourdeur, tout propos verbeux, toute accumulation d'évidences ou de généralités. Le correcteur juge l'ensemble de votre travail mais ne peut se départir de l'impression, qu'il relativise certes, que lui laisse votre introduction. Enfin, annoncez les parties, cela en limitant toute forme trop scolaire, trop académique, mais de manière précise et efficace ; le correcteur se reportera, au cours de son évaluation, à cette fin d'introduction, pour valider l'adéquation de votre développement à ce que vous avez annoncé.

5 Conclusion

La conclusion possède une valeur de bilan comme réponse à la question posée avant un élargissement. Vous pouvez rapporter la citation du sujet à l'une des œuvres ou bien à une autre œuvre.

Quelques conseils pour la rédaction du corps du devoir sont utiles : veillez à rendre sensible le mouvement de votre propos, mettez en valeur les liens logiques, ne dérivez pas en oubliant le sujet, ne faites pas de longs exposés de références narratives aux œuvres en les racontant, évitez toute succession brute de références, reliez les idées aux exemples, consacrez-vous surtout à l'argumentation tout en montrant que vous connaissez bien les textes des œuvres.

6 Rigueur de la forme

Pour la forme, veillez à la clarté de la syntaxe, aérez et détachez les paragraphes sans titres ni numéros, ce qui ferait très scolaire.

Veillez à la mise en page, à l'orthographe des noms propres, des lieux, des noms d'auteurs de personnages, des titres des œuvres, ces titres devant être soulignés sans guillemets, y compris les titres de films, de journaux.

CHAPITRE 4

Méthodologie de l'oral

SOMMAIRE

1 Présentation générale

L'oral suit des modalités variables selon les écoles, à connaître donc par des candidats, et dure généralement une demi-heure. Certaines écoles n'ont pas d'oral de français. Le plus souvent, il est constitué d'une analyse, ce qui figurait au baccalauréat, voici cinquante ans, au choix avec le résumé, d'un commentaire, suivi d'un entretien qui diffère à la fois de l'entretien de personnalité à l'entrée des écoles de commerce et de l'entretien d'embauche en entreprise. Nous en reparlerons succinctement plus bas.

Le texte à commenter à l'oral est généralement lié au programme mais peut être un fragment argumentatif hors programme de culture générale, d'intellectuels, de sociologues contemporains, ce qui importe en culture générale, dans les concours d'écoles de rang élevé. Parfois, il s'agit d'un texte littéraire.

Le jury évalue l'intelligence, la qualité de l'argumentation, l'aisance de communication du candidat qui n'a pas besoin d'une masse de notes écrites, la capacité de réfléchir sur les sociétés et la condition humaine. Quelques pages suffisent dont il doit savoir se libérer en regardant le jury et en se gardant de les lire mais en parlant clairement et distinctement, ce qui est dit étant largement improvisé, avec les notes comme appui, dont l'essentiel est surligné ou « fluoté ». Évitez le style pompeux ou artificiel de certaines formules apprises.

À la suite d'une demi-heure de préparation, vient le passage en une demi-heure également. en trois temps : analyse, développement ou commentaire, et entretien.

L'analyse est extérieure au texte, ne suit pas son ordre, cela à la différence du résumé. Ne jugez pas la thèse, explicitez-la surtout Le contexte, dit aussi paratexte, les circonstances, le mouvement de pensée où s'inscrit le texte doivent être précisés. Le repérage des connecteurs logiques, des mots de liaison, peut aider à repérer le plan, dialectique (thèse-antithèse), analytique ou dit thématique : thème, thèse, illustrations, causes, conséquences, perspectives ou solutions apparences, réalités. Les moyens rhétoriques employés par l'auteur peuvent être mentionnés : type de plan, type d'argument, modes de raisonnement, ce qui est étudié dès la seconde en français, sans oublier les tonalités – ou registres –, le lexique, les connotations. Il faut limiter la paraphrase et ses appréciations personnelles.

Le commentaire subjectif ou le développement, dans un second temps de l'oral, après avoir rappelé la situation du texte, son actualité, abordent un sujet de discussion, un débat, en tenant compte de la problématique. Il peut procéder linéairement ou par axes de lecture, de débat. Le candidat peut afficher nettement sa position par rapport au texte, de manière personnelle et convaincante sur un aspect de celui-ci ou sur sa totalité. Il doit s'interroger et non paraphraser. Libre à lui de faire des rapprochements, des oppositions, des ouvertures.

Quant à l'entretien, il peut vous faire revenir sur le lexique du texte, ses idées, sur tel point de votre réflexion, vous suggérer des ouvertures intellectuelles. Il sonde votre culture et vous propose de nouvelles perspectives.

Les concours de certaines écoles comportent enfin un entretien de motivation, en partant d'un texte de culture générale ou d'un article de journal qui vous mène à parler de l'actualité, de vos centres d'intérêt, de vos engagements associatifs par exemple, le vécu de vos stages ou certains de vos voyages. Il est mieux d'être personnel et intéressant que long et académique, il est mieux de garder l'initiative et de savoir rebondir tout en écoutant le jury que de subir l'entretien. Pourquoi avez-vous choisi cette école où vous vous présentez ? « Que faites-vous ici » ? Il y a tout intérêt à connaître le milieu économique ou l'école s'insère, les fonctions en entreprise que vous souhaiteriez assumer. Sachez où vous êtes et où vous voulez vous diriger. La plupart des ouvrages de préparation aux écoles de commerce comportent nombre de conseils utiles à l'entretien de motivation.

2 Préparation de l'épreuve

Pour maîtriser les textes argumentatifs, il faut lire l'actualité et les pages de débat de la presse quotidienne hebdomadaire ou mensuelle, du *Point* au *Monde diplomatique*, connaître les arguments des diverses familles de pensée et savoir justifier vos propres positions. Des auteurs contemporains reviennent souvent : Jacques Attali, Pierre Bourdieu, Pascal Bruckner, Alain Finkielkraut, Régis Debray, Edgar Morin, Michel Onfray, Michel Serres. Des sociologues également : Christophe Guilly, (*No society*) Jean-Pierre Le Goff, Emmanuel Todd, *(Les luttes de classes en France au XIXe siècle)* Jérôme Fourquet, Jérôme Sainte-Marie *(Bloc contre bloc)*, Pierre Vermeren (*La France qui déclasse*), Chloé Morin (*Le populisme au secours de la démocratie*).

Des questions d'actualité et d'intérêt structurel peuvent apparaître : la crise sanitaire de la Covid-19, le déficit démocratique, la démocratie directe, l'ascenseur social en panne, les élites françaises, l'« exception culturelle », les libertés publiques. Les thèmes les plus fréquents sont d'ordre politique : pouvoir, État, démocratie, dégagisme, populisme, citoyenneté, justice, technocratie, transparence, *fake news*, complotisme, mythologies contemporaines. Ou bien d'ordre social comme les inégalités, les pouvoirs ; ou societal comme laïcité, multiculturalisme, maltraitance, harcèlement et féminisme. L'école, la culture, le livre, la mémoire sociale, l'engagement peuvent soulever des questions. Le domaine international, géopolitique est à retenir : le monde multipolaire, le « choc des civilisations », les migrations, la mondialisation… L'Histoire est-elle un « roman national » ? L'écologie profonde ou simplement environnementaliste, l'urbanisme, le « *greenwashing* », la condition animale doivent susciter votre attention, de même que la technique donnée pour « neutre », le transhumanisme, la communication, le numérique et le lien social, les GAFA, le contrôle social.

CHAPITRE 5

Bien rédiger

SOMMAIRE

Le lexique employé doit éviter toute confusion. Relisez attentivement votre travail : est-il clair, communicable ? C'est une exigence incontournable. Pour la maîtrise du lexique, la relecture libre d'un dictionnaire ainsi que la presse sont utiles tout au long de l'année.

Indiquez toujours le nombre de mots exact, sans erreur, et des barres tous les 50 mots, si le libellé vous le demande :

- aujourd'hui = 1 mot ;
- socio-éducatif = 1 mot ;
- c'est-à-dire = 4 mots ;
- avant-garde = 2 mots ;
- non-sens = 2 mots ;
- *a priori* = 1 mot ;
- une date compte pour un mot également.

1 Orthographe

- Pensez à l'accord au pluriel, à l'accord sujet-verbe.
- Attention à l'orthographe des mots comme : succinct, la plupart, rhétorique, exalter, exhorter, ingérence, langage, exigeant, bouleverser, piédestal.
- Pensez à la différence de : leur/leurs, prêt à/près de, plutôt/plus tôt.
- « Parmi » et « malgré » s'écrivent sans « -s ».
- Le mot « vertu » s'écrit sans « -e ».
- On écrit « une espèce de » et non « un espèce de ».
- On doit employer « totalitaire » et non « totalitariste », « légitimer » et non « légitimiser ».
- N'oubliez pas les accents et les majuscules : les Français, l'État, l'Empire…

2 Syntaxe

- On écrit « pallier » suivi du complément et non « pallier à ».
- On dit : « se fonder sur » et non « se baser sur » ou « trouver », « sur le plan de » et non « au plan de », « même » et non « voire même », « se rappeler un souvenir » et non « se rappeler de », « en trop » et non « de trop », « au point de vue de » et non « au niveau de », « aussitôt » et non « de suite », « je vous sais gré » et non « je vous suis gré ».
- Employez plutôt « principes » ou « fondements » et non « bases ».
- Différenciez « il vaut mieux » et « il faut mieux ».
- Différenciez « quoi » pronom relatif (ce à quoi je me dispose) et « quoi que », au sens de « quel que soit le sujet », en deux mots.
- « Quoique » est une conjonction, au sens de « bien que », en un seul mot.
- « Quelque » est adjectif, mais aussi adverbe (quelque vingt ans), et aussi au sens de « si » : quelque puissants qu'ils soient. Cela diffère de « quel… que » (quelque part que vous preniez) et aussi de « quel… que » : quel que soit votre pays ; cet homme quel qu'il soit, ou bien, quelle que soit votre situation, quelles que soient vos intentions.
- Le mot « soit » ne s'emploie jamais seul.
- On dit « l'œuvre de Camus » et non « l'œuvre à Camus ».
- « Bien que » est préférable à « malgré que ».
- Privilégiez « en revanche » à « par contre ».
- « Estimer » est préférable à « trouver ».
- Ne confondez pas « quand » et « quant à ».
- Pensez à la distinction possessif/démonstratif.

3 Conjugaison

- Attention à la conjugaison d'« acquérir », « résoudre » et des verbes du troisième groupe.
- Prenez garde à l'emploi du subjonctif, temps de l'hypothèse ou de l'ordre.
- Distinguez le futur et le conditionnel présent, l'imparfait et le passé simple.

4 Vocabulaire

- Ne confondez pas : désintérêt/désintéressement, adhesion/adhérence, réactif/réactionnaire, consensus/consentement, légalité/légitimité, médiéval/moyenâgeux, individualisme/individualité, perpétuer/perpétrer, différent/un différend, acception/acception, sensé/censé, mythifier/mystifier, évoquer/invoquer, notoire/notable, recouvrir/recouvrer, mythique/mystique, isolation/isolement, égaliser/égaler, élitiste/élitaire, personnifier/personnaliser, crédule/croyant, partiel,/partial, intégrité/intégralité, mépris/méprise, avoir affaire/avoir à faire, éclairer/éclaircir, oppresser/opprimer.

- Des concepts sont confondus, faute de culture générale : castes et classes, classes et ordres, dictature et totalitarisme, mercantilisme et société marchande.
- Le lexique soutenu doit être employé : précaire, contingent, aléatoire.
- On n'utilise pas « gérer hors des sujets économiques » ni « optimiser ».
- « Attentif » n'est pas « attention », « mercantiliste » n'est pas « marchand ».
- Vérifiez que vous connaissez le sens des mots suivants : vulgariser, émulation, objectif, subjectif, paradoxe, alternative, dilemme, sujétion, suggestion.

Attention : n'employez pas de barbarismes – mots n'existant pas – ou d'anglicismes comme opportunité, challenge, matcher, ou de mots anglais : *start up, punchline, storytelling, pop up store, backyard, benchmarking.*

5 Lexique sur le thème

5.1 Lexique sur Eschyle et Spinoza

- autorité
- *blackface*
- chœur au théâtre
- cité grecque
- contrat
- corps politique
- destin
- droit naturel
- droit positif
- émotion religieuse
- épopée
- état de nature
- État et religion
- guerre
- héroïne
- hommes et dieux
- imagination poétique
- imprécation
- justice
- libéralisme
- liberté politique
- lyrisme
- mariage
- masque de théâtre
- pacte social
- parole au théâtre

- raison et religion
- religion et politique
- revendication
- révolte
- spirituel et temporel
- tragédie

5.2 Lexique sur Edith Wharton

- affinités
- amitiés
- ancien, nouveau monde
- apparences sociales
- archaïsme
- aristocrate
- arrogance
- art de la conversation
- bon goût
- bourgeoisie
- capacités
- caste
- « chez nous »
- clan
- classe
- codes
- commun
- communautarisme
- conformisme
- contraintes sociales
- convenances
- conventions
- cooptation
- correspondance
- coutumes
- culture
- dandysme
- darwinisme social
- différence
- dîner en ville
- distinction
- égalité
- élégance
- élitisme
- émulation
- endogamie
- ennui
- entre soi
- esprit étroit
- esthète
- excentricité
- fatuité
- femme du monde
- frivolité
- futilité
- généalogie
- génie
- gens normaux
- guerre de tous contre tous
- habits

- habitudes
- honneur et honneurs
- hypocrisie
- identité
- indifférence
- individualisme
- individualité
- intimité
- invitation
- lien social
- manières
- marginalité
- mauvais goût
- mensonge
- mérite
- mesquinerie
- mode
- moi
- mondanité
- monde
- milieu social
- norme
- notable
- notoriété
- *old school*
- oligarchie
- opinion
- originalité
- paraître
- personnage
- personnalité
- physique monstrueux
- privé
- psychorigidité
- public
- puritanisme
- réception
- regard social
- rencontre
- rentes
- respectabilité
- rituel
- rivalité
- romanesque
- roman d'apprentissage
- rumeur
- salon
- satire
- secret
- sélection
- séparatisme social
- singularité
- singulier
- situation sociale
- snobisme
- sociabilité
- solitude
- spectacle social
- système social
- théâtre du monde
- tribu
- tyrannie de la majorité

- usages
- valeurs
- vieille fille
- vielle dame
- vieux beau
- visite

5.3 Lexique des types et caractères littéraires

- amant
- ambitieux
- antihéros
- artiste
- aventurier
- bohême
- bourgeois
- dandy
- hypocrite
- libertin
- mari
- nouveau riche
- pédant
- snob
- solitaire

6 Questions et expressions

- La société, œuvre de la raison ?
- Qu'est-ce qu'un système démocratique ?
- L'homme est-il libre en société ?
- L'homme est-il le produit de la société ?
- Faire corps
- Foule, masse, peuple
- L'autre
- L'étranger
- S'affirmer contre l'autre
- L'exclusion
- Le bouc émissaire
- L'« extrémiste »
- Vit-on la liberté en société ?
- Les goûts sociaux ne sont pas des choses
- Quel sens donner à « religion de la société ? »

- « Les honneurs, les succès, les grades sont à peu près répartis au hasard. Rien ne distingue le vrai mérite. Même l'estime des meilleurs suit la mode. Personne n'est exactement à sa place » (Jacques Chardonne)
- « Le monde ne sera sauvé, s'il peut l'être, que par des *insoumis* » (André Gide, *Journal*, 1946)
- Plus l'oppresseur est vil, plus l'esclave est infâme
- « La condition de l'homme, c'est la guerre de chacun contre chacun » (Thomas Hobbes, *Leviathan*, I, 13)
- La lutte pour la vie
- La loi de la jungle
- Réussit-on seul ?
- L'individualisme sans individualité
- La solitude
- Comment distinguer les vrais mérites ?
- Cultiver les différences
- Un droit est-il naturel ?
- Harmonie et conflits dans la société
- L'intérêt général est-il un mythe ?
- L'État est-il neutre ?
- Entrer en communauté
- La communauté, naturelle ou construite ?
- Réforme, révolte, révolution
- L'individu doit-il s'adapter à la communauté ?
- La conscience de l'individu n'est-elle que le reflet de celle à laquelle il appartient ?
- Comment fonder la liberté ?
- Il n'existe pas de société, il n'existe que des individus
- « Ce qui manque à la société moderne c'est une aristocratie, mais celui le dirait serait lapidé » (Gustave Flaubert, *Correspondance)*
- Le bourgeois est-il « celui qui pense bassement » ? (Gustave Flaubert)
- Commun, communiste, communautaire
- « Le monde ne vaut que par les extrêmes et ne dure que par les modérés » (Paul Valéry)
- « L'aristocratie a trois âges : celui des supériorités, celui des privilèges et celui des vanités » (Georges Bernanos)

PARTIE 6
RÉSUMÉS ET SUJET DE DISSERTATION

SOMMAIRE

Rédaction Gilbert Guislain (résumés)
et Justine Brisson (dissertation)

RÉSUMÉ 1

Louis Dumont, *Essais sur l'individualisme, une perspective anthropologique sur l'idéologie moderne*

L'intérêt de cette œuvre d'anthropologie et d'histoire des idées politiques de Louis Dumont est d'opposer l'individualisme libéral moderne au holisme traditionnel, à la conception communautaire de la société.

Dans la pensée politique traditionnelle, l'homme est naturellement membre d'une cité, et celle-ci préexiste à l'individu. Pour Aristote, l'homme est un être politique ; il s'inscrit dans une communauté politique, il est relié aux autres par la raison et de discours. Ajoutons que nul ne saurait vivre seul à moins d'être un dieu, un animal, ou bien Robinson qui peine à l'être. La monarchie ne parlait pas d'une nation faite de citoyens mais d'hommes dans des corps intermédiaires, jouissant par exemple de libertés corporatives, mises à mal par le libéralisme bourgeois de 1791 comme le montrent la pensée maurrassienne et aujourd'hui le professeur d'histoire Jean-Philippe Chauvin. La monarchie pensait la France comme un corps et celui-ci perd sa tête en 1793. Le libéralisme conçoit la société politique tout autrement : pour lui, l'individu, doté de droits naturels préexiste à la société, entre en société avec laquelle il contracte. Dans l'histoire de longue durée, l'individu est caractérisé par son autonomie et c'est un signe de la modernité qui se manifeste par l'humanisme, le souci éducatif à la Renaissance, l'affirmation de l'espace privé et plus tard de l'intimité. Le contrat est un concept commercial, on s'engage en des termes précis comme le montre la constitution américaine, qui proclame le droit à la liberté, à la sécurité, au bonheur (*pursuit of happiness*) et il figure surtout dans la pensée de John Locke, penseur du libéralisme anglo-saxon. Rousseau avance aussi cette idée du contrat (*Le Contrat social*) mais en mettant l'accent sur le citoyen, la valeur de la volonté générale et l'obéissance à la loi. Condorcet insiste surtout sur la valeur de l'esprit critique et libre. Au XIXe siècle, la pensée politique du libéralisme bourgeois issu de la Révolution française entre en conflit avec la pensée allemande qui met en avant l'idée de communauté qui est le second mot de votre programme. Pour F. Tönnies

(1855-1936) la communauté (*Gemeinschaft)* est une donnée organique, fondée sur l'instinct et le sentiment. Elle s'exprime par le sang, le voisinage, l'amitié, et non sur la raison calculatrice de la société, de la *Gesellschaft.* Le « nous » est supérieur au « je » ou au « on » de la société de masse dépersonnalisée. Dans la communauté, le tout social existe avant les parties, dans le type société ou pour le libéralisme thatchérien, le tout social n'est qu'une addition de parties. Dans la pensée allemande, il faut insister sur le concept de peuple (*Volk*) qui valorise l'origine par opposition à la nation française définie comme volonté d'être ensemble, comme chez Renan ou dans la philosophie américaine qui met en avant l'adhésion à des valeurs.

Société et communauté : voici deux structures unitaires dont les fondements sont différents mais qui visent à l'unité. Cela ne soit pas éclipsé le rôle des conflits, ce qui est au centre de la pensée politique de Carl Schmitt (1888-1985) auteur de la théorie du partisan ; pour lui, la politique c'est choisir, décider et définir l'ennemi. Tout consentement, tout consensus n'est que conjoncturel, c'est l'opposition qui articule toutes les relations.

Pour clore l'histoire du concept d'individu, nous devons mentionner la tradition libertaire, celle du socialisme français non marxiste. Anarchisme n'est pas synonyme de désordre, mais refus d'un ordre transcendant, patronal, clérical ou supérieur, volonté de construire à la base des communautés autogérées de travail où le capital, le travail et la parole politique sont partagés comme chez Proudhon ou Fourier. Les évolutions sociales changent aussi la donne, le XIXe siècle réfléchit à l'articulation entre la liberté et l'égalité, ce qui apparaît chez Tocqueville. Une moindre inégalité implique un désir plus grand d'égalité, comme le souligne Raymond Aron, mais le libéralisme creuse les inégalités, même si la culture de masse, faite de grande presse, de médias, de publicité, de consommation, de modes est facteur d'égalité et d'uniformité. L'individu s'y affirme mais sans être radicalement différent des autres, il manque alors d'individualité, et nous parlerons d'individualisme de masse, d'individualisme sans individualité. Les choix sont préétablis entre divers modèles de produits de consommation normalisés, souvent voisins et les modes. Depuis le XIXe siècle, des rebelles ont bien alors contesté la société bourgeoise conformiste et matérialiste : après les dandys et les bohèmes au XIXe siècle vinrent les routards, les *misfits* et les *dropouts* aux États-Unis. Dans les années 1960, naissent des communautés autogérées et libertaires aux États Unis ou dans les Cévennes où tout est mis en commun, y compris les femmes et les enfants. Tous cultivent la terre en autosuffisance sans la perversité des intérêts individuels. Nous sommes ici face à une communauté élective et non face à un groupe rattaché aux mêmes origines. Déjà dans les années 1930, Jean Giono auteur de *Regain*, avait ouvert en Haute-Provence sur la montagne de Lure le *Contadour*, auberge de jeunesse fréquentée par de jeunes pacifistes décroissants, alternatifs et écologistes. Pour d'autres, il s'agit de refaire société en créant une nouvelle église ou en développant telle tendance au sein même du catholicisme. Ceux qui s'opposent à l'anticonformisme crient au nouveau conformisme mais beaucoup constatent que la société des années 1960 était plus libre, plus vivante qu'aujourd'hui. Et ceux qui défendent la culture française traditionnelle, de Rabelais à Céline, disent que la société d'aujourd'hui manque d'humour, d'ironie, de satire, de distance et moralise sur tous les sujets.

Les années 1980 réactivent la référence à l'individu capable de choisir, mais dans une société de plus en plus fragmentée et archipellisée au début du XXIe siècle, comme l'avaient déjà montré Paul Yonnet (*Jeux, modes et masses,* 1985) et Gilles Lipovetsky (*L'ère du vide*, 1983), analyste de l'hyperindividualisme au sein de la postmodernité. Les nouvelles technologies semblent favoriser un espace universel mais de fait, divisé en « tribus » : séparatisme social, privatisation de l'espace public, îlots culturels ou continents idéologiques séparés les uns des autres sans espace politique commun. Malgré le plaidoyer de Tocqueville pour l'association, le libéralisme n'a fait qu'affaiblir les liens sociaux, détruire les solidarités comme le montrent les études sociologiques de Jérôme Fourquet, Jérôme Sainte-Marie et Barbara Stiegler. Les classes moyennes et populaires déclinent, tous les individus sont priés de s'adapter à un modèle technologique et numérique mondial qui opère par contrôle social, et parallèlement, s'affirment les multiples « tribus » communiquant peu entre elles. L'indifférence au collectif croit. Chacun se limite à l'entre-soi, un petit cercle d'amis, à tel réseau social, aux poncifs de telle idéologie, aux dévots de telle religion… Des intellectuels comme François Sureau, défenseur des libertés publiques, Bernard-Henri Lévy (*Ce virus qui rend fou)*, Barbara Stiegler (*La Démocratie en pandémie)* contestent le contrôle social exercé par la société sur les individus souvent passifs et sans résistance, à l'occasion de la dernière pandémie. La démocratie est en crise, les citoyens ont le sentiment qu'ils contrôlent très peu les pouvoirs, que les institutions sont désuètes, les capacités non reconnues et que l'ascenseur social est en panne.

Pour revenir au concept de communauté, un historien du nazisme comme Johann Chapoutot en a montré la pérennité dans la pensée allemande, avant même et après le nazisme. Dans *Libres d'obéir*, il s'appuie pour ce faire sur une étude des essais et des articles de Reinhard Höhn (1904-2000) archétype de l'intellectuel technocrate, juriste et fonctionnaire au service du IIIe Reich. Il conteste le concept d'État au bénéfice de la communauté. Il met en avant la liberté germanique, *topoi* ethnonationaliste, oppose la souplesse, la vie à la sclérose, à l'abstraction intellectuelle du monde qu'il impute aux Français. Les lois abstraites valent moins que l'instinctuel vivant. Alors que l'État est le thème central du fascisme italien qui y voit le moyen de bâtir une nation moderne, sa géométrie, sa dimension artificielle déplaît à cette pensée allemande qui préfère la référence au sang à celle de l'encre.

Höhn dévalorise le fonctionnaire à la française qu'il juge englué dans des règles et sclérosé, à l'image des « ronds de cuir » tournés en dérision par Maupassant ou Courteline. À la bureaucratie suspicieuse, aveugle et tyrannique, il préfère le corps du peuple, la communauté germanique, la « liberté des forêts » qu'il oppose aux tyrans comme Bonaparte, aux césars romains, aux rois absolus ou aux pouvoirs pontificaux. Cette « liberté des forêts » fut le mot d'ordre des *Wandervogel,* mouvement de jeunesse libertaire d'avant 1914, hostile à la société puritaine et conformiste et qui invitait à partir à l'aventure sur les chemins. La communauté des individus libres est préférée à l'État, au désastreux modèle français centralisé, administré, absolutiste. Les réflexions de Höhn s'étendent à l'art de la guerre, puisque le militarisme mécaniste, le *drill* prussien désastreux, à l'origine de la défaite de Iéna en 1806, est dénoncé au profit de tactiques plus souples, plus mobiles, mieux adaptées au terrain.

Plus tard, ce souci d'efficacité assis sur la liberté individuelle est transposé à l'économie ; en 1956 Höhn crée une école de commerce à Bad Harzburg, accueillant l'élite patronale et économique de la RFA, à l'âge de « l'économie sociale de marché » et publiant des manuels simples, plus techniques qu'avant-guerre sur le management et la gestion des hommes. On comprend que le nazisme a été l'une des matrices du management moderne, avec Fayol en France, Ford et Taylor aux États-Unis. Dans la seconde moitié du XXe siècle, à l'ère du miracle allemand, la guerre économique requiert de l'organisation du travail, de la souplesse, des cadres agiles et non des intellectuels ou de simples techniciens. Viennent alors ensuite à l'ordre du jour la ressource humaine, les consultants, la concertation, la maîtrise du *stress* puis le *coaching*, le *benchmarking* – l'étude de la concurrence – les réunions *powerpoint*, le *slow management*, le *soft power*, la gestion par objectifs. Cette gestion est non autoritaire mais consensuelle, elle associe les collaborateurs dans le culte de la performance. Le darwinisme économique et social né dans les années 1850-1930 se manifeste par le culte de la concurrence – il faut être rentable – mais est associé aussi à l'idée de la communauté de production, antithèse de la lutte des classes, thème théorique de la RDA par ailleurs modèle de société solidaire par ses structures en dépit de la surveillance idéologique.

Mais ce modèle libéral performant lui-même fait son temps avec le développement de l'écologie, la critique du productivisme dévastant la nature, l'obsession de la « carrière », la crise du travail dans la mondialisation, l'accent mis sur le travail comme lien social et non simple réalisation d'objectifs...

EXTRAIT

Le peuple et la nation chez Herder

En 1774 Herder, à trente ans, publie *Une autre philosophie de l'histoire*, dont le titre indique une réplique à Voltaire, cet ouvrage relativement bref de cent dix pages, est avant tout une polémique passionnée contre les Lumières, leur plat rationalisme, leur conception étroite du progrès, et avant toute contre l'hégémonie de ce rationalisme universaliste qui méprise ce qui lui est étranger et prétend imposer partout son raffinement sénile. Herder réhabilite tout ce que le XVIIIe siècle franco-anglais rejette ou ignore, la prétendue barbarie du Moyen Âge, l'Égypte sacrifiée a la Grèce, la religion ; au lieu de faire constituer l'Histoire dans l'avènement d'une raison désincarnée et partout identique, Herder y voit le jeu contrasté d'individualités culturelles dont chacune constitue une communauté spécifique, un peuple, *Volk*, où l'humanité exprime chaque fois de façon irremplaçable un aspect d'elle-même et dont le peuple germain, porteur de la culture chrétienne occidentale, est l'exemple moderne. Dans le flux de l'Histoire, il n'y a non pas simplement progrès, mais, à l'intérieur des grands ensembles de civilisations, l'antique et le moderne, ce qu'on appellerait une succession d'épanouissements. Tous d'égale nécessité, originalité, mérite, bonheur.

En somme, face à l'universalisme régnant, Herder affirme avec feu en 1774, la diversité des cultures, qu'il exalte tour à tour, sans ignorer les emprunts, et que toutes ses perfections sont incomplètes.

On peut dire qu'il est posé ici par anticipation, en face des futurs droits de l'homme, le droit des cultures ou des peuples. Grande transformation dans la conception de l'homme ; au lieu d'un individu abstrait représentant de l'espèce humaine, porteur de raison, mais dépouillé de ses particularités, l'homme de Herder est ce qu'il l'est, dans tous ses modes d'être, de penser et d'agir, en vertu de son appartenance à une communauté culturelle déterminée. Mais Herder n'innove pas absolument. On pense d'abord à Rousseau, qui s'est distancié des Encyclopédistes précisément sur ce point, reconnaissant pleinement la nature sociale de l'homme, en « citoyen de Genève », reconnaissant pleinement la nature sociale de l'homme, c'est-à-dire son appartenance à une société concrète comme condition nécessaire de son éducation à l'humanité.

Nous sommes ici devant une différence essentielle dans la manière de penser l'homme : en fin de compte, ou bien la valeur fondamentale est placée dans l'individu, et on parlera en ce sens de l'individualisme de Voltaire ou des Encyclopédistes ou bien elle est placée dans la société, ou culture, dans un être collectif, et je parlerai du holisme qui affleure ici dans Rousseau et dans Herder. Si l'avènement de l'individualisme distingue la culture moderne de toutes les autres et en tout cas des autres grandes civilisations, comme je le pense, nous avons ici, avec la résurgence d'un aspect holiste dans la civilisation moderne, un fait important. Chez Herder, toutes les cultures sont posées comme de droit égal. Il est clair que cela n'est possible que parce que les cultures sont vues comme autant d'individus, égaux malgré leurs différences : les cultures sont des individus collectifs. Herder transfère l'individualisme au plan d'entités collectives jusque-là méconnues ou subordonnées. Il ne fait donc pas que rejeter la culture universaliste, principalement française, il en accepte en même temps un trait majeur pour affirmer en face d'elle la culture germanique, et toutes les autres cultures qui ont fleuri dans l'Histoire. Son holisme est bel et bien situé à l'intérieur de l'individualisme qu'il pourfend. Nous sommes aussi à la source de ce qu'on appelle la théorie ethnique des nationalités, par opposition à la théorie dite élective, d'ascendance française, où la nation repose sur un consensus, le « plébiscite de tous les jours » de Renan. Mais au niveau global, la tendance holiste est ici limitée, englobée dans un individualisme. Chaque peuple est pris comme un tout, et non atomisé en individus. On peut s'interroger sur la solidité de cette synthèse dans l'usage, car il est de fait que les successeurs de Herder en Allemagne ont plus souvent hiérarchisé les cultures ou nations qu'ils ne les ont égalées les unes aux autres.

Essais sur l'individualisme, Éditions du Seuil, 1983, p. 117-120.

RÉSUMÉ

Dans le contexte du préromantisme allemand, Herder s'oppose à l'idéologie des Lumières, au culte de la Raison et du Progrès, aux prétentions de l'universalisme français à la supériorité. Herder revalorise le médiéval comme le religieux ; l'Histoire est une scène ou des peuples et non un modèle rationaliste universel paraissent et se réalisent. Le peuple – *Volk* – est au centre de la philosophie politique de Herder inspirée par l'ethnodifférentialisme. À l'individu abstrait des Lumières, Herder substitue un être enraciné dans une communauté culturelle. Et c'est la nation qui constitue un individu désormais ; la culture est un individu collectif, l'individualisme s'exprime par le holisme. L'Allemagne se pose alors comme distincte de l'universalisme français. La nation se fonde sur l'appartenance à la même origine et non plus sur un contrat, une volonté commune comme chez Renan.

RÉSUMÉ 2

Pierre Bourdieu, *La Distinction*

Pierre Bourdieu est connu comme analyste de l'institution scolaire (*La Reproduction*) et des oligarchies dans *La Noblesse d'État*. Il établit dans *La Distinction* une sociologie de la sensibilité à travers l'étude du goût, du vêtement, des cuisines, des postures corporelles après avoir étudié les préférences esthétiques des divers milieux sociaux. Il popularise le concept d'*habitus* qui désigne les manières d'être. L'amour, l'amitié et la sympathie relèvent de la reconnaissance d'un goût commun entre partenaires d'un même groupe social. Nous aimons notre propre destin dans l'autre qui l'incarne. Nous pensons que les rapports de force sont suspendus dans le couple amoureux vu la reconnaissance et la confiance mutuelles. Un débat oppose cet amour pur, ce coup de foudre issu du hasard, à la nécessité sociologique de l'amour imposé par le cadre familial. L'amour est-il le fait du hasard, de la liberté ou de la nécessité sociale comme produit réel d'un déterminisme ? Ce débat, posé par le texte très rhétorique qui suit, est lié a notre thème : individu et communauté.

Bourdieu est l'héritier de la sociologie marxiste qui met l'accent sur les déterminismes sociaux, il a néanmoins dépassé la sociologie mécaniste en prenant en compte les idées et les mentalités – par exemple dans l'étude du choix des lectures, des goûts esthétiques et picturaux – et, s'il a pu dénoncer les inégalités issues des différences culturelles, il est toujours reste attaché à la dimension émancipatrice de la culture.

EXTRAIT

Le goût assortit : il marie les couleurs et aussi les personnes

La limite de toutes ces coïncidences de structures et de séquences homologues dans lesquelles se réalise la concordance entre une personne socialement classée et les choses et les personnes elles aussi socialement classées qui lui sont assorties est représentée par tous les actes de cooptation, de la sympathie, de l'amitié ou de l'amour qui conduisent à des relations durables, socialement sanctionnées ou non. Le sens social trouve ses repères dans le système de signes indéfiniment redondants les uns par rapport aux autres dont chaque corps est porteur, vêtement, prononciation, maintien, démarche, manières, et qui, inconsciemment enregistrés, sont au fondement des « antipathies » et des « sympathies » : les « affinités électives » les plus immédiates en apparence reposent toujours pour une part sur le déchiffrement inconscient de traits expressifs dont chacun ne prend son sens et sa valeur qu'à l'intérieur du système de ses variations selon les classes (il suffit de penser aux formes du rire ou du sourire que recense le langage commun). Le goût est ce qui apparie ou apparente des choses et des personnes qui vont bien ensemble, qui se conviennent mutuellement.

Il n'est sans doute pas d'attestation plus indiscutable de cette sorte de sens immédiat des comptabilités et des incompatibilités sociales que l'endogamie de classe ou même de fraction de classe, qui est presque aussi rigoureusement assurée par le libre jeu de l'élection amoureuse que par les interventions expresses des familles. On sait que la structure des circuits d'échanges matrimoniaux tend à reproduire la structure de l'espace social telle quelle a été décrite ici.

Le goût assortit : il marie les couleurs et aussi les personnes qui font les couples « bien assortis » et d'abord sous le rapport des goûts. Tous les actes de cooptation qui sont au fondement des « groupes primaires » sont des actes de connaissance des autres en tant qu'ils sont sujets d'actes de connaissance ou, dans un langage moins intellectualiste, des opérations de repérage (particulièrement visibles dans les premières rencontres) par lesquelles un *habitus* s'assure de son affinité avec d'autres *habitus*. On comprend ainsi l'étonnante harmonie des couples ordinaires qui, assortis souvent depuis l'origine, s'assortissent progressivement par une sorte d'acculturation mutuelle. Ce repérage de l'*habitus* par l'*habitus* est au principe des affinités immédiates qui orientent les relations sociales, décourageant les relations socialement discordantes, encourageant les relations assorties, sans que ces opérations aient jamais à se formuler autrement que dans le langage socialement innocent de la sympathie ou de l'antipathie. L'extrême improbabilité de la rencontre singulière entre les personnes singulières, qui masque la probabilité des hasards substituables, porte à vivre l'élection mutuelle comme un hasard heureux, coïncidence qui mime la finalité (« parce que c'était lui, parce que c'était moi ») redoublant ainsi le sentiment du miracle.

Ceux que nous trouvons à notre goût mettent dans leurs pratiques un goût qui n'est pas différent de celui que nous mettons en œuvre dans la perception de leurs pratiques. Deux personnes ne peuvent se donner une meilleure preuve de l'affinité de leur goût que le goût qu'elles ont l'une pour l'autre. Comme l'amateur d'art se sent constitué en raison d'être de sa trouvaille, qui semble avoir existé de toute éternité dans l'attente du regard du « découvreur », ceux qui s'aiment se sentent justifiés d'exister, selon le mot de Sartre, c'est-à-dire faits l'un *pour* l'autre.

La Distinction, Éditions de Minuit, 1979, p. 267-270.

RÉSUMÉ

Ce qui fonde et limite en même temps les relations sociales se manifeste par de multiples signes positifs, à travers toutes les distinctions sociales. L'ensemble des manières explique les liens favorables entre les individus, en tenant compte des positions des classes qui manifestent tel ou tel goût. Ce qui certifie la légitimité des affinités, c'est toujours l'entre-soi. Les goûts affichés, la cooptation opèrent par l'identification des *habitus* communs, c'est-à-dire des manières d'être semblables.

Dans un couple, chacun se fait peu à peu à l'autre et cette convenance, cette bonne disposition, écartent en fait des rencontres inattendues, improbables et se donnent pour perfection miraculeuse. L'existence de goûts qui coïncident est légitimée par ce qui est perçu comme une transcendance du lien amoureux.

RÉSUMÉ 3

Jean-François Amadieu, *Le poids des apparences*

Le sociologue contemporain Jean-François Amadieu étudie entre autres la mondanité qui s'impose par le souci de la distinction et de l'apparence dès l'âge baroque. Il cite Balzac qui fréquentait les salons mondains pour stimuler sa carrière littéraire : le romancier, à la fois réaliste et visionnaire, y décrypte parfaitement le jeu social, celui des pouvoirs. La Bruyère dans les *Caractères* et Saint Simon au XVIIe siècle avaient dénoncé par la satire les usages mondains, la comédie sociale, le monde comme théâtre. Des sociologues comme Pierre Bourdieu (*La Distinction*, 1979) et Erwin Goffmann (*La mise en scène de la vie quotidienne*, tome II : *les relations en publ*ic, 1973) ont également étudié de près les usages du monde, les stratégies sociales de pouvoir pour réussir. La mondanité, c'est la culture des apparences, de la visibilité. Il faut voir et être vu.

Le texte présenté ici se clôt par une comparaison entre la société européenne traditionnelle attachée aux distinctions selon les groupes sociaux et la société américaine, égalitaire et décontractée. Mais ce n'est pas l'image conformiste qu'en donne en 1920 Edith Wharton dans *Le Temps de l'innocence,* comme nous le verrons plus bas. L'idéologie américaine se fonde sur le rejet de la vieille Europe (« Adieu vieille Europe, que le diable t'emporte ») le jeune Américain peut être hors normes, rebelle, marginal, autodidacte, aventurier comme Jack London (1876-1916) ou Jack Kerouac (1922-1969) le routard chef de file de la *beat generation.* Dans les années 1960, le jeune Américain peut être un *misfit* ou un *dropou*t après avoir été un libre poète disciple de Walt Whitman à la fin des années 1950 (Le *cercle des poètes disparus*). Dans *Citizen Kane*, film d'Orson Welles, l'Américain peut être excentrique, aventurier d'affaires, magnat de presse, mégalomane : Charles Foster Kane veut construire un opéra gigantesque à Chicago puis le palais de Xanadu en Californie, tout comme le héros de *Fitzcarraldo* – un esprit farfelu et ruiné – film de Werner Herzog (1982) rêve de construire un opéra dans la forêt amazonienne. Cette démesure – qui mène à la gloire ou à la déréliction, notée par Jean Baudrillard dans *Amérique* – est la marque de fabrique des États-Unis.

Mais elle contraste avec le modèle des bourgeoisies traditionnelles conservatrices, britannique ou américaine, peinte par exemple par James Cameron dans *Titanic* (1997) Dans la scène du dîner en première classe, où toute l'oligarchie est présente, en cultivant l'entre-soi, sont face à face, d'une part Ruth, la mère de Rose de Witt Bukater, jouée par Frances Fischer, et Caledon Hockley, fiancé de Rose, très attaché aux convenances, et d'autre part Jack Dawson, un jeune aventurier qui dort sous les ponts, vit au jour le jour du trimard et fait confiance à la chance. Il a gagné au poker son billet pour l'Amérique cinq minutes avant le départ du navire. Un moment saisissant ! Comme le dit l'un des convives : « *All the life is a game of luck.* » Toute la vie est un jeu de la chance. Par son air pincé et son physique austère, Ruth ressemble au professeur de magie Mac Gallaghan jouée par Maggie Smith dans *Harry Potter.*

Le naufrage bouleverse toutes les conventions et révèle les caractères ; devant le navire qui sombre, l'une des naufragées fait entendre : « *God allmighty* ! »

Une autre référence nous rapproche du *Temps de l'innocence* (1920) d'Edith Wharton, il s'agit de la grande saga romanesque, *la Dynastie des Forsyte* (1922) de John Galsworthy, peinture de la haute bourgeoisie britannique de 1880 à 1930, et grand succès télévisuel de l'année 1967 en Grande Bretagne et en France trois ans après. Dans cette saga, dans cet immense roman-fleuve, la famille Forsyte veut surtout s'enrichir et le mariage doit obéir à des convenances familiales et sociales, ce qui aiguise le sens critique du romancier. C'est la confrontation entre un vieux monde bourgeois et un monde plus moderne et plus libre. L'annonce du déclin de la vielle Angleterre est implicite, toute gloire a son revers. Le générique est à la fois triste et pompeux. Deux types de personnages se distinguent : Soames, très psychorigide et quelques aînés conformistes, et d'autre part Irène, nièce du vieux Jolyon, lui-même bienveillant, et le jeune Jolyon, artiste sans grand succès. L'un des nombreux chapitres, « le Dernier Été » réunit Irène et le vieux Jolyon qui décède quand Irène arrive au loin dans le soleil sur la pelouse de Robin Hill, la propriété des Forsyte, non loin de la tribune d'Epsom.

Le Temps de l'innocence (1920) se déroule dans les années 1870 parmi la haute société de la côte Est qui est très loin d'être représentative de l'ensemble des États-Unis du temps. Se succèdent visites, rencontres, dîners, description des modes et des postures, rites et usages désuets, contraignants et conformistes, machinations et exclusions, évocations des allures, manières et jugements. La plupart des personnages ont peu d'intériorité, sont réduits à leurs allures et récitent des lieux communs. Le roman paraîtrait objectif mais de fait, Edith Wharton choisit des détails, par exemple ceux des postures, du mobilier, des décors ou des modes qui font sens et qui expriment le vrai : « Les vrais réalistes sont des illusionnistes » écrivait Maupassant dans la préface de *Pierre et Jean.* Le roman est implicitement engagé par son apologie du féminisme, et sa mise en évidence des limites de certains mariages. Mais Edith Wharton est moins radicale que Mary Wollstonecraft, intellectuelle féministe du XVIIIe siècle. Deux personnages ont un relief certain et portent un regard lucide sur cette société dominante : Newland Archer, personnage plutôt transgressif, conscient des inégalités, de la superficialité des conventions et Mrs Ellen Ollenska, personnage libre dans le roman.

Edith Wharton avait certes réussi littéralement mais restait révoltée par l'hypocrisie sociale et dénonçait avec ironie et férocité le mépris social et les illusions amoureuses, comme l'écrit Diane de Margerie, écrivaine à Chartres, près de ce livre de pierre qu'est la cathédrale.

EXTRAIT

Le vêtement des riches a été longtemps reconnaissable à son inadaptation à un usage laborieux : tenue et chaussures de tennis blanches, habits entravant les mouvements, tissus salissants ou fragiles, chaussures limitant la marche…

Récemment, les vêtements et accessoires populaires, c'est-à-dire fonctionnels et utilisables pour le travail, se sont diffusés dans les classes favorisées qui les ont adoptés et détournés. Tout a commencé avec le pantalon puis le jean. Ensuite s'est répandue la vogue du *workwear* : bleus de travail (salopettes), Dock Martins, vraies/fausses chaussures de dockers, vêtements et chaussures de chantier Caterpillar, cirés de marin, vêtements militaires, etc… Ce « look » repose bien entendu sur l'utilisation de matériaux, de coloris ou de formes qui distinguent le vrai vêtement de travail du *workwear*. Tout le raffinement est dans le détournement.

Il existe des normes et des règles non écrites, mais bien connues qui définissent ce qui est convenable, de bon goût, et qui dénote l'appartenance au « beau monde ». Ces standards sont assez stables pour servir de marqueurs sociaux : au premier coup d'œil, chacun sait à qui il a affaire. Cette opération de décryptage des apparences fonctionnait déjà au XIXe siècle.

« Au bal de l'Opéra, écrit Balzac, les différents cercles dont se compose la société parisienne, se reconnaissent et s'observent. Il y a des notions si précises pour quelques initiés, que ce grimoire d'intérêts est lisible comme un roman qui serait amusant. » Ainsi, le personnage de Lucien de Rubempré frappe par sa beauté et son apparence ne manque pas d'être décodée par tous.

« Tout en lui signalait les habitudes d'une vie élégante (…). Sa mise, ses manières étaient irréprochables, il foulait le parquet classique du foyer en habitué de l'Opéra. »

En France, l'apparence physique et vestimentaire est un formidable révélateur. Les sociétés européennes ont, en effet, hérité d'une longue tradition de différenciation des groupes sociaux selon le vêtement. Aux États-Unis, en revanche, où les distinctions dues à la naissance sont quasi absentes et au début du XIXe siècle une norme vestimentaire unique, définie par la bourgeoisie, s'est imposée à tous. Comme le note Max Weber : « Jadis, dans un club typiquement américain, personne ne se serait souvenu que deux des membres en train de disputer une partie de billard étaient respectivement patron et employé. Ici régnait l'égalité absolue des gentlemen. » Max Weber cite un autre trait de cet égalitarisme : « La femme du syndicaliste accompagnant son mari au lunch, se serait entièrement conformée, toilette et manières – en plus simple et plus gauche – aux dehors d'une dame de la bourgeoisie. Or la vie sociale implique que l'on sache à qui on a affaire », c'est-à-dire que l'on puisse apprécier d'un coup d'œil la place de l'autre dans l'échelle de stratification.

Le poids des apparences, Éditions Odile Jacob, 2002, p. 34-35.

RÉSUMÉ

Traditionnellement, les classes aisées et dirigeantes ne portent pas de vêtements utilitaires et pratiques. Mais les vêtements populaires ont été récupérés par les dominants, avec les vestiaires de travail, ou du moins imités du travail. Le « bon goût » est facteur de distinction, de reconnaissance, d'identification sociale. Balzac remarquait le jeu des regards, à l'Opéra, décodant les apparences. La prestance de Rubempré est remarquée par tous.

En Europe, le vêtement distingue socialement, alors que les États-Unis ont connu au contraire le règne de l'égalitarisme. Les origines et les situations y sont estompées, par l'uniformité de la mise, alors même que la vie sociale a pour corrélat l'identification de chacun dans la hiérarchie.

RÉSUMÉ 4

Henri Fontenay, *La bonne correspondance*

Voici un texte étonnant qui date de 1953, d'il y a soixante-dix ans, il s'agit d'un recueil de « bonnes correspondances » adaptées aux diverses circonstances de la vie. C'est une lettre de réponse, dont on pourra apprécier la rhétorique bien huilée, à une demande de renseignements sur un jeune homme. La démarche est à la fois comique et détestable, dans la mesure où elle correspond à un certain esprit français de délation et de suspicion, de conformisme social également ; il s'agit de voir si le jeune homme est bien assorti ou non, par sa fortune et ses fréquentations, à celle qu'il demande. Derrière les valeurs, nous discernons l'hypocrisie et les machinations internes des bien-pensants qui jugent chacun selon sa position sociale.

Mais ce manuel de lettres codifiées n'est pas né dans le XIXe siècle bourgeois. Bien entendu, il diffère des textes de Madame de Sévigné et du roman épistolaire comme celui de Laclos qui décrit longuement les manœuvres du libertinage. Il s'agit plutôt, à travers les lettres modèles, de codes et de règles à respecter. Les ancêtres lointains de cette démarche sont les codes humanistes et positifs qui enseignent depuis la Renaissance comment se comporter. Dans *La Civilisation des mœurs*, Norbert Elias cite Érasme (*La civilité puérile*, 1530) auquel s'ajouteraient Gracian, Castiglione et Jean-Baptiste de La Salle.

Elias distingue la civilisation, concept français, qui désigne des modes d'être à vocation universelle et la culture au sens allemand, expression d'une communauté distincte. Avec la modernité, les mœurs deviennent plus réglées, disciplinées, soumises à la morale (Michel Foucault, *Surveiller et punir*).

Néanmoins, la vraie politesse provient de l'éducation (*La politesse*, éditions Autrement) elle n'est pas le conformisme, dénoncé par le scepticisme de Montaigne, ennemi des vérités absolues, et par Molière, ennemi du paraître et de la dissimulation, dont le comique dénonce les mariages d'intérêt arrangés par tel barbon contre les droits de l'amour.

Au XIXe siècle, la bourgeoisie dominante devient matérialiste et encore plus conformiste, elle est rejetée par les artistes, les esthètes comme Chatterton, personnage du théâtre de Vigny ou bien par les rebelles comme Rimbaud qui décrit les petits-bourgeois de Charleville (« À la musique ») et qui raille les mariages d'intérêt

(« Monsieur Prudhomme veut marier sa fille avec Monsieur Machin », Verlaine). On a peur du déclassement social et des esprits trop passionnés. La littérature réaliste nous montre les limites du mariage convenu (Flaubert, *Madame Bovary*), mal assorti et Maupassant nous montre dans ses nouvelles la prostitution, la liberté des mœurs dans le milieu des canotiers de Bezons et de Croissy, celle des lesbiennes (*La Femme de Paul*).

Les codes bourgeois s'expriment dans *Les Usages du monde* (1891) manuel de bonnes manières de la baronne Staffe, best-seller du temps. Cette pseudo-baronne, Blanche Soyer, qui vivait dans un pavillon de Savigny-sur-Orge, était plutôt critique face aux femmes « libérées » mais était ouverte à la modernité. La politesse d'Ancien Régime était jugée frivole, celle de la fin du XIXe siècle est plutôt corsetée, certes sophistiquée, mais elle se diffuse largement dans les classes moyennes qui veulent se distinguer de la « grossièreté » des milieux populaires, paysans ou de ce qui ferait « communard ». Il s'agit de progresser dans la société, d'y être reçu, bien vu. Ces codes et manuels de savoir-vivre deviennent un genre littéraire. La sociologie d'Erwing Goffmann, *La Mise en scène de la vie quotidienne* (Éditons de Minuit) s'empare du sujet, étudie les rencontres, les échanges, les visites, lourds de sens social – si nombreux dans le roman d'Edith Wharton. Ici, nous sommes dans le descriptif et l'explicatif alors que les codes et les manuels étaient dans le normatif, voire dans le moralisateur : « mal parler » désignait des fautes de syntaxe mais connotait aussi une faute de goût et une basse condition sociale.

EXTRAIT

Les fiançailles et le mariage, les renseignements préalables

Demande de renseignements sur un jeune homme

Cher Monsieur,

Nos vieilles relations d'amitié et le grand cas que j'ai toujours fait de votre jugement si solide et si pondéré m'incitent aujourd'hui à recourir une fois de plus à votre extrême obligeance pour solliciter votre avis dans une circonstance particulièrement importante.

Il s'agit du jeune Roger Thénard, le fils aîné de vos voisins de Donzy. Mon excellente amie, Madame Suret, que vous connaissez un peu, je crois, a reçu de ce jeune homme une demande en mariage pour sa fille Thérèse. L'opinion qu'elle a de ce prétendant est des plus favorables, mais elle aimerait se renseigner sur lui plus à fond, naturellement, avant de donner son consentement formel à l'union projetée.

Pourriez-vous, cher Monsieur, m'aider à éclairer plus complètement mon amie ? Elle et moi ignorons quelle est la véritable situation de Monsieur Thénard, fort jeune encore ; nous aimerions aussi quelques précisions sur son caractère, ses fréquentations, et, d'une façon générale, sur la confiance qu'on peut lui accorder en ce qui concerne sa moralité.

Enfin les temps sont durs, bien que les amoureux ignorent volontiers ces contingences. L'aspect strictement matériel de la question est également à considérer. Pourriez-vous, tout à fait confidentiellement, me communiquer quelques indications sur la situation de fortune des parents du jeune homme ?

D'avance, je vous remercie des renseignements que vous voudrez bien me communiquer, cher Monsieur, et je vous prie d'agréer, l'expression de mes sentiments les meilleurs et les plus reconnaissants.

Sophie Mallet

Réponse à la précédente (renseignements défavorables)

Chère Madame,

C'est avec infiniment de plaisir que je saisis l'occasion de vous être utile que vous voulez bien me fournir par votre dernière lettre, si aimablement confiante.

À mon grand regret, malheureusement, j'ai le devoir de vous faire connaître que la réputation du jeune homme dont vous me parlez est loin d'être bonne, dans notre ville. Me gardant bien d'analyser dans le détail certains faits précis que je n'ai pas toujours pu contrôler, je me bornerai à vous signaler que M. Roger T… est un jeune homme sans grand caractère, extrêmement influençable, et qu'il a contracté ici des relations d'amitié qui lui nuisent fort avec des personnages de moralité discutable.

J'ajouterai que ce jeune homme, par la versatilité même de son tempérament, n'a pu réussir à conserver les emplois qu'il a successivement occupés. Actuellement dépourvu de tout travail, on prétend qu'il chercherait à rétablir sa situation matérielle en contractant ce que l'on nomme encore dans nos provinces – et bien à tort – « un beau mariage ». S'il ne s'agissait là que d'un banal commérage, croyez bien, chère Madame, que j'aurais scrupule à m'en faire l'écho. Malheureusement, la situation des parents du jeune homme, extrêmement obérée, semblerait assez bien de nature à confirmer les bruits qui courent.

Tout à fait entre nous, en résumé, je crois que l'union envisagée par Madame Suret est à déconseiller formellement.

Je vous prie de croire, chère Madame, à mes sentiments les meilleurs et les plus dévoués.

Ch. Bolet

P.-S. Dois-je vous demander de détruire cette lettre après lecture ? On ne saurait être trop prudent, ni trop discret sans ces sortes de choses.

La bonne correspondance, Nathan, 1953, p. 79-81.

RÉSUMÉ

Demande de renseignements

Cher Monsieur,

Votre fidèle amitié et la confiance mise dans votre jugement me mènent vers vous pour prendre votre avis. Le jeune Roger Thénard de Donzy souhaite épouser la fille de Madame Suret, Thérèse, qui voudrait obtenir une plus ample information sur ce jeune. Puis-je être informée sur Monsieur Thénard, sa psychologie, sa situation sociale, ses relations ? Est-il de bonnes mœurs ? Tout à fait entre nous, quelle est la situation financière de ce jeune ?

Merci pour ces informations, recevez l'expression de ma gratitude.

Sophie Mallet

Réponse à la précédente

J'ai plaisir à vous servir, comme vous me l'avez demandé récemment.

Je dois avouer que la réputation de ce jeune est plutôt mauvaise ; sous réserve, je vous indique qu'il s'agit d'une faible personnalité et qu'il est lié à des individus de mauvaises mœurs. Il n'est pas parvenu à acquérir une situation professionnelle stable ; sans emploi, il cherche à contracter un mariage d'intérêt, C'est ce qui se dit par la rumeur. Je ne saurai donc approuver ce projet d'union avec Mademoiselle Suret.

Sentiments bien dévoués.

Ch. Bolet

P.-S. Merci de faire disparaître cette lettre, son sujet requiert en effet une absolue discrétion.

DISSERTATION

René Girard, *Le Bouc émissaire*

Introduction

Le roman de Maryse Condé, *Traversée de la Mangrove* (1989), porte sur le trouble que la mort d'un étranger, Francis Sancher, provoque dans la communauté de la Rivière au Sel, en Guadeloupe. Ce personnage à l'identité trouble, qui « avait tous les sangs dans son corps » (p. 243), s'était toujours tenu à la marge de la communauté. Si sa mort mystérieuse fascine tant les membres de la communauté, c'est précisément parce que Francis Sancher incarnait la figure de l'intrus. Sa mort joue un rôle fédérateur pour la communauté : elle est ce qui soude les membres entre eux, ce qui leur confère un sentiment d'appartenance.

L'idée selon laquelle la communauté se constitue et se renforce par l'exclusion d'un élément étranger a été particulièrement mise en avant par René Girard. La citation qui nous est donnée à étudier, issue de son œuvre majeure, *Le Bouc émissaire* (1982), l'illustre bien : « Les membres de la foule sont toujours des persécuteurs en puissance car ils rêvent de purger la communauté des éléments impurs qui la corrompent » (p. 26). René Girard soulève le problème de la violence par laquelle les membres d'une communauté tentent d'exclure ceux qui n'en font pas partie. Si la violence n'est pas toujours effective, elle semble toujours exister en potentialité. Le propre de la communauté, pour René Girard, serait d'exclure de son corps l'étranger – qu'il s'agisse du paria, du marginal, de l'excentrique ou du renégat –, considéré comme un intrus. Le champ lexical de la pureté (« purger », « éléments impurs », « corrompent ») témoigne d'une conception excluante de la communauté, fondée sur la distinction tranchée entre le même et l'autre.

La citation qui nous est donnée à étudier pose donc le problème de la fonction et de la place de l'étranger dans la communauté. Quel rôle la figure de l'étranger est-elle exactement appelée à jouer ? La venue de l'étranger à la communauté ne trouble-t-elle pas toujours la logique strictement binaire de l'appartenance et de la désappartenance ? Par ailleurs, l'étranger est-il toujours extérieur à la communauté ? Ces questions nous amènent à la problématique suivante : appartenir à une communauté, est-ce nécessairement s'affirmer contre ceux qui lui sont étrangers ?

Nous commencerons par établir que la communauté, pour exister comme telle, repose sur le partage d'une identité commune. Pourtant, nous montrerons qu'il n'existe pas de communauté pure, aux frontières étanches. Finalement, nous verrons que l'individu peut choisir d'appartenir à la communauté en s'affirmant avec et contre elle.

1 La communauté repose sur le partage d'une identité commune

Les membres d'une communauté, qu'elle soit familiale, religieuse ou élective, ont en partage une identité commune, à partir de laquelle se règle la dialectique de l'appartenance et de l'exclusion.

Tout individu, qu'il le veuille ou non, fait partie d'une communauté avec laquelle il a en partage une identité ou des intérêts communs. Les frontières qui délimitent l'espace de la communauté peuvent être physiques ou symboliques. Eschyle, en tant que Grec, a une conception immédiatement politique de la communauté. C'est la participation du citoyen à la vie de la cité qui fonde l'appartenance à la communauté. La frontière qui détermine l'intérieur et l'extérieur de la communauté est, chez Eschyle, physique : elle se matérialise concrètement par la présence de remparts, respectivement ceux d'Argos dans *Les Suppliantes*, et ceux de Thèbes dans *Les Sept contre Thèbes*. Dans le cas de la haute société new-yorkaise dépeinte par Edith Wharton dans *Le Temps de l'innocence*, les frontières sont davantage symboliques, même s'il arrive qu'elles revêtent également une dimension spatiale, à l'instar de la séparation qui existe entre New York et Newport par exemple. C'est pourquoi la communauté est comparée à une « petite citadelle fermée » (p. 42), avec son centre et ses espaces mis au ban. Si la frontière est avant tout symbolique, c'est parce qu'elle délimite les comportements socialement valorisés par le clan, de ceux qui sont réprouvés. Appartenir au groupe, c'est alors se conformer le plus possible à ses us et coutumes, à ses traditions. C'est une communauté tout à fait hiérarchisée, comparée « à une petite pyramide solide et glissante où aucune fissure apparente ne s'était encore produite » (p. 65), qui comporte à sa base les nouveaux riches, ceux « qui s'étaient élevées au-dessus de leur milieu par des alliances avec les clans dirigeants » (p. 65), à l'instar de Julius Beaufort, et le sommet, « composée d'un bloc compact et brillant » (p. 65) par les vieilles familles fortunées. Dans le cas de la communauté que constitue l'État des Hébreux, telle que Spinoza la décrit à partir de la Bible dans le chapitre XVII du *Traité théologico-politique*, le liant communautaire est celui de la foi. La communauté est d'autant plus forte qu'elle n'est pas fondée sur une convention sociale arbitraire, à l'instar de l'entre-soi bourgeois mis en scène par Wharton, mais qu'elle repose sur substrat ontologique. C'est avec Dieu que les Hébreux se lient, promettant de soumettre l'intégralité de leur existence à ses exigences. L'alliance qui unit les Hébreux à Dieu, et à Moïse à travers lui, est si forte, que nul ne songe à s'extraire de la communauté des croyants. Il s'agit là d'un « amour rendant presque impossible que l'idée leur vînt de trahir la patrie ou de faire défection » (p. 292).

La communauté repose sur une logique de la ressemblance : on s'assemble, car on se ressemble. Le conseil donné par Danaos à ses filles l'illustre assez bien. Ce dernier leur recommande de ne pas trop signaler leur différence, sous peine de n'être pas entendues : « Enfin, ni ne prenez trop vite la parole, ni ne la gardez trop longtemps : les gens d'ici sont irritables. Sache céder ; tu es une étrangère, une exilée dans la détresse : un langage trop assuré ne convient pas aux faibles » (p. 57). L'opposition du même (« les gens d'ici ») et de l'autre (« tu es une étrangère, une exilée »), systématiquement reconduite, témoigne de ce que la communauté se construit par l'exclusion de ce qui l'excède. L'errance des Danaïdes s'oppose à la « demeure familière » (p. 53) qu'est la cité pour les citoyens argiens. L'étrangeté est vécue par les Danaïdes comme une malédiction, le risque de n'être pas compris par autrui : « — M'entends-tu bien, ô terre, malgré mon accent barbare ? » (p. 55). Les Danaïdes n'ont d'ailleurs de cesse de rappeler leur parenté avec Zeus au roi Pélasgos, comme pour faciliter leur intégration : « Nous sommes filles de Zeus, et c'est de ce rivage qu'est partie notre colonie » (p. 70). Ainsi, appartenir à la cité revient à se conformer à une identité commune, qui repose aussi bien sur la parenté que sur l'apparence. Les règles qui conditionnent l'appartenance au clan dans *Le Temps de l'innocence* se fondent, elles aussi, sur l'exclusion de l'altérité, à ceci près qu'elles sont d'autant plus sournoises qu'elles ne sont que tacitement énoncées. Si le respect du bon goût est obsessionnel pour les membres de la haute société new-yorkaise, ce qui le constitue n'est jamais explicité. Le bon goût fait figure de « lointaine divinité » (p. 32) pour Archer Newland. Ce monde d'apparence a tout d'un « monde fictif », d'un « système de mystification soigneusement élaboré » (p. 62). Les règles qui conditionnent l'appartenance sont si nombreuses et si rigides qu'elles s'apparentent à une véritable « philosophie sociale » (p. 36). Accessibles aux seuls initiés, elles ne s'adressent qu'au cercle restreint de *ceux qui en sont*. Les pratiques sociales à adopter – « ce qui se fait » ou « ne se fait pas » (p. 22) – ne sont jamais formulées clairement : tout est dans le non-dit, le faux-semblant et le sous-entendu. Il s'agit bien d'une « société exclusive » (p. 36), qui n'est désirable que parce qu'elle n'est accessible qu'à certains.

Le liant qui unit les membres d'un groupe entre eux est parfois tel, qu'il implique dans certaines situations que l'intérêt individuel soit relégué derrière l'intérêt collectif. Dans le *Traité théologico-politique*, Spinoza considère qu'il en va de l'intérêt commun que les individus effacent leurs intérêts particuliers au profit du bien commun. Il s'agit alors de placer le droit commun au-dessus des avantages particuliers, afin de préserver la concorde sociale. Pour Spinoza, « il faut que l'individu transfère à la société toute la puissance qui lui appartient », de façon qu'elle soit seule « à avoir sur toutes choses un droit souverain de Nature, c'est-à-dire une souveraineté de commandement à laquelle chacun sera tenu d'obéir, soit librement, soit par crainte du dernier supplice » (p. 266). À ce titre, celui qui voudrait vivre « hors de la cité », sans en reconnaître les devoirs et les droits, ne serait autre, pour Spinoza, qu'un « Ennemi » (p. 270). Dans *Le Temps de l'innocence*, la relégation de l'intérêt individuel à l'intérêt collectif guide la plupart des décisions prises par Newland Archer. Tandis que celui-ci s'apprête à avouer à May Welland la nature de ses sentiments pour Ellen Olenska, il finit par se résigner au dernier moment, à l'annonce de la grossesse de son épouse. Archer Newland préfère garder la face, au nom de « l'intérêt collectif » et de « l'intégrité de la famille » (p. 124), quitte à sacrifier ses propres sentiments et à passer à côté de sa vie. Comme le déclare Archer Newland, « l'individu, dans ces cas-là, est presque toujours sacrifié à l'intérêt collectif » (p. 124). C'est à cette aune que l'on peut lire le refus initial du roi Pélasgos de venir en aide aux Danaïdes. Le roi préfère la mort de cinquante étrangères à la mise en danger de tout son peuple. En effet, avant de changer d'avis, ce dernier préfère condamner les pauvres femmes à l'errance, par peur que l'accueil de l'étranger ne sème le chaos dans la cité. La sûreté de la cité semble exiger tous les sacrifices, y compris celui des Danaïdes.

2 Il n'existe pas de communauté pure, aux frontières étanches

Si l'appartenance à la communauté se signale par le partage d'une identité commune, la frontière avec l'extérieur n'est jamais complètement étanche. La venue de l'étranger – qu'il s'agisse du non-citoyen ou d'un personnage excentrique –, trouble la communauté et interroge les frontières du dehors et du dedans.

L'identité commune, aussi forte soit-elle, ne suffit pas toujours à assurer la survie de la communauté. Le lien communautaire spécifique qui unit les Hébreux autour de la foi – lien qui repose sur la piété et non sur un pacte juridico-politique –, est particulièrement intense. Pourtant, Spinoza met en garde contre les dangers encourus par ce singulier transfert du droit naturel à Dieu. Si la communauté est soudée et forte de ne pas avoir de commerce avec l'extérieur, la séparation d'avec les autres nations constitue un danger et leur fait courir le risque de devenir des cibles. De fait, comme le relate Spinoza dans le chapitre XVII du *Traité théologico-politique*, la séparation de l'État des Hébreux d'avec les nations était, certes, la condition de leur survie, mais aussi la source de leur malheur. Il n'est de communautés dont les frontières sont si étanches qu'elles n'aient pas à se confronter au problème de l'altérité. Finalement, cette forme très particulière de communauté qu'est celle du peuple hébreu, ne saurait être répliquée, ni prise en modèle : « Une telle forme d'État ne peut servir qu'à un très petit nombre » (p. 303). La petite société new-yorkaise dépeinte par Wharton est, elle aussi, mortelle. La bourgeoisie a beau être soudée par le partage d'intérêts communs, elle se sait menacée. Mrs Archer le perçoit, elle qui a « le sentiment que la société était en train de s'effondrer » (p. 240). Le temps de l'innocence est compté. La montée du commerce et du monde des affaires risque à tout moment d'entraîner « l'effondrement de la société » (p. 267), c'est-à-dire la mort de la communauté. Le vent de l'inévitable modernité qui souffle sur le clan, celle de l'Europe libérale, ébranle l'édifice de la communauté.

La communauté est nécessairement confrontée au problème de l'intégration de l'altérité. L'inévitable venue de l'étranger brouille les frontières de l'appartenance à la communauté, et remet en question le paradigme binaire de l'opposition entre affiliation et désaffiliation, entre inclusion et exclusion. La société close décrite dans *Le Temps de l'innocence* ne tient que parce que chacun en accepte tacitement les règles. Or, précisément, l'arrivée d'Ellen Olenska sur le sol américain s'apparente à un grain dans la machine, tant sa présence menace le déroulement routinier et rassurant de la vie de la bonne société. Ellen Olenska est d'autant plus dangereuse, qu'elle n'est pas à proprement parler un « élément impur », pour reprendre les mots de René Girard. Par le sang, elle fait bien partie du clan. Contrairement à Beaufort, devenu paria à la suite de ses déconvenues économiques, Ellen Olenska « n'avait pas l'excuse d'une origine étrangère » (p. 252). Si Beaufort n'est qu'un marchand, un nouveau riche, Olenska est quant à elle bien née. Sa différence n'en est que plus mal perçue : Ellen Olenska fait figure de traître à la cause. May Welland reproche alors à Olenska de ne pas chercher à masquer son individualité pour se fondre dans le moule : « On dirait qu'elle prend plaisir à se singulariser » (p. 276), constate-t-elle. Le jugement de May Welland n'est, par ailleurs, pas tout à fait exact. À son arrivée, Olenska cherche davantage à s'intégrer qu'à se distinguer. À de multiples reprises, elle confesse à Archer Newland son désir de se conformer : « Je veux rompre tout à fait avec ma vie passée », déclare-t-elle, « devenir comme tout le monde ici » (p. 120). Or, malgré ses efforts, Ellen Olenska reste marquée du sceau de l'étrangeté, ne parvenant jamais totalement à rejoindre les mœurs puritaines du clan. Son apparence de liberté, persistante, ne manque d'ailleurs pas de troubler Archer Newland. Pourtant férocement attaché à ne pas se dissocier du clan, ce dernier en vient, à force de la côtoyer, à remettre en question les dogmes de la société qu'il avait toujours tenus pour des vérités intangibles. Dès le premier dîner chez les Van der Luyden, Archer Newland transgresse publiquement les lois implicites du clan, en déclarant par exemple que les femmes devraient pouvoir jouir de la même liberté que les hommes (p. 59). La venue de l'excentrique Olenska ne manque donc pas de troubler les frontières en apparence si rigides du clan. La communauté en ressort proprement *altérée*, c'est-à-dire dénaturée par la présence de l'autre.

Il n'y a pas que la figure de l'étranger qui trouble les frontières de la communauté. Elle génère elle-même ses propres impuretés, toujours susceptibles de la corrompre. Elle n'est donc jamais pure ni homogène, mais essentiellement impure et hétérogène. La question de l'origine des Danaïdes l'illustre assez bien. Si les Danaïdes apparaissent comme des étrangères au regard du roi Pélasgos, il n'est pas si clair, du point de vue de la généalogie, qu'elles le soient vraiment. Le premier réflexe du roi Pélasgos est alors de chercher à *identifier* les étrangères : « Déclare-moi ta race, dis-moi tout » (p. 60). Par une série de questions, il tente par tous les moyens d'assigner une identité à ces femmes, afin de justifier le secours qu'il pourrait leur apporter : « Mais instruisez-moi : que je comprenne mieux comment votre origine, votre sang peuvent être argiens » (p. 60). Les Danaïdes n'ont alors de cesse lui rappeler leur parenté avec la cité argienne. De fait, les cinquante filles de Danaos ont eu beau errer sur toutes les terres, à l'instar de leur mère Io et de sa « fuite éperdue à travers la houle des mers » (p. 51) jusqu'aux rives d'Argolide, le « berceau de [la] race » (p. 51) des Danaïdes reste la cité argienne. Finalement, les Danaïdes brouillent les frontières de la communauté, n'étant ni tout à fait citoyennes, ni tout à fait apatrides. L'impureté essentielle de toute communauté fondée sur une logique généalogique apparaît clairement dans l'autre tragédie d'Eschyle, *Les Sept contre Thèbes*. Polynice et Étéocle, respectivement assaillant et défenseur de Thèbes, se font tous deux la guerre pour la possession du royaume thébain, en dépit de leur lien fraternel. Polynice est prêt à tout pour revendiquer le pouvoir et reprendre le trône à son frère, quitte à mettre en danger la cité. Insolent, il va jusqu'à armer des étrangers pour envahir la terre natale. Étéocle, quant à lui, adopte une posture patriotique, en se présentant comme le défenseur de la terre civique. Il choisit de faire primer son devoir de roi contre les lois du sang. L'opposition entre les deux combattants, à la fois frères et ennemis, prouve que la parenté n'est pas toujours garante de l'unité de la cité. Les deux hommes ont beau être liés par le sang, leur lutte fratricide n'en fragilise pas moins l'unité de la communauté. La généalogie ne suffit donc pas toujours à purger la communauté de ses « éléments impurs » : c'est que l'impureté est au fondement même de toute communauté.

3 L'individu peut s'affirmer dans et contre la communauté

Appartenir à une communauté ne revient pas forcément à faire bloc avec elle et à adhérer à tous ses mots d'ordre. Par l'affirmation de son individualité, le membre d'une communauté peut choisir de se singulariser et de se dresser contre les valeurs du groupe, quitte à le mettre en danger.

Une communauté se définit moins par son unité que par la multiplicité des individus qui la compose. Spinoza postule une irréductible singularité dans la manière d'exister des individus. Il appelle cela « la diversité des complexions » (p. 273). La complexion, qui diffère d'un individu à l'autre, explique la singularité du rapport que chacun entretient avec l'institution politique. Aussi Spinoza ne justifie-t-il pas la singularité du peuple hébreu par la nature ou par l'essence, mais la « complexion singulière » de ce peuple, laquelle s'explique par « les lois et les mœurs » (p. 295) : « La Nature ne crée pas des nations, mais des individus » (p. 295), déclare-t-il. La communauté ne détermine donc pas intégralement le comportement des vies qui la composent, lesquelles comportent toujours une part d'irréductible singularité. Une communauté n'existe donc pas par nature ou par essence, mais par l'ensemble des complexions qui la constituent. En ce sens, il n'y a de membres de la communauté que d'étrangers, chacun étant pour l'autre unique. Même une société aussi codifiée que l'est celle de la haute société new-yorkaise, ne peut intégralement subsumer les « complexions » de ceux qui la composent. Il perdure des excentriques, à l'instar de Sir Emerson Sillerton, « épine au flanc » (p. 210) de la haute société, qui persiste à se comporter différemment de ses pairs, en habitant « à Newport l'hiver au lieu d'avoir une maison à New York » (p. 210) comme il le devrait, par exemple.

Il est parfois moral qu'un individu aille à l'encontre des intérêts de sa communauté, jusqu'à devenir un « élément impur » à son tour. L'attitude d'Antigone, dans *Les Sept contre Thèbes*, l'illustre bien. Antigone n'hésite pas à s'opposer aux lois de la cité, par fidélité à la loi du *genos*, celle du clan familial. Cette dernière préfère se mettre à dos les siens plutôt que de ne point offrir de sépulture à son frère Polynice : « Je saurai affronter un péril pour enterrer un frère, sans rougir d'être ainsi indocile et rebelle à ma ville » (p. 175). À la fois fille et sœur d'Œdipe, fruit de la même union contre-nature qu'Étéocle et Polynice, Antigone préfère aller à l'encontre de la volonté des commissaires plutôt que de ne pas accomplir son devoir familial. Elle place plus haut les lois de la famille que celles de la cité. Les impératifs moraux et religieux pèsent à ses yeux plus lourds que les impératifs politiques. À ce titre, Antigone perturbe le bon ordonnancement de la cité. La communauté ne peut donc pas résorber intégralement la multiplicité qui la compose. Par son agentivité, l'individu peut moduler son intégration à la communauté, et refuser d'appartenir intégralement au corps collectif. Le comportement de la famille Van der Luyden, dans *Le Temps de l'innocence*, est à cet égard significatif. Tandis que les Van der Luyden passent pour le fleuron de la société mondaine, « apparentés depuis plusieurs générations aux aristocraties française et anglaise » (p. 66), ces derniers ménagent un écart aux bonnes mœurs en acceptant de participer au repas prévu chez Mrs Mingott en faveur d'Ellen Olenska. Se faisant, ils réintègrent Ellen Olenska au corps de la société, et réparent l'offense dont elle était victime. De paria, Olenska redevient membre à part entière du clan. Finalement, même les individus les plus intégrés et les plus respectables de la communauté, peuvent s'écarter des conventions sociales, quitte à corrompre l'homogénéité de la communauté.

L'impératif de l'hospitalité peut justifier que l'individu se dresse contre sa communauté, au nom de l'accueil de l'étranger. Tel est le choix qu'adopte, en dernière instance, le roi Pélasgos. La venue des étrangères place le roi face à un dilemme moral, dont les issues semblent également tragiques : « Je ne sais que faire ; l'angoisse prend mon cœur : dois-je agir ou ne pas agir ? Dois-je tenter le Destin ? » (p. 64). S'il vient en aide aux Danaïdes, la cité risque la guerre ; s'il les laisse à leur exil, ces dernières menacent de se pendre. Finalement, la menace de suicide des Danaïdes achève de convaincre le roi Pélasgos de leur offrir l'asile. Il n'est plus possible pour ce dernier d'ignorer leur lamentation. Pélasgos ne peut plus détourner le regard : il est tout entier *requis*. Le roi est « contraint de respecter le courroux de Zeus Suppliant » (p. 68), sous peine d'exposer la communauté entière à la souillure divine. Ainsi, en tant que corps étranger, les Danaïdes troublent un temps l'unité du corps collectif que représente la cité. Pourtant, le geste du roi montre que les frontières de la cité ne sauraient être inamovibles. La logique immunitaire ne saurait prévaloir sur le devoir d'hospitalité. « L'étranger a raison » (p. 68), conclut le roi Pélasgos. L'universalité et les valeurs de l'accueil triomphent sur celles de la clôture de la cité. À ce titre, les Danaïdes ont, comme le reste du peuple argien, *droit de cité*.

Conclusion

Nous nous sommes demandé si l'appartenance d'un individu à une communauté supposait nécessairement qu'il s'affirme contre ceux qui lui sont étrangers. Nous avons vu que la communauté, pour exister comme telle, reposait sur le partage d'une identité commune. Pourtant, la frontière de la communauté séparant la communauté de son extériorité n'étant jamais complètement étanche, nous avons constaté qu'il n'existe pas de communauté véritablement pure ou homogène. La communauté se définit alors moins par son unité que par la multiplicité des individus qui la compose. Par l'affirmation de son individualité, l'individu peut donc choisir de se singulariser et de se dresser contre les valeurs du groupe, quitte à le mettre en danger.

Nous avons montré qu'il existait des frontières physiques et symboliques sur lesquelles reposait l'identité de la communauté. Si les frontières symboliques peuvent être brouillées, déplacées et contestées, qu'en est-il des frontières physiques ? Lorsque celles-ci prennent la forme concrète de murs, comme entre les États-Unis et le Mexique, ne détruisent-elles pas la dialectique de l'inclusion et de l'exclusion ?

BIBLIOGRAPHIE

Claude Aziza, Claude Olivieri et R. Sctrick, *Dictionnaire des types et caractères littéraires*, Nathan 1978, voir les articles séducteur et libertin.

Frédéric Bialecki et Louis Dizier, *Oral de culture générale, 50 sujets d'actualité*, Bréal, 2019.

Dominique Bourdin (collectif), *Cent Fiches de culture générale*, Bréal, 2013.

Jean-François Braunstein et Bernard Phan, *Le manuel de culture générale*, Armand Colin, 2021.

Pascal Dumont et Gilbert Guislain, *Éléments de culture générale*, Ellipses, 1999.

Jérôme Fourquet et Jean-Laurent Cassely, *la France sous nos yeux*, Éditions du Seuil, 2021.

Gilbert Guislain, *50 sujets pour réussir son oral de culture générale*, Studyrama, 2016.

Frank Lanot, *Dictionnaire de culture littéraire, cent personnages célèbres*, PUF Major, 2002.

Frédéric Laupies, *Dictionnaire de culture générale*, PUF Major, 2005.

Alain Quesnel, *Les mythes modernes, actualité de la culture générale*, PUF, 2003.

Yves Terrades, *Exercices de contraction et de synthèse de textes*, Ellipses, 2001.

86777 - (I) - CRB 80° - BEP - PRU
Dépôt légal : juin 2024 - N° 2991484G
DUPLIPRINT
733, Rue Saint-Léonard, 53100 MAYENNE

Imprimé en France